基于电网企业环境的大数据挖掘分析

钱仲文　牁东晓　等

编　著

内 容 提 要

本书在阐述电网企业大数据分析特点及分析工作模式的基础上，从电网企业的具体需求出发，介绍了各类大数据分析方法及其在电网企业的实际应用。以电网企业典型业务类型为导向，研究和论述了电网企业从数据获取、数据处理、数据分析、项目管理、生产运行、企业经营、客户服务、新兴业务等成果应用的电力大数据分析流程。开发了实用性较强的电网企业大数据分析案例。

本书可供电力行业从事数据分析工作的相关人员阅读参考，也可供高等院校相关专业师生作为电力能源大数据分析方法和案例学习使用。

图书在版编目（CIP）数据

基于电网企业环境的大数据挖掘分析 / 钱仲文等编著. —北京：中国电力出版社，2019.9
ISBN 978-7-5198-3109-7

Ⅰ. ①基… Ⅱ. ①钱… Ⅲ. ①电力工业–工业企业管理–数据管理–研究–中国
Ⅳ. ①F426.61

中国版本图书馆 CIP 数据核字（2019）第 079157 号

出版发行：中国电力出版社
地　　址：北京市东城区北京站西街 19 号（邮政编码 100005）
网　　址：http://www.cepp.sgcc.com.cn
责任编辑：石　雪
责任校对：黄　蓓　马　宁
装帧设计：赵丽媛
责任印制：钱兴根

印　　刷：北京天宇星印刷厂
版　　次：2019 年 9 月第一版
印　　次：2019 年 9 月北京第一次印刷
开　　本：710 毫米×1000 毫米　16 开本
印　　张：14.25
字　　数：244 千字
定　　价：50.00 元

前言

大数据现已经成为电力能源企业的战略性基础资源，受到了电力企业的高度重视。数据分析技术能够将隐藏于海量数据中的信息和知识挖掘出来，提高电力行业领域的运行效率。电力作为国民经济发展中最为重要的基础能源，随着我国经济社会的不断发展，电力需求将更加扩大。电网企业数据分析业务具有数据结构与种类多样化、数据量庞大且增长速度快、实时分析、数据处理速度快、价值潜力大、灵活性高、复杂度高等特点，如何依据电网企业数据特点，选择适合的数据分析工具、算法及模型，以适用于电网企业典型业务类型，是亟须解决的关键问题。国网浙江省电力有限公司运营监测（控）中心与华北电力大学牛东晓教授课题组开展合作，针对电力大数据的数据获取、数据处理、数据分析、项目管理、生产运行、企业经营、客户服务、新兴业务等进行了广泛研究，在电网企业大数据分析方法研究与应用方面取得了丰硕成果，为电网企业数据分析工作提供了借鉴与参考。

编者在编写本书过程中得到了华北电力大学研究生的大力帮助，王珂珂、康辉、赵伟博、戴舒羽、王梦、孙泽、陈寒钰、王海潮、李偲、王思羽、袁程浩、浦迪、韩雅儒、厉艳、李昌祖、孙丽洁、甄皓、吴洛菲、张欣岩、苏启超、陈梦、程晨等在调研搜集资料、算法归类整理、案例数据分析等方面做出了很多工作，国网浙江省电力有限公司杨少杰在本书编写过程中也做出了很多贡献，在此表示衷心的感谢！

本书的写作得到了国家自然科学基金项目（71471059）、中国绿色电力发展研究高等学校学科创新引智计划（B18021）、教育部哲学社会科学研究重大课题攻关项目（18JZD032）、新能源电力和低碳发展研究北京市重点实验室的资助，在此表示感谢！

由于写作水平所限，书稿虽经反复修改，但难免还会有疏漏和不足之处，敬请各位读者批评指正。

编　者

2018 年 12 月

目 录

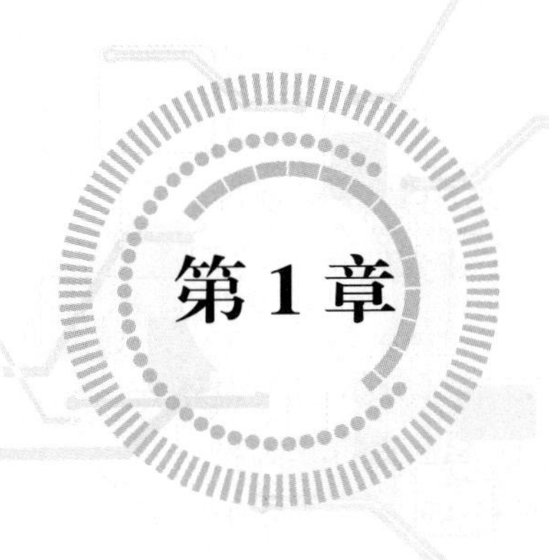

第 1 章 数据分析概述

1.1　数据分析的概念与意义

随着信息技术和人类生产生活交汇融合，互联网快速普及，数据时代迅猛发展。全球数据量呈爆炸性增长的态势和海量集聚的特点，数据体量从 PB（Peta Byte，千万亿字节）级跃升至 ZB（Zetta Byte，十万亿亿字节）级，对经济发展、社会治理、国家管理、人民生活都产生了重大影响。据 IDC（Internet Data Center，互联网数据中心）研究报告预测，到 2020 年全球数据总量预计会达到 40ZB，相当于平均每人拥有 5247GB（Giga Byte，十亿字节）的数据。大数据是信息化发展的新阶段，当下大数据技术发展日新月异，大数据应用已经遍及工业和社会生活的方方面面。

大数据的出现不仅带来了数据量的快速增长，也给传统的数据分析技术带来了巨大的挑战，更使得各行各业对大数据进行分析和挖掘的需求更加迫切，数据分析工作背后蕴含的意义也更加深刻。大数据的开发和利用将成为各个国家争相抢占的新的制高点。因此，要审时度势、精心谋划、超前布局、力争主动，深入了解大数据发展现状和趋势及其对经济社会发展的影响，分析我国大数据发展取得的成绩和存在的问题，推动实施国家大数据战略，加快完善数字基础设施，推进数据资源整合和开放共享，保障数据安全，加快建设数字中国，更好服务我国经济社会发展和人民生活改善。大数据正深刻影响着人类社会的生产生活，而数据分析技术的应用和发展将有助于挖掘大数据的潜在价值，更好地服务于社会的发展进步。

1.1.1　数据分析的概念

数据分析（Data Analysis）是指运用统计方法和分析工具对大量数据进行

分析，挖掘出其潜在规律及价值，为经营决策提供科学严谨的理性依据。数据分析将数学原理、行业经验和计算机技术进行有机结合。在实际应用中，数据分析能够利用大量非结构化数据挖掘出隐藏信息，总结其内在规律，提炼出有价值的信息，从而帮助企业进行量化经营，引导企业采取适当的行动，以达到精准营销，理性决策的目的。

理解数据分析应该从 3 个方面去把握：一是目标，数据分析的关键就在于设立目标及明确目的，专业称为“有针对性”，即对业务需求的准确把握；二是方法和工具，数据分析的方法有很多，包括描述性分析、统计分析、数据挖掘和大数据分析等宏观方法，还包括许多具体的算法和复杂的模型，同时也有许多辅助分析的软件工具，使用者应当明确不同分析方法使用的情景和功能，在进行数据分析时结合具体的情况选择使用；三是结果，数据分析最终得出分析结果，结果对目标阐释的清晰程度体现了数据分析工作的质量。

数据分析可以分为 3 个层次，即描述分析、预测分析和规范分析。

描述分析是探索历史数据的规律并描述发生了什么，这一层次包括发现数据规律的聚类、相关规则挖掘、模式发现和描述数据规律的分析。

预测分析则是基于历史数据来预测事物未来发展情况的概率和趋势，如基于逻辑回归的预测、基于分类器的预测和基于智能算法的预测等。

规范分析是根据期望的结果、特定场景、资源及和当前事件的了解对未来的决策给出建议，如基于模拟数据的复杂系统性分析和基于给定约束条件的最优解生成等。

1.1.2　数据分析的意义

目前，数据已经成为企业的战略性基础资源，也是重要生产力。世界经济论坛报告预测称，“未来的大数据将成为新的财富高地，其价值可能会堪比石油”。阿里研究院发布的《阿里研究院“互联网+”研究报告》指出，“云、网、端”已成为当下商业最新的基础设施，数据已成为新生产资料。数据中蕴藏着巨大价值，“数据即资产”即将成为最核心的产业趋势。而数据分析技术能够将隐藏于海量数据中的信息和知识挖掘出来，为人类的社会经济活动提供经验和依据，从而提高各个行业领域的运行效率，大大提高社会经济的集约化程度。

在我国，数据分析技术将重点应用在商务智能、政府决策、公共服务三大领域。例如，数据分析技术与具体的业务应用场景相结合产生的商业智能技术、政府决策技术、电网数据信息处理与挖掘技术、电信数据信息处理与挖掘技术、气象信息分析技术及其他各种行业的云计算和海量数据处理应用技术等。大数据的出现和数据分析技术的应用可以帮助企业深入了解用户、高效管理资源、准确规划生产、做好日常运营及开展更为优质的服务。数据分析技术的广泛应用和不断发展将深刻改变企业的运营方式，企业必须重视数据分析才能在激烈的商业竞争中获得优势。在大数据的时代背景下，科学高效的数据分析对于企业的管理和发展有着极其重要的意义，主要体现在以下几个方面：

（1）有助于企业进行科学决策。随着企业规模不断扩大，管理决策的复杂程度日益提高，“经验决策”已无法满足企业精益化管理的要求。通过强化数据分析及应用，以事实为基础，按照事物的内在联系对大量的数据进行分析和计算，可以挖掘出隐藏信息，总结其内在规律，从而帮助企业进行量化经营。此外，通过对历史数据的分析及内外部环境的研究判断，构建决策模型，可以有效预测未来业务的发展，以此为依据，企业可进一步优化资源配置，提高关键环节决策的科学性和规范性。对于电网企业来说，电力负荷预测是电网规划决策的重要依据。通过对用电采集系统大数据及社会经济数据进行分析，可以准确掌握用电负荷变化和分布规律，提高中长期负荷预测精准程度，为电网规划提供决策支持。并且，通过对历史财务报表数据和投资项目信息开展分析，可以梳理出影响投资能力和投资收益的因素，为电网企业投资决策提供依据。

（2）有助于提高企业运营管理水平。通过对企业运营管理过程中产生的大量内外部数据进行数据分析，并对分析结果进行科学严密的逻辑推理，可以发现业务及管理中存在的问题并分析原因，归纳提炼知识，指导企业日常业务更好地开展。数据分析在企业中的广泛应用具有良好的经济效益和管理价值，有助于利用先进的大数据技术支持建立现代企业的发展战略。对于电网企业来说，掌握海量输变配售各环节数据，通过全面分析利用这些数据，可以为企业生产、经营和服务提供科学、量化分析，有助于提升企业管理和服务水平，提升企业经营效益、效率水平。

（3）有助于提高企业对用户和社会的服务水平。针对电网企业来说，以电网客户数据为基础，依托数据挖掘、机器学习等技术进行数据分析，深入剖析用电客户的用电属性、行为特征、客户价值及内在需求，制定针对性的精准化、个性化客户服务策略，能够有效提升供电服务质量，提高用户满意度。对用户用电数据与国民经济政策数据进行关联分析，还可以为政府提供经济发展形势预测、政策评估等服务，拓宽电网企业的业务范围。

（4）有助于激发企业的创新活力，促进企业转型发展，提升企业核心竞争力。目前企业的创新很大程度上是以深度分析数据为基础的创新，因此数据分析是推动企业创新的基础性工作，且数据分析正成为企业创新最重要的推动力量。阿里巴巴、腾讯、百度等互联网公司基于先进的数据分析技术和强大的数据处理能力，一直保持着良好的创新势头。近几年围绕数据分析而被广泛提及的商务智能概念也在极大程度上促进了部分公司的制度创新和科技创新。英特尔公司致力于加强企业的数字化变革，倡导利用高级数据分析提供的可行见解来获得新发现，从而提供更好的客户体验，以及改进的产品和服务，为企业带来彻底的改变。电网企业在大数据背景下积极开展数据分析工作，推动相关领域的技术创新。例如，国家电网某省公司建设了以“互联网+智慧能源”为研究主题的双创基地，致力于“大云物移智”新技术在电力行业的应用，依托于大数据积极开展新技术的应用研究。

（5）有助于宣扬理性严谨的企业文化，提高企业员工的素质。涂子沛在《数据之巅》（中信出版社，2014）一书中写道：“数据文化是尊重事实、强调精确、推崇理性和逻辑的文化。数据文化的匮乏，是中国落后的一个重要原因；建设这种文化，中华文明的面貌将焕然一新。”对于企业来说，明确数据分析的战略意义，推崇数据文化至关重要。数据文化既是驱动企业数据管理提升和应用发展的内在动力，也是促进企业管理水平提升和业务发展的重要动力。数据分析横跨多种专业，与公司全体人员日常工作紧密相关，企业需不断培养全体员工的数据意识，鼓励日常工作中“用数据说话”，将“用数据说话”内化为全体员工的工作习惯。对于数据分析这种既要运用大量的一手资料，又要使用多种分析方法的工作，只有明确工作的意义和价值，打造数据文化氛围，才能促进员工更有效地从数据中发现问题、分析问题及解决问题。

1.2　大数据背景下的数据分析

回顾数据影响企业发展的历史，可以更深入地透视现实并且展望数据分析未来的发展趋势。数据思维以泰勒模式在 100 多年前统御了美国的企业和产业管理之道，也在半个世纪之前与戴明模式契合，促进了日本企业全球竞争力的提升。无论是泰勒的工作定额原理还是戴明的质量管理，都需要大量的数据收集和分析工作为基础。在当前大数据时代背景下，企业的经营管理理念亟需上升到“用数据说话、用数据分析、用数据决策”的理性管理层次。

1.2.1　大数据的发展趋势

继物联网、云计算之后，大数据成为又一项备受热议的信息技术。目前，大数据的发展如火如荼，大数据分析技术在多个行业领域得到了广泛的应用，具有良好的发展前景。

1. 大数据技术的发展阶段

（1）技术萌芽期：媒体的过度曝光和非理性宣传等因素导致大数据技术在没有成熟前就被大肆渲染，在社会上吸引了大量关注。政府制定了一系列政策支持大数据发展，企业纷纷关注大数据的商业价值，专家学者也针对大数据技术的创新和应用纷纷展开研究。

（2）期望膨胀期：受到高度关注的大数据技术被逐渐推向发展的顶峰期，大量的投资在这一阶段进入，这正是目前大数据技术发展所面临的阶段。在此阶段，政府和企业都致力于促进大数据技术与实体经济的结合，逐步拓展技术应用的深度和广度，挖掘大数据的潜在价值。

（3）泡沫化的谷底期：由于技术发展遭遇瓶颈、商业模式不够成熟等方面的问题，大数据相关产品可能无法迅速普及应用，这将会导致技术受关注程度下降，前期技术过热带来的投资热也将会遭受一定的负面影响。

（4）稳步爬升的光明期：随着技术方面取得新的突破和应用场景的成熟，大数据技术将再次引起公众的兴趣。通过总结前期失败的经验，大数据技术将会得到提升并开始真正走向普及，大数据技术应用的商业模式也将逐渐成熟。

（5）实质生产的高峰期：大数据技术产生的利益与潜力将被市场实际接受，并最终进入商业化应用的成熟阶段。同时，支撑大数据应用的软件工具、方法论等经过数代的演进，也将进入非常成熟的阶段。

根据国际权威咨询公司 Gartner 的技术研究报告，目前大数据应用已经处于期望膨胀的巅峰期，在这个时期，各行各业的领导者们都开始着手相关技术在自身发展中的应用研究。虽然大数据在应用到实际生产生活中会面临各种困难和挑战，但是随着后续相关研究和项目的不断深入，大数据技术将逐步走向成熟并为企业发展带来不可估量的价值。

2. 大数据产业的发展现状

（1）从国外来看，各国政府已经充分认识到数据在推动经济发展、改善公共服务、保障国家安全等方面的重大意义，在前沿技术研发、数据开放共享、隐私安全保护、人才培养等方面做了前瞻性布局。2012 年 3 月，美国把数据产业提高到了国家战略层面，启动了《大数据研究和发展计划》，将数据视为强化国家竞争力的关键因素之一。2013 年 2 月，法国发布了《数字化路线图》，在新兴企业孵化、数据人才培养、大数据研究等方面加大投资力度，制定了一系列的投资计划。2013 年 6 月，日本公布了以发展开放公共数据和大数据为核心的新 IT 战略。2013 年 10 月，英国发布《英国数据能力发展战略规划》，提出英国要成为大数据分析的世界领跑者，使政府、企业和个人从中获益。近年来，欧盟打造以数据为核心的连贯性欧盟生态系统，大力推动数据价值链战略计划，于 2014 年发布了《数据驱动经济战略》。

国外众多行业成功应用了大数据技术。例如，金融业使用数据挖掘、流数据处理等技术成功探索金融欺诈模式，实现了金融欺诈的实时预警；零售业利用大数据技术实现了零售市场细分和实时精准营销，大大提高了零售额；法国电力借助大数据技术研究海量数据的处理架构，形成能够支撑在规定延迟内的复杂、并行处理能力，实现了电网调度高级应用、实时电价和可再生能源接入；丹麦风电公司 Vestas 采用大数据平台解决了海量数据分析与处理问题，通过对天气建模优化风力涡轮机配置方案，最大限度提高发电量并延长设备使用寿命。

国外企业对于数据产业的推动不遗余力。甲骨文、IBM、微软、脸谱、谷歌、亚马逊等巨头企业通过投资并购和自主创新纷纷加快数据产业布局。以 IBM 为例，目前已完成 StoredIQ、Star Analytics、Butterfly Software 等几十家数据分析企业的并购，并自主研发了多款数据分析产品。与此同时，专业提供数据服务或开展数据分析业务的企业数量急剧增加，市场竞争日趋激烈。

（2）从国内来看，大数据产业在政府及企业的高度重视下得以迅速发展。目前我国大数据产业正处在高速发展期，多种商业模式得到市场认可和接受，新产品和服务不断推出，细分市场逐渐走向市场化竞争。

在大数据相关政策方面，2015 年 9 月国务院正式印发《促进大数据发展行动纲要》，标志着发展大数据正式上升为国家战略。贵州于 2014 年底成立了全球第一家大数据交易所，积极推动政府数据融合共享、开放应用，激活行业数据价值。2016 年底，工业和信息化部正式研发了《大数据产业发展规划（2016—2020 年）》，对“十三五”时期大数据产业的发展工作做出了全面部署。2017 年 6 月，杭州市成立了大数据资源管理局，推动数据资源开放、共享，同时界定数据产权，规范市场，促进企业公平竞争。2017 年 8 月，国家首先在杭州成立了互联网法院，构建司法大数据服务体系。此外，中华人民共和国国家发展和改革委员会（以下简称发改委）、工业和信息化部（以下简称工信部）、财政部、科学技术部（以下简称科技部）、国家统计局（以下简称统计局）等部委办局，以及上海、广东、武汉、苏州等部委及地方政府纷纷出台数据产业发展相关战略、规划及扶持政策，为大数据技术发展、人才培养、数据开放等提供大力支持。2017 年 12 月，习近平总书记在中共中央政治局第二次集体学习时也强调要审时度势、精心谋划、超前布局，力争主动实施国家大数据战略，加快建设数字中国。习总书记指出，要推动大数据技术产业创新发展，构建以数据为关键要素的数字经济，运用大数据提升国家治理现代化水平并促进保障和改善民生，切实保障国家数据安全。习总书记的讲话清晰地阐释了我国发展大数据的路径、要求和目标。

在大数据产业与其他产业结合应用方面，中国电子信息产业发展研究院于 2018 年 3 月发布的《中国大数据产业发展评估报告（2018 版）》从区域、行业、企业 3 个层面详细总结了我国 2017 年大数据产业的发展状况。我国于 2016 年先后设立了 8 个国家级大数据综合试验区，报告显示试验区大数据产业发展速度高于全国平均水平。随着各项工作的推进，试验区以推动大数据产业发展和大数据应用为核心，以优化大数据产业发展环境为支撑，在大数据制度创新、公共数据开放共享、数据中心整合利用、创新应用、产业聚集、要素流通、国际交流合作等方面进行试验探索，取得了显著成果。我国各行业的数据发展水平受行业基础环境、数据汇集、行业应用等因素的影响，总体呈现差异化趋势，由高至低依次为金融、电信、政务、交通、商贸、医疗、工业、教育、旅游、农业等。随着大数据产业的蓬勃发展，国内企业对数据的开发应用日趋深化。大数据企业尤其是骨干企业借助国家政策优势，在各重点区域积极布局、集聚发展，释放出巨大的创新活力和发展潜力。

在具体企业方面，华为公司作为传统行业数字化转型的代表，明确提出“业务流程端到端打通，依靠端到端的数据支撑，实现公司全数字化运营”的战略，持续提升数据在公司决策中的地位。在 2012 年网商大会上，阿里巴巴将“平台、金融和数据”定位为未来的三大核心业务，明确指出数据是基础。中国建设银行制定了《大数据计谋实施规划》，以“运营智能、风险智能、产品智能、客户智能”为目标打造最佳智慧银行。中国电信在完成全国 31 个省数据汇集的基础上，于 2015 年发布了“天翼大数据”品牌，推出精准营销、风险防控、区域洞察、咨询报告 4 类数据型产品和大数据云平台型产品。与此同时，百度、京东、腾讯等互联网企业和医疗、能源、金融等传统行业的企业也在积极推进数据应用。

3. 大数据的发展趋势

当前，大数据技术的发展正从理论研究加速进入应用时代，大数据产业相关的政策内容已经从全面、总体的指导规划逐渐向各大行业的细分领域和各个地区延伸，物联网、云计算、人工智能、5G 等技术与大数据分析的关系也越来越密切。大数据未来发展的趋势具体如下：

（1）大数据行业标准逐步完善。标准是经济活动和社会发展的技术支撑。目前，国际 ISO（International Organization for Standardization，国际标准化组织）、IEC（International Electro Technical Commission，国际电工委员会）、ITU（International Telecommunication Union，国际电信联盟）、NIST（National Institute of Standards and Technology，美国国家标准与技术研究院）及国内的信息技术标准化技术委员会（SAC TC28）等标准组织结合大数据产业现状，已经开展了行业标准化制定的相关工作。但就大数据整体技术体系和发展规模而言，大数据行业标准体系建设仍处于起步阶段，与产业发展水平和需求并不相称。我国《国家标准化体系建设发展规划（2016—2020 年）》中将新一代信息技术标准化工程、智能制造和装备升级标准化工程列为主要任务，其中就涉及物联网、云计算、大数据、工业云等相关行业标准的制定。未来我国大数据领域标准体系将得到进一步完善，各个行业应当严格按照国家标准利用大数据技术进行数据分析。

（2）大数据技术应用更加广泛。据 IDC 报告显示，全球数据每年的增长速度在 40%左右，计算存储和传输数据能力同样以指数型增长，海量数据的产生、获取、挖掘及整合，逐渐展现着背后巨大的商业价值。随着大数据技术在不同场景的成功应用，数据分析不仅为传统企业带来了升级转型，也重构了很多行业的商业思维和商业模式。但是只有与互联网、云计算、物联网、人工智能、5G 技术等创新技术结合应用，大数据的价值才能在数据分析中凸显。新技术的应用推广一方面为大数据提供了更多维度、更多途径的数据源，另一方面也为大数据分析应用场景的开发提供了更多空间。

（3）大数据产业区域化协同共进速度加快。随着我国大数据技术的迅速发展，大数据产业已经成为推动经济发展的重要引擎。中国信息通信研究院发布的《中国大数据发展调查报告（2017）》显示，2016 年中国大数据市场规模达到了 168 亿元，预计 2017—2020 年仍将保持 30%以上的增长。随着产业规模的扩大，国内大数据产业的区域化协同共进的局面愈加清晰。京津冀三地共同发布了《京津冀大数据综合试验区建设方案概要》，为 2017—2020 年大数据产业的发展指明了方向；上海、江苏、浙江和安徽三省一市的经济和信息化委员会联合印发《长三角区域信息化合作“十三五”规划（2016—2020 年）》，旨在加快推进长三角信息化和信息经济发展合作。截至 2018 年初，已有超过 30 个省市专门出台了大数据相关的政策文件，就大数据产业的管理机制、运营模式及应用服务等不同方向释放政策红利，以促进当地大数据产业的发展。

（4）数据开放与共享程度加深。2015 年国务院发布的《促进大数据发展行动纲要》中提出要在 2017 年底前形成跨部门数据资源共享共用格局，在 2018 年底前建成国家政府数据统一开放平台，并率先在信用、交通、医疗、卫生等重要领域实现公共数据资源合理适度向社会开放。政府旨在通过政务数据公开共享，引导企业、行业协会、科研机构、社会组织等主动采集并开放数据。数据开放和共享成为大数据技术应用推广的重要趋势之一。

（5）数据安全问题受到重点关注。大数据技术在为经济社会发展带来创新活力的同时，也使传统网络安全防护面临严重威胁与全新挑战。在大数据时代下，随着数据来源更加广泛、数据生命周期更加复杂、数据应用场景更加多样化，数据安全保护需求逐渐外延扩展，国家敏感数据的保护面临全新挑战。并且，随着数据开放和共享的程度由浅及深，大数据技术应用使得个人隐私保护和公民权益面临严重威胁。同时，大数据技术创新演进使传统网络安全技术面临严峻挑战，传统的安全防护技术不再适用于大数据平台复杂的架构。尤其近几年全球数据安全事件层出不穷，如何在大数据时代处理好数据安全问题成为大家普遍关注的热点。

1.2.2　数据分析的机遇与挑战

1. 主要机遇

（1）国家政策鼓励。2014 年“大数据”的概念首次被正式写入《政府工作报告》，其后的 2015 年是大数据政策顶层设计年。2016 年国家又推出了一系列有关大数据的具体政策并监督政策落实，发改委、环保部、工信部、林业局、农业农村部等部门均推出了关于大数据的发展意见和方案。2017 年，大数据产业的发展正从理论研究加速进入应用时代。2018 年，随着数据发展宏观政策环境不断完善，我国数据产业正在加速发展。国家的“十三五”规划明确提出：“实施国家数据战略，推进数据资源开放共享。”习近平总书记强调，在大数据发展日新月异的时代背景下，要善于获取数据、分析数据、运用数据。国家政策的大力支持及国家领导人的高度重视为数据分析工作的广泛开展创造了良好的机遇。

（2）社会广泛关注。社会上众多高校和企业都在密切关注大数据理论和技术的发展趋势，并且应用大数据技术积极开展数据分析工作。产学研的合作推动了数据分析领域理论和实践的不断结合，促进了数据分析技术的成熟和进步。许多大型企业更是赋予数据分析极高的战略意义。英特尔公司积极拓展高级数据分析业务，并且认为数据分析能够推动企业的变革和发展。国家电网有限公司明确提出数据分析能力建设的具体内容，要求全面提升大数据分析服务能力，能够同时支撑多专业大数据应用和在线生产应用，并具备社会服务能力。

（3）数据分析相关技术发展。以云计算、人工智能、物联网等为代表的计算技术的快速发展为数据分析提供了有利的工具，使得信息处理速度和质量大为提高；传统的商务智能（Business Inteligence，BI）产品为数据采集、处理、分析提供了成熟的技术和方法；大数据技术的快速发展，对图像、声音等多类型、大容量数据的处理能力迅速提升，使得快速、并行处理海量数据成为可能，将数据分析水平提升到了一个前所未有的高度。

2. 主要挑战

（1）行业特点不同，面临的竞争压力迥异。对于电网企业来说，新一轮电力体制改革要求全面放开新增配网增量市场，意味着未来将有大量的具有丰富数据管理和应用经验的公司涌入售电市场。相对于传统电网企业，这些竞争者在利用互联网技术、数据管理和分析应用技术开展服务模式创新和服务水平提升方面具有相对优势。电力体制改革改变了电力市场竞争格局，改变了价值链模式，最终要求电网企业改革自身的管理来应对各种变化，以信息技术提高管理运营的效率。在电力市场改革的背景下，为提升市场竞争力，电网企业应当更加重视大数据技术在企业管理运营过程中的应用推广，利用数据分析技术降低企业内部管理成本，提升设备运行效率产生的经济效益，提升客户优质服务产生的外部社会效益。

（2）许多企业对数据资源竞争认识不够紧迫，对数据分析工作不够重视。在企业中，往往是各级领导在多种场合不断提出数据作为公司战略资源的重要性，但到了具体业务和操作层面，企业员工还未形成对数据资源的全面认识，在实际的业务层面尚未感受到由数据资源带来的竞争压力。业界对数据资源的价值、主要应用领域和应用场景、研究方法及数据分析工作的长期性和复杂性等方面缺乏共识，对大数据的能力、价值、应用成效尚存质疑，这将会导致数据分析工作的推进由于研究资金和人才储备不足而受到阻碍。

（3）优质数据获取困难。一方面是数据本身获取困难。目前我国公共数据开放程度不够，行业内部数据难以直接获取。例如，在电力行业中，电力数据的敏感性和安全性给行业内部数据的获取带来困难。在电网企业中，由于各个业务分部门管理、分系统开发，难以实现电网内部数据的跨专业顺畅流通和整合。另一方面，可以获取到的数据在质量上参差不齐。数据质量在采集源头、通信信道、系统入库等环节均会受到不同程度的影响，一旦出现数据质量问题，将会给后续的数据分析带来障碍。

（4）数据分析涉及学科范围广，技术复杂程度高。数据分析不仅需要数学、计算机科学、信息工程等学科的知识，还需要与本行业相关专业学科的知识。例如，在电网企业中，数据分析还涉及电气工程和企业管理等学科，而且每个应用场景往往需要跨越众多领域。电网企业数据分析工作的开展既需要对电网业务和电力数据的深刻理解，也需要对数据分析和计算机知识、软件工具的掌握，这对于企业人才素质和能力提出了很高的要求。

（5）数据分析人才队伍培养机制有待完善。目前许多企业都在提升数据分析水平，但是跨专业人才非常稀少。在引入数据分析人才的企业当中，各个部门的专业技术人员与数据分析人员之间还存在一定的交流和知识壁垒。在一些缺乏数据分析人才的企业当中，数据管理和应用工作大都是由各专业人员兼职开展，但相关人员缺乏专业的数据管理和应用技能培训和长期积累，导致数据分析工作成效不高。既懂业务又懂数据分析技术，且具备数据思维的复合型人才是实现企业提高信息化水平和管理能力的关键，企业应通过多种措施进行人才培养，建设数据分析人才队伍。

（6）数据开放共享和安全性双重属性。数据分析需要数据开放，而数据开放必然会影响数据安全。数据作为未来打通公司内部各业务环节、连接上下游企业和用户的纽带，需要在公司内部及外部流动、交互，但部分敏感数据关系到用户私密、公司机密甚至国家安全，如何确保数据既能开放共享又能安全保密将是数据资源管理的一大挑战。目前我国为保障数据安全，积极实施网络和大数据安全保障工程，建立健全大数据安全保障体系；采用安全可信的产品和服务，提升基础设施关键设备安全可靠水平，强化安全支撑；鼓励大数据安全技术的创新与应用，确保国家信息安全和公民个人信息得到保护。

在大数据时代背景下，数据分析技术的发展和应用对企业来说既是机遇也是挑战。企业能否抓住机遇，迎接挑战，决定着企业的未来发展前景。

1.3 电网企业经营管理特点

1.3.1 电力行业的特点与变革

电力系统具有独特的行业特点：一是电力工业属于二次能源行业，是工农业生产的最好动力，也是人民生活的基本消费品，是经济发展、社会进步的重要物质基础；二是能源安全事关国家政治经济安全稳定，标志着国家经济主权；三是电力工业既是一次能源消耗大户，又是二次能源生产大户，因此必须保证集约化、规模化；四是电能是本质相同、全国通用、无须选择的特殊商品；五是电能由发电、输电、变电、配电、售电和用电等环节同时完成，中间没有存储环节，用户需求量决定电能生产量；六是电能的传递基本靠电网，而现代电网可以称为“能源互联网”。

我国电力工业运行管理的电力供应多数通过电网企业统一的电网产、供、销一体，即发电、变电、输电、配电、售电、用电瞬间完成，其电价按照并网合同中规定的成本加合理收益来执行，销售状况相对稳定。在资产方面，电网企业属于资金、技术密集性产业，具有投资规模大、建设周期长的特点。

2015 年 3 月 15 日，新一轮的电力体制改革启动，从规划到价格，业界把新一轮电力体制改革的要求具体化为“三放开、一独立、三加强”，新一轮电力体制改革的组织工作由各地政府按照行政管辖权先行先试，国家部委予以指导协调。市场化方式下，发电计划特别是日以上的发电计划，由发用双方按照交易关系形成，即通常所说的电力中长期交易。目前，我国已经出现了第一个电网企业相对控股的交易中心、第一个以收取交易费为运营发展费用的交易中心。交易机构将成为未来中国现代电力市场体系运营机构的萌芽，为电力市场化运营机构进行了组织准备。售电业务放开和增量配网投资主体多元化开始落地。目前，全国在交易机构公示的售电公司已达 3000 余家，除了发电企业、电力用户、传统电网企业背景的售电公司外，以传统涉电涉能（源）行业企业为母体的售电公司也已大量出现，部分售电公司还由一些“跨界”的投资主体设立。随着我国全面推行电力体制改革，实现了“厂网分开”和“政企分开”，电力行业有序竞争的局面初步形成。

1.3.2 电网企业经营管理的发展

1. 电网企业经营管理的变革

经过 10 年的改革、创新和发展，电网企业着力于转变电网发展方式，实现了跨越发展。电网企业逐步实现从薄弱到坚强、从传统到智能的转变，成为集电力传输、市场交易和资源优化配置功能于一体的现代化综合服务平台，初步形成大范围优化配置能源资源格局，为保障国家能源安全发挥了不可替代的作用。

（1）着力转变公司发展方式，经营管理实现战略转型。确立了以集团化运作为核心的工作方针，建设坚强集团总部，不断增强集团管控能力，推进组织架构扁平化、关键资源集约化和核心业务专业化，初步建立起集中、统一、精益、高效的现代企业管理体系，基本实现从分散到集约、从传统到现代的战略转型，实现了发展速度、质量和效益的全面提升。

（2）着力转变电网发展方式，电网实现跨越发展。电网企业逐步实现从薄弱到坚强、从传统到智能的转变，成为集电力传输、市场交易和资源优化配置功能于一体的现代化综合服务平台，初步形成大范围优化配置能源资源格局，为保障国家能源安全发挥了不可替代的作用。

（3）服务创新型国家建设，自主创新能力大幅提升。电网企业建立健全了科技创新体系，做到定位科学、分工明确、产研协同、运转高效，科研资源配置效率和整体创新能力大幅提升；攻克并全面掌握了特高压、智能电网、新能源接入、大电网安全等核心技术，提升了关键电气设备制造能力，打破了国外厂商技术垄断，带动了我国装备制造业升级，实现了电网技术从引进到输出、从追赶到引领的重大转变。

（4）依法治企，保障了电网企业安全健康发展。全面开展集体企业资产清理、重组整合和规范管理，发展质量和效益明显提升。加强电费回收，全面清理陈欠电费，应收电费余额实现由亿元到目前结零。开展专项治理，建立公开透明的集中招标平台，因公出国、公务用车、薪酬福利等管理不断规范，反腐倡廉建设全面加强。

（5）认真履行企业宗旨，全面彰显电网企业综合价值。认真落实国家能源战略与节能减排部署，服务我国清洁能源发展。全面加强农村电力基础设施建设，积极服务“三农”。国家电网有限公司供电区域基本实现城乡用电同网同价。

（6）依靠员工办企业，建设优秀的干部员工队伍。坚持以人为本，弘扬以诚信、责任、创新、奉献为核心的价值体系，用共同愿景统一行动，用企业文化凝聚力量，不断磨砺意志、锻炼队伍，员工的精神面貌焕然一新，队伍的凝聚力、执行力全面提升。电网企业在国内能源电力行业和央企中的带动力与日俱增，充分显现在保障能源电力安全、增强国有经济活力、服务和保障民生中的作用，极大促进了我国经济社会发展和全面小康社会建设。

2. 电网企业经营管理的新形势

在相当长时期内，我国经济社会将保持平稳快速发展，电力市场需求也将维持十分旺盛的态势。国家把扩大内需作为战略基本点，并把城镇化建设作为扩大内需的最大支撑，在基础设施领域持续投资，电网将迎来新的发展机遇。我国能源开发重心与负荷中心分离的基本格局长期不会改变，能源大规模、远距离输送和大范围优化配置成为历史必然。目前西南水电、内蒙古和西北电力外送“瓶颈”问题日益突出，特别是新能源发展迅猛，必须依托大电网、大市场进行优化配置和消纳。

随着信息技术的发展，电网企业的电力生产自动化水平日益提高，越来越多的智能化设备投入使用，这也带来了大量的信息反馈供企业运营决策，为电网企业的信息化管理提供了数据支撑。同时，在电网企业运营管理中，信息管理技术及平台也不断得到应用，如企业信息平台和人资管理信息系统、财务管理信息系统、企业资产管理系统（Enterprise Asset Management，EMA）、企业资源计划（Enterprise Resource Planning，ERP）等各类业务平台，这些信息较为全面的大型现代化信息管理系统也为整个电网企业的大型项目管理及监控提供了平台支撑。

然而，当前电网企业仍实行内部各子公司与各部门间各自工作计划及运营管理各自侧重，分头管理的方式。虽然各自任务清晰，但容易导致相互间的信息孤立。因此，需结合电网企业的信息化发展，引入新的项目管理理论，进一步发展信息化管理，拓展电网企业的运营监测工作功能，实现对企业各业务条线之间、业务流程之间的协调控制，提升经营效率效益，发挥事前引导、事中纠偏、事后评价的作用。

1.4 电网企业数据分析工作

1.4.1 电网企业数据分析的特点

与面向个人的数据分析业务相比，电网企业数据分析业务除了具有数据结构与种类多样化、数据量庞大且增长速度快、实时分析等特点，还体现出以下几种特殊的性质：

（1）数据处理速度快。电力生产追求的终极目标是发电和用电及时平衡，必然要求对电力调度、设备运行等数据实时快速处理。管理水平的提升，也迫使企业对客户服务、资源管理、企业营销等数据快速响应、处理，以满足日常经营所需。

（2）数据的价值潜力大。电力大数据不仅反映行业内部规律特征，还能反映社会发展规律，大数据的深入挖掘在社会经济分析、社会节能增效、商业活动评估等领域有巨大的潜在价值。

（3）数据处理灵活性高。电力行业以电力安全生产和满足社会需要为目标，分析和处理模型必须快速适应新的业务需求。就企业而言，电力大数据的灵活性针对的是电力生产、计量计费、电力营销等方面；就国家经济而言，电力企业的发展必须与社会经济发展同步，必然要求设备规模、运行方式、厂站分布等数据能灵活、准确地反映社会发展趋势。

（4）数据处理的复杂度高。面对海量的结构化、非结构化、海量历史 / 准实时、电网空间四大类数据，需要有创新的方法来满足海量异构数据统一接入和实时数据处理的需求，这使得数据处理的复杂度极高。

1.4.2　电网企业数据分析的意义

1. 数据分析可以完整反映电网企业的客观运营情况

在开展企业数据分析工作时，如果只对一般的资料报表及调查数据进行简单的描述分析是难以将整个企业的客观情况进行全部展现的。没有经过深层次挖掘分析的数据资料，即使其中蕴含着大量的信息，也不能直接反映出企业真实情况。在大数据时代，计算机软硬件的迅猛发展使得我们有能力处理更多的数据，有时甚至可以直接处理相关的所有数据，而不必再像以前那样依赖于随机采样。与随机采样数据分析相比，使用数据分析工具可以发现以前无法发现的细节，使我们更清楚地看到依赖随机样本无法解释的细节信息。

例如，法国电力公司的大数据项目，秉持数据资产经营管理的理念，将智能电表数据、用电合同数据、电网结构数据等数据资源整合成能够全面反映电力公司资产、用户和电网运营状态的企业大数据库，并将其作为重要资产管理对象，设立数据资产专业管理机构，将过去紊乱的数据资源转化为宝贵的数据资产。对这样能够全面反映电力公司运营状况的全数据，借助大数据分析处理技术，可以从市场定位与消费者行为等多个角度对市场消费群体进行精准区分和定位，为企业拓展业务领域、创新盈利模式、推进企业转型升级提供了有效决策支撑，实现了数据资产价值增值。

2. 数据分析在电网企业中起着重要的监督和关联作用

在电网企业的经营管理中，通过数据分析反映出的客观情况对于监督工作的开展有着重要的作用。对于数据进行进一步分析汇总的部门，掌握着所有部门的基本情况及大量的数据材料，可以客观地分析和准确地了解公司的整体运行情况，对于问题产生的来源也更加清晰。因此，进行数据分析的部门和人员在整个电网企业中承担着检查和监督各单位的运行以及生产情况、发展规划状况等任务。同时，数据分析善于发现表面看起来互不相关的数据集合之间的相互关联。电网企业在运营过程中会产生大量数据，其间关系也是错综复杂。数据分析技术不仅能够帮助理清各类数据之间的关系，还可以挖掘出隐藏在数据集合之间的潜在关联，对于电网企业运营管理方法和模式的创新提供新的思路。

例如，意大利 Trentino 省电力公司基于高阶希尔伯特空间数学模型，利用随机预测算法，建立了移动通信数据与电网电力需求和波峰之间的非线性回归关系，成功地预测了电网未来一周内的日均电力需求和电力波峰。其特点是模型具有较少的状态空间维度，从而可以有效地利用大数据技术进行快速精准的分析。这一应用成功地发现了移动通信和电力负荷数据之间的潜在联系，建立起人类行为数据、移动通信数据与电力消费数据之间的相互关系。这两类数据乍看起来关系并不大，但是经过仔细分析，二者之间确实存在密不可分的关系。这主要得益于智能手机的普及，智能手机的使用频率、使用地点和使用方式深刻地反映了人类的工作行为、生活方式，是描述人类行为的重要数据。再例如，某省电力公司基于历史故障抢修过程信息，以各环节时长指标作为输入量用聚类方法对故障进行细分，综合外部天气、故障区域、故障发生时间等因素，对每个细分群体进行深入的特征分析，针对每个细分群体给出各环节标准抢修效率及阈值，实现智能分析并告警超过抢修环节阈值的抢修作业。根据聚类结果，统一制定优化各单位各类故障的标准抢修评价标准，得出抢修各重要阶段标准时长。通过该时长标准，让客服人员答复的抢修时长更加精准，提高了电力用户的服务满意度。

3. 数据分析可以为电网企业管理和规划提供决策支持

每一个企业都有着多个部门同时进行工作，电网企业也不例外，这将会给管理带来一定的困难。然而看似杂乱无章的数据，其中却蕴含着整个企业运作的规律。通过合理的算法和整合措施可以实现对电网企业运营中产生的各类数据和数据所蕴含信息的分析和研究。这些需要进行计算和整合的数据包含了电网运行管理中产生的信息以及电网日常业务办理工作本身生成的大量信息等。这些关键性的数据一般被存储于专门的数据库系统之中，通过工作人员的调取和查阅来实现其功能和价值，还可以用来完善各种工作报表。通过精准的分析和计算生成的报表资料可以反映企业运行实际情况甚至是未来发展的趋势，有助于管理者全面了解企业的发展情况，发现企业薄弱环节做出科学合理的决策和具体的实施策略。

例如，将生产 MIS 和地理信息 GIS 系统中分散的大量数据，以及外部环境数据（气象信息）等资源进行组合、聚类、排序、抽取等加工，提炼升华为有价值的、支持决策的电力生产智能数据网络。再如，可以通过对变电站、线路、设备、高压用户、气象等不同数据进行挖掘分析，以更好地了解关键业务发展状况和生产技术指标水平，掌握设备的运行状态和特性，及时了解设备的缺陷；通过对发生的事故、故障及停电数据进行分析跟踪，挖掘深层原因，从而更有效地控制电力生产的风险；通过数据分析结果反映的问题可以指导基层单位工作，保证设备完好率，支持和辅助基层做好设备更新技术，提高运行水平，降低事故发生率，提高供电可靠率和无故障运行时间；通过对电网历史和实时数据进行分析可以更好地预测未来数据，辅助支持负荷转移决策、设备检修或更新决策，让企业决策者做出准确的判断，使得电网企业取得最佳的社会效益和经济效益。

4. 数据分析有助于电网数据的深度开发和利用

在电网企业中，负责数据分析的部门经过长期的普查、落实、调查等多种方式对各部门进行数据收集和统计。因此，需要耗费大量人力、物力和财力才能得到全面、客观、完整的数据。但如果只对这些数据进行简单的统计分析和相关的检查，以实现对国家的上报汇总工作，这将会大大浪费数据本身的价值，并且降低数据分析的效率和效益。因此，电网企业需要对这些极富价值的数据进行更深一步的分析汇总以得到更多有用的信息，并将这些信息应用到公司的实践中去，这样才能更好地利用数据的价值，体现数据分析工作的意义。

数据分析善于从众多关系复杂的海量数据中发现深层潜在的内在规律，适合于探索事物的内在发展趋势，并据此进行预警与预测。例如，美国 C3 公司开发的防窃电软件，建立在集成了智能电表、用户信息、工作管理、停电管理、地理信息和电表厂商数据等多源大数据平台上，通过对近 90 个指标的分析，借助机器学习方法快速发现偷窃电的规律，识别可能的偷窃电行为。这一系统已在美国的巴尔的摩电力公司投入使用，偷窃电识别率大幅度提高，在投入后的头 6 个月，就发现了 8000 多起偷窃电行为，识别率高达 90%，与此同时，还发现了 3600 起电表质量问题，识别率高达 99%，为企业创造了巨大的经济效益。再例如，过去常常认为用户的负荷形状为双峰式，斯坦福大学通过对 PG&E 电力公司智能电表的数据进行聚类分析发现，双峰类负荷只占 20%。这一发现对于精准进行用户、馈线和系统的预报具有指导意义。

5. 数据分析可以通过快速实时性分析技术协助电网运行控制

以并行计算、内存计算、超级计算等为代表的数据分析处理技术可以有效地解决实时分析决策问题。最典型的例子是大数据的快速实时处理能力在银行信用卡的授权处理、电子商务公司的单处理以及社交媒体网站的实时精准推荐中的应用。对于电网企业来说，针对电网中实时产生的大量数据，未来基于数据的电网调度运行控制系统也将是数据快速实时性处理能力的用武之地。

比如，在电网运行过程中，通过对实时产生的大量反映运行情况的数据进行实时处理和分析，可以实现对故障的实时监测和及时准确定位，并且通过对历史数据规律的挖掘分析可以实现故障预警，降低故障发生造成的损失，保障电网运行的安全性和稳定性。再比如电力营销策划系统中基础的数据库存储系统，客户来营业厅办理业务时，能够为客户提供叫号以及服务过程的监控系统，防止出现业务疏漏导致客户利益受损，这些系统组成了强大的数据分析和处理系统的结构，工作人员可以根据这些系统和其功能作用来提高业务办理的效率和质量。

6. 数据分析有利于企业人员素质的提升和企业文化的完善

数据分析技术和工具是在应用到实际业务的过程中不断创新和发展的，因此数据分析相关工作具有探索性和前瞻性，亟须培养一支高素质人才队伍以满足工作新要求。数据分析不仅在企业运营管理中得到广泛应用，对于员工来说，数据分析技术也是一门十分重要且实用的技能。既懂电网业务又懂数据分析技术，且具备数据思维的复合型人才是电网企业数据分析工作开展的关键。电网企业应通过多种措施进行人才培养，提升企业人员的素质，比如：建立开放便捷的数据应用工作环境，对数据管理和应用提供技术、业务和资源支持；开展全员参与的数据应用技能竞赛，营造数据氛围，提升实战技能；鼓励学习数据管理与应用相关新技术、新知识，定期组织交流、培训等。

目前电网企业的信息化水平在逐步提升，从企业发展的远景来看，聚焦打造信息化的电网企业，运用数据分析重塑电网企业核心价值观，并且通过推崇严谨的数据文化来不断完善企业文化中的理性层面，有助于企业管理精益化，决策数字化，推动电网企业在现代社会的可持续发展。企业数据文化是驱动公司数据管理提升和应用发展的内在动力，是数据分析工作开展的关键因素。在电网企业管理运营过程中重视并广泛应用数据分析工作，是面向未来、以数据驱动业务创新发展的前提，也是培育全员参与数据应用，营造企业数据文化的基础。电网企业应着力构建起全员参与的数据应用生态系统，为全体员工在日常工作中开展数据分析技术的应用提供平台，降低门槛，为应用成果共享提供渠道和机制，进而建立起浓厚的数据文化和氛围。

1.4.3 电网企业数据分析的应用

1. 电网企业数据分析应用现状

伴随着大数据时代的到来，大数据相关技术与传统电网行业进行深度的交叉与融合，继而催生了电力大数据。电力大数据的价值主要体现在它的驱动效应，即带动电力有关的科研和产业发展，提高电力相关行业通过数据分析解决问题和增值的能力。大数据与电网行业的深度融合，驱动了传统电网运营管理方式和商业模式的创新，意味着新的商业价值的产生。电网企业的数据分析应用场景主要分为 3 类：电力企业生产运行数据，如有功功率、无功功率、线损、输电量等；电力企业营销管理数据，如企业一体化平台、ERP、相关业务应用中流转的数据等；电力企业运营数据，如电价、售电量、客户用电量等。依据数据的内部构成来划分，又可以将其分为结构化数据、非结构化数据两种。后者构成了电网数据的大部分，涉及的部分包括图像处理或者数据监控等，具有变化较快的特征，数据库的二维逻辑难以对其进行准确的阐述。而应用分布式的数据总线，可以汇集起各个调度中心的资料，进而传送到总监控中心，便于对海量而又分散的数据进行整理、分析。企业数据中心通过数据总线及其他的数据接口，能够对实时数据进行分享和交流，如果需要分配资源，还可应用各终端的数据搜索功能对海量数据进行搜寻，并从中得到想要的信息。总的来说，数据分析的应用主要是通过数据总线，将其中的各个环节汇集到一起，从而构建起一个较为完整的虚拟数据汇集系统，可以对系统中的各个数据单元进行统一的分配，实现了各个数据单元信息的即时共享和交流，最终提升了电网系统的工作效率及可靠性水平。当前电网企业在数据、技术等方面已具备一定的大数据应用基础，也取得了一些应用成效。

在数据方面，电网企业在日常运营管理过程中需要收集和处理大量数据，但是这些数据都是分散的，并未和其他数据形成逻辑关系，大数据技术的出现解决了数据分析难见成效的问题，提高了数据分析效率。在大数据时代下，电网企业工作人员需要采集数据信息，并建立数据库，整合资源，分析数据之间的联系，应用数据云技术建立数据监管系统，优化电网企业管理效率，提高企业的经济效益。例如，国家电网有限公司通过信息化 SG186 和 SG－ERP 工程建设已经具备了大数据分析应用的数据基础，主要表现在以下 3 个方面：一是公司三集五大两中心运营管理体系及其支撑系统已全面建成，实现业务大集中和数据大集中；二是公司已经建成一体化企业级信息平台，建立

SG-CIM 模型，基本建成公共数据资源池；三是公司数据中心已管理结构化数据 49.75TB（Tera Byte，万亿字节）、非结构化数据 213TB、海量/准实时数据 51TB、电网 GIS（Geographic Information System，地理信息系统）数据 25TB、电网统一视频数据 300PB、营销基础数据 130TB 和用电信息采集系统数据 43TB，且以每日 10TB 的速度增长。

在技术方面，电网企业开展大数据平台总体设计，引入分布式技术，整合优化重构非结构化数据中心、公共数据组件和智能分析决策平台，构建公司级大数据平台，在数据整合、数据存储、数据计算、数据分析等方面开展了关键技术选型验证，积累了丰富的技术经验。

在业务应用方面，电网企业进行大数据典型应用场景分析梳理，开展电网线损与窃电预警分析、用户能耗分析及用电方案优化、营业厅客户服务行为分析等试点研究课题。例如，L 公司开展基于 HANA 内存计算技术的验证项目，利用 HANA 内存计算方式，使得营销系统的查询、统计效率提高了 20～50 倍；Z 公司开展基于温度变化的居民用电消费习惯分析的研究项目，建立日最高用电负荷和居民日用电量的短期预测模型，结合气象预报数据，预测未来一周的日最高负荷，为电力安全运行和用电调度提供了参考依据。

2. 电网企业大数据应用薄弱环节

电网企业在数据积累、关键技术等方面已经具备良好的基础，但与互联网及金融电信等行业的大数据应用相比较，还存在相应的短板和局限。大数据在电网企业的研究和应用任重道远，特别是在基础数据获取、多领域数据融合共享和专业数据解析等各个层面存在诸多困难。主要体现在以下方面：

（1）数据质量不高。数据质量的好坏直接影响大数据分析的结果。目前电网企业在数据获取的颗粒度，数据准确性、完整性、及时性等方面均存在问题。同时，数据标准不一致，不同专业系统的数据无法进行有效的融合，导致跨专业的大数据分析工作无法有效进行。

（2）数据共享存在壁垒。大数据的本质是从关联复杂的数据中挖掘数据价值。当前各专业产生了大量数据，这些数据除了为本专业服务外，也可为其他专业服务，产生跨专业的应用价值。但由于各专业数据共享存在障碍，存在数据重复存储且不一致现象，数据在电网企业不同专业中的流通与应用路径还不通畅，影响开展跨专业分析的应用。

（3）数据存储扩展性不强。现有的数据存储方式多数采用集中式数据库，扩展性不强，尤其是非结构化数据中心目前面临扩展性差和成本高的问题。

（4）专业人才欠缺。大数据分析应用是一个崭新的事业，电网企业大数据分析应用的开展离不开专业人才队伍的支撑。当前数据科学家、数据分析师和数据工程师等人才欠缺，严重制约企业大数据分析应用的发展。

（5）资金投入不足。在大数据的存储、计算、分析、可视化展现等方面需要大量的资金投入，但当前大数据应用尚未取得明显的成效。成效不足影响了资金的进一步投入，因此只有建立大数据应用的资金回收模型和评价方法，才能刺激资金的持续投入，保障大数据分析应用的开展。

电网企业数据资源

2.1 电网企业数据类型

随着信息技术的迅猛发展，信息量呈爆炸性增长态势。电网企业在生产、经营管理、客户服务等业务流程中，采集、管理、运维的海量数据，不仅包括数字、符号等结构化数据，也包括视频、图像、声音等非结构化数据。电网企业的大数据应用场景主要分为 3 类：电力企业的生产过程有功功率、无功功率、线损、输电量等；电力企业的运营过程有电价、售电量、客户用电量等；电力企业的管理过程有企业一体化平台、ERP、相关业务应用中流转的数据等，如图 2－1 所示。

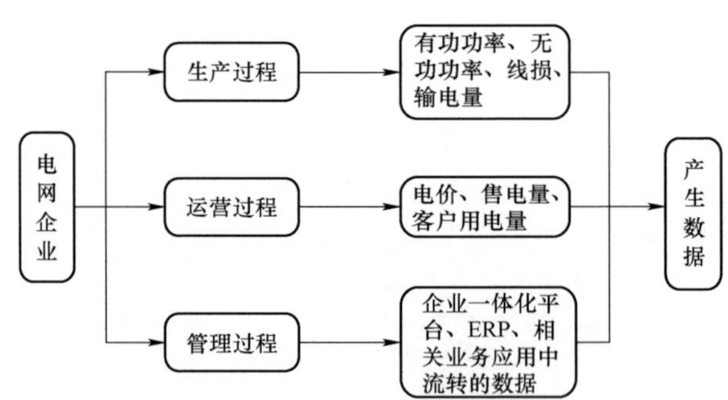

图 2－1　电网企业的大数据应用场景

按大数据产生的环节分类，可以将其分为 3 类：

（1）由发电侧产生的大数据。现今，大型电厂数字化程度越来越高，存储了海量的过程数据。发电侧数据中蕴含的潜在价值非常大，监控电厂运行状态、优化控制策略、故障诊断及数据挖掘等都具有现实的指导意义。

（2）由输变电侧产生的大数据。输变电侧是电厂与电网衔接的纽带，为保证智能电网输变电工作点的正常运行，必须采集大量运行数据，以供电网分析、学习所用。据相关资料统计，仅对输变电侧工作点进行相位检测，单个检测装置日采集数据量就高达 600MB，随着采样频率的进一步增加，这个数据量还将不断增大。

（3）由用电侧产生的大数据。智能电表在电网中的广泛使用为用电侧大数据提供了天然的基础。智能电表拥有双向通信能力，其采样频率高，能够向电网发送实时用电信息。据不完全统计，全国城市及农村已安装了 2 亿多只智能电表，这些数据汇集起来将极其庞大。

根据数据来源的不同，可以将电网企业数据分为两类：一类是电网内部数据，主要来源于电力信息采集系统、配电管理系统、设备检测和监测系统等；另一类是外部数据，主要来源于地理信息系统、公共服务部门等。

另根据数据内容和采集时间节点的不同，也可以将电网企业数据分为两类：一类是基础数据，包括规划设计数据（如电力设备位置、回路、建设时间、厂家等）、电网资源数据（如电缆地下管网相关信息），上述数据均是在电网建设时产生的历史数据；另一类是状态数据，包括设备运行日志数据、监测数据等。

电网企业数据存在以下特点：① 数据体量巨大。随着电力企业信息化快速建设和智能电力系统的全面建成，电力数据的增长速度将远远超出电力企业的预期。据统计，在电力系统各个环节的基础数据和设备状态运行在线监测数据已从 TB 级别跃升到 PB 级别。② 数据类型繁多。电网数据广域分布，种类众多，包括实时数据、历史数据、文本数据、多媒体数据等，各类数据查询与处理的频度和性能要求也不尽相同。③ 价值密度低。在输变电设备状态检测中往往存在所采集的绝大部分数据都是正常数据，只有极少量的异常数据，而异常数据是状态检修的重要依据。④ 分析处理速度快。一般对在线状态数据的处理性能要求远高于离线数据要求，需要在极短时间内对大量数据进行比对处理，以支持决策制定。

近年来，随着我国电力系统向高度信息化、自动化方向发展，电力数据的采集运用越来越广泛，对电力设备设施数据、用户数据、规划数据等的管理也提出了较高的要求。

2.2　电网企业数据资源状况

信息技术发展的日新月异推动了大数据时代的到来，随着电网企业智能化的进步与发展，电网企业也逐渐步入了大数据时代。电网企业在发电端、输变电端及用电端都会产生海量的数据，如对电网设备实时状况进行在线监测时产生庞大的监测数据库、对电网信息的拓展也会产生大量的数据、为获取电网实时运行状态信息而实时进行采样而生成的大量数据信息等。这些数据不仅包括传统业务的结构化数据，还包括文档、图片及影像信息等非结构化的数据。

对于海量的数据信息，如何利用海量数据提升电网企业管理水平，把数据资源作为公司战略资产，加强集中管理，实现全公司信息共享，强化数据分析，提升数据应用水平和商业价值，是现阶段及未来很长时间面临的一项挑战。当前，电网企业对数据的利用主要从需求出发，在电网安全、供电能力、用户信息等核心内容中，开展数据积累，进行数据分析、建模等，形成场景研究、模型应用等各类以数据为基础的应用，这些应用在一定程度上实现了对数据的利用，但处于零散状态，在数据利用方面具有明显的局限性。如何构建电网企业数据资产管理体系，打破数据管理以部门为边界被封闭起来、分散管理的现状，实现全公司数据资产的归集和有效组织，形成企业级权威数据源，发挥数据资产价值，服务公司决策部署和专业管理提升，是电网企业亟须解决的重要问题。

2.2.1 数据资源的重要性

（1）基于数据连接的电力生态系统构建是电力行业发展的大势所趋。随着电力体制改革的深入推进，电力业务格局将发生深刻转变。一是从供电侧角度看，随着分布式电源的不断广泛接入，电力调度和优化控制将变得愈发复杂，进而对“专业输配售电服务”主体业务产生影响，基于数据共享建立电网企业与用户的连接将成为提升双方交互效率和水平的关键。二是从售电侧角度看，随着大批售电公司涌现并持续增加，“专业输配售电服务”这一核心主体中的售电业务将受到冲击，甚至对公司盈利能力产生影响。如何基于电网企业海量的电力数据提升售电服务水平，强化市场竞争力，将直接影响公司的长远发展。三是从市场化角度看，随着电力交易中心的建立，电力市场的定价、交易、数据服务三大功能不断完善，加快了行业内、企业之间数据信息的流动，与交易中心的数据共享是电网企业精准掌握市场脉搏的基础。四是从技术发展角度看，随着“大云物移智”等数字化技术的高速发展，电力市场的信息共享、设施共享、即时协作和智能决策已经成为电力市场发展的趋势。五是从政府政策角度看，地方政府近年来审批推进了若干个多能互补的综合功能试点园区，其中能源的集中管理交互平台是核心竞争力，这对能源的数据管理和利用能力提出了更高的要求。综上所述，未来电网企业与用户、供售电企业、政府机构等各方关系将愈加紧密，建立业务贯通、互相依存的电力生态系统已成为大势所趋，而数据便是其基础和核心动力。

（2）基于数据资源提升企业服务水平、建设智能电网是电网企业发展的必由之路。

一方面，目前越来越多的非传统能源企业已经或正在准备参与到电力业务中去，如比亚迪、华为、中兴、阿里等。与这些企业相比，电网企业存在新兴技术的运用不够成熟、基于数据开展服务模式创新的能力不如互联网公司等问题。面对大量涌入的竞争者，电网企业亟须充分发挥海量电力数据优势，挖掘数据价值，不断提升服务能力，同时拓展市场化售电业务和电网延伸业务，向综合能源服务企业转变。

另一方面，建设智能电网离不开数据资源支撑。电网企业要加强智能电网的建设，必然需要通过导入数字化、智能化技术，实现企业向数字化管理的转型升级。开展电网企业数字化建设，数据资源开发利用是其中至关重要的第一步。同时，智能电网的建设也需要通过数字化的传感器连接资产和设备，并建立集成数据收集、整合和分析、决策系统的双向通信网络。现有的很多智能化变电站只是安装了数据通道，实现了变电站的智能化，并未真正具备高级功能。在大数据时代下，电网企业工作人员需要采集信息，并建立数据库，整合资源，分类数据，分析数据之间的联系，应用数据云技术建立数据监管系统，优化企业电网，提高企业的经济效益。结合了数据云技术的电网数据资源可以实现故障的快速查找，缩短停电时间，提高供电质量，合理解决了传统电网运行模式下存在的问题，提升了电网运行的智能化水平。

2.2.2 数据资产管理状况

数据包括主数据、业务数据和元数据，是数据资产管理的对象。主数据是用于定义业务实体，并且在企业范围内跨业务重用和共享的数据，如物料、设备、财务科目等；业务数据指围绕业务实体发生的企业经营活动相关的数据，如物料采购相关的采购申请数据、采购订单数据、入库记录数据等；元数据指描述主数据和业务数据的数据库表（表结构及其业务含义）、表间关系及运行信息。

资产指的是企业在经营过程中得到的，能够为企业掌握和控制的，能够为企业发展带来一定经济利益的资源。数据资产指的就是能够被企业掌握和控制的并且能够为企业的发展带来一定经济利益的数据资源。由此可见，并不是企业的所有数据都能够成为数据资产，那些能够被企业掌握和控制的，且能够变现的数字资源才能够成为数据资产。其中包含以下几个含义：

（1）数据资产可以给公司和组织直接或间接带来资金、现金、等价物等，也可以是某种可能性，体现在公司和组织经营的各个方面。

（2）数据资产可以是物理形式的，如书本、备忘录、档案、表格、照片、记录，也可以是电子形式的文件，如数据库、日志、各种电子表格、录音录像、程序等。

（3）公司和组织可以自行产生数据资源，也可以从外部和市场购买和合作使用各种数据。

（4）带来经济利益的表现可以是货币形式，也可以不是，但随着数据资产交易量的扩张和在国民经济中地位的增强，货币计量将是需要的，会计准则中公司和组织的资产负债表也将会明确要求将数据资产或者大数据资产纳入。

数据资产具有可控制、可变现及可量化等特点。可控性主要指的是企业对自身所拥有的数据资产具有占有权和使用权，能够根据自身的需求对企业的数据资产进行控制和利用；可变现指的是企业的数据资产要能够转化，并能够帮助企业实现增值，为企业的发展带来一定的经济效益，这样的数据资产才能够成为数据资产；可量化指的是数据资产要能够使用货币的形式来进行准确的衡量，但是从目前来看，很多企业都无法对自身的数据资产进行量化，但是企业已经认识到了数据资产对于企业发展的重要性，把数据列入企业的无形资产，加强对数据资产的利用。

数据资产管理是为了提升企业对数据的运用和价值挖掘能力而进行的一系列活动，解决的是如何提升数据质量，如何快速识别数据，如何高效、便捷地利用数据，进而为企业带来价值的问题。

1. 数据资产管理的不足

随着信息化的不断深入，以及跨专业业务贯通和数据价值挖掘分析需求越来越多，电网企业已开始关注数据资产管理问题，并从局部需求出发开展了部分优化提升工作，但远远未达到数据资产管理的目标。

（1）尚未建立完整、清晰的数据管理组织模式。现有数据资产管理相关规章制度缺乏系统性，落地效果也较差，无法有效支撑数据资产管理，仍需进行新编或修编。缺乏统一的主数据管理系统，无法将主数据管理相关标准和流程进行固化，无法从技术角度出发对公司层面的主数据进行统一管理；未形成元数据包括数据采集、存储、维护、应用及归档的全生命周期的有效管理。目前国家电网有限公司统推的数据管理服务平台功能仍不能很好地满足数据资产管理需求，对数据资产全过程管理有待完善，还需建立数据资产之间的业务关联关系，数据视图和业务视图、数据质量检测功能有待加强。对于数据运营，数据需求统一管理、跨技术平台的数据计算处理能力不足，对于跨业务数据分析仍需以传统数据仓库建设的方式对数据进行大量复制和搬迁。

（2）数据质量管理有待提升。电网企业经过一系列的信息化建设，其数据储存的数量已经达到了PB级，数据资产也逐渐庞大起来。然而，其质量却不是很高，且与互联网、电信等行业相比在数据资产管理方面还存在有一定的差距。目前，电网企业数据质量管理工作往往是以专项数据治理或专项数据质量考核的形式开展，缺少长期有效的企业级数据质量管理体系，包括数据质量管理机构、制度与手段等。只依附于某一个专项工作，且以考核为驱动的模式，存在着先天的局限性，容易导致相关数据质量管理工作无法落到实处，甚至将本属于全公司协同开展的工作只落实到某个部门或某个人身上，从而严重制约了数据质量管理工作的开展。

（3）缺乏明确的数据应用场景。大数据时代，如何对企业的数据资产进行识别，利用现有的数据资产为企业的发展创造出更多的价值，是每个企业都应该重点考虑的问题。数据的应用场景是体现数据资产价值、推动数据资产管理的核心驱动力，也是当前供电企业开展数据资产的难点。在电网企业实际工作中，往往不清楚如何入手、该开展何种分析应用，难以建立明确的数据应用场景，无法形成价值被广泛认可的输出，企业很多数据分析工作仍处于内部探索阶段，远未达到广泛应用并产生实际价值的数据分析工具的水平。

2. 数据资产管理的建议

要想实现真正的数据资产管理，推动企业向数据化运营的转型，必须从组织模式、基础保障和应用场景3个方面同时开展工作。

（1）建立数据资产管理的组织模式。数据资产管理与传统的数据专业化管理不同，强调企业内部所有数据的整合、共享和统筹管理，必须建立与之相匹配的组织模式。电网企业目前尚未建立完整、清晰的数据管理组织架构，参与数据管理的部门主要包括科信部、运营监测（控）中心和相关部门。

科信部牵头管理企业的各个信息系统，负责管理相应的软件、硬件及后台数据库，具备一定的数据质量管理职能，在一定程度上开展数据质量管理。为了推动电网企业的数据资产管理，首先应建立一个强力的数据管理机构，负责统筹管理企业的数据标准、统计口径和管理规范，建立基于统一标准的公司业务拓扑和数据视图，尤其是要打通不同专业间的数据关联壁垒，构建数据关联的基础。这个机构由公司各分管领导组成，作为其具体执行单位。其次，组织各专业开展数据清洗工作，进行业务设计，科信部负责组织业务部门具体实施，形成常态化的数据清洗机制，确保所有存储的数据真实、准确，支持100%的业务还原。

（2）夯实数据资产管理的基础保障。数据资产管理的基础保障包括基础架构、安全保障和人才保障。目前供电企业普遍采用Oracle、IBM、HP的商业数据解决方案。随着数据处理速度和数据量的不断提升，尤其是基于用电信息采集系统的用户用电行为分析的开展，对硬件资源的需求必将不断增加，采购成本的压力不断上升。因此，适时开展Hadoop架构的研究和试点部署，对于支撑企业未来海量数据的存储和分析，降低硬件采购成本具有非常现实的意义。Hadoop是一个分布式系统基础架构，是云计算的一个具体实现，通过将数据分布存储、计算，再对结果进行整合，实现了可扩展、经济、可靠和高效的特征。

数据资产的安全保障是在现有的数据安全保障措施的基础上，重点增加应用安全的相关内容。由于未来供电企业数据资产的应用不再局限于某一部门，甚至不再局限于企业内部，而且供电企业数据涉及经济民生的方方面面，包含了一些用户隐私信息，在应用时必须建立完善的管理规范，只能开展针对用户群体的应用场景，不涉及具体用户，更不能将用户隐私数据外泄。

合格数据资产管理人才是推进供电企业数据资产管理的重要支撑，在现有的数据管理人员之外，还应重点培养、招募3类数据资产管理人才：数据资产管理规范制定者，负责从业务应用角度制定企业整体的数据规范，既要精通当前的各类业务，也要对数据管理有深刻认识，更重要的是对未来数据应用需求有前瞻性； 数据应用科学家，负责设计数据应用场景和相应产品，需要具备敏感的业务需求嗅觉和将需求模型化的数据分析技能； 数据资产清洗者，负责落实数据资产管理规范，推动数据清洗和整改，应具备较强的协调管控和贯彻执行能力。

（3）拓展数据资产管理的应用场景。拓展数据的应用场景是体现数据资产价值、推动数据资产管理的核心驱动力，也是当前供电企业开展数据资产的难点，实际工作往往不清楚如何入手、该开展何种分析应用。比对、细分、溯源是传统商业智能分析中经常采用的分析思路，在大数据时段还要加上趋势。这可以作为供电企业开展数据资产应用的思路。

比对包括两个层面，一个是底层数据与统计结果的比对，更重要的是对有不同数据来源但彼此间又存在关联的数据间的比对。将发布的计划停电信息与统计的供电可靠性指标的比对就是一个典型的应用场景。

细分是指针对分析需求引入新的分析维度或分析方法，并对数据进行进一步分解、分类。引入新的分析维度主要是引入跨专业的维度，如在设备故障统计时增加设备运行环境（气温、降水等）的分析维度；引入新的分析方法主要是采用一些数据挖掘的方法，如聚类分群就是一种常用数据细分的方法。

溯源是针对发现的问题或现象进行追踪、探究原因的过程。例如，通过对前文提到的交易中心和财务部对于售电量结果的差异进行溯源，发现该差异是由不同部门对售电量统计范围、统计时段的差异造成的，进一步挖掘可以看出这还是由专业间不同的管理需求导致的。

趋势分析是基于历史数据对未来发展进行预测。趋势分析对供电企业至关重要，提高分析的频度、准确性是未来应用的重点。

2.2.3　数据资源应用状况

1. 现状与目标

与数据资源相关的现代电网企业主要业务分为 3 类：一是管理电网运行设备，即电网设备的运行、检测与实时监控；二是构建营销系统，包括处理电价交易、售电量、用户客户数据；三是电力及相关企业管理。因此，数据资源应用的主要目标及现阶段主要的应用范围都是围绕这 3 方面展开，如图 2－2 所示。

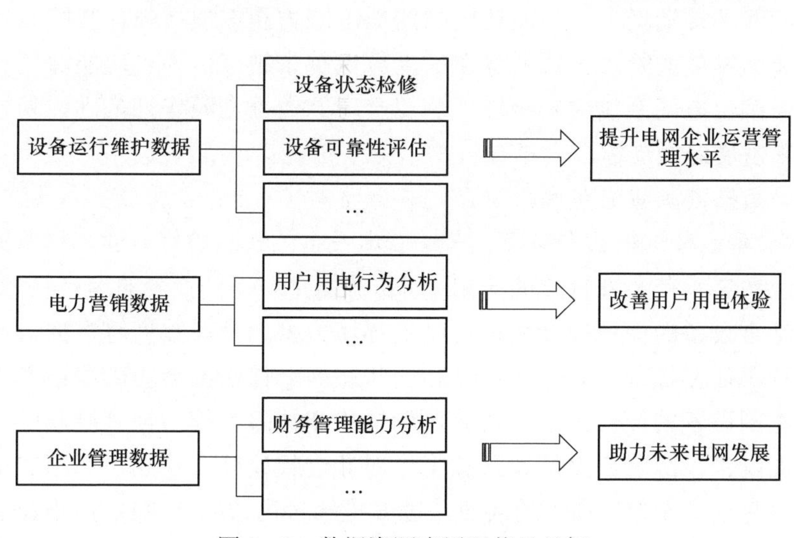

图 2－2　数据资源应用现状及目标

（1）数据资源应用目标。

1）提升电网企业运营管理水平。借助电网中历史数据及深层数据资源，可以掌握电网发展和运营的规律，使电网规划更加优异，并且实现对电网运行的状态的完全掌握及优化对系统资源的控制，电网的经济性、安全性及可靠性都会得到提高。结合天气数据、环境数据及输变电设备监控数据的应用，可以提高输电线路的利用效率、输变电设备运行检验的效率及运行维护的管理水平。在调度数据、仿真计算历史数据的基础上，可以有效分析出电网的安全系数，并且建立电网的知识库，进一步提高电网的安全性。

2）改善用户用电体验。用电用户是电网企业运营的基础，大数据背景下的数据资源对企业内部而言，可以实现其对能源生产、消费和交易的管理，对外可以响应用电用户的需求及参与虚拟电站的调度运行。通过大数据背景下的数据资源对用电用户的需求进行分析，不仅可以提高大电网的灵活性，还能提高新能源的接纳性。具体而言，用户的用电情况、分布式发电情况、储能系统的应用情况及电动汽车的应用情况都可以在数据资源中显示出来，通过对这些数据的研究分析，有效预测出用户能源消费的基本情况，有助于优化电网规划和运行方式，也有助于提高企业与用户之间的沟通效率，改善用户的用电体验，提高用电满意度。

3）助力未来电网发展。未来的智慧电网随着时代的发展会具有距离长、范围广、智能及共享互联的特点，电网运行的机制和商业模式也会被重新构建，大量的数据信息会被传输到用能的终端。数据资源的增多势必会使得电网企业的管理终端增多，从而使电网的适应能力和柔性更强。智能电网目前正处于急速发展的阶段，其所分布的区域也越来越广，为实现能源广泛区域的平衡，确保电网系统的安全性，需要全球的数据资源作为基础，为智能电网的未来发展提供支撑。

（2）数据资源应用现状。

1）设备运行维护数据应用。在输变电设备的状态检修方面，目前的输变电设备上均安装有大量的传感器，利用传感器可以得到设备的运行状态数据。同时，结合设备的历史运行数据、气象环境数据、负荷数据等数据，可以对设备进行评估和预警，为输变电设备的状态检修提供数据基础和技术支持。目前，电网设备的检修方式主要是计划检修和故障检修。计划检修是对设备进行定期维护，故障检修是设备故障后对其进行检修。计划检修存在很大的盲目性，造成了人力、物力的浪费，过度检修对设备的绝缘也存在较大影响；故障检修不能及时发现设备的故障或缺陷，有时在发现故障时已造成巨大的经济损失。在设备运维大数据的帮助下，通过对输变电设备运行状态的监测和评估，可以及时发现设备运行隐患。根据设备运行状况进行的状态检修，既可以提高设备运行的可靠性，又可以减小设备的运行维护成本，提高设备运行的经济性。

在设备可靠性评估方面，在智能电网背景下，通过融合体量巨大的电网设备静态参数、电网设备运行数据和电力设备的全寿命周期数据记录，可对设备在生产制造、运行维护、更换退役等各个阶段的可靠性指标及变化规律进行分析，更加客观地分析、归类电力设备的运行状态及风险等级；同时，更加容易识别某些设备的家族性缺陷。智能电网大数据背景下的电力设备可靠性评估可以对运维策略、系统运行方式的评估提供有效的辅助决策。

2）电力营销数据应用。电力营销方面目前已积累了大量数据，用户用电行为分析就是对这些数据的有效应用。用户用电行为分析是指通过对用户家庭基本信息数据、用电信息数据、环境数据等数据的获取对用户的行为做出实时评价，通过对评价数据的大量积累形成最终对客户行为和客户品质的分类。

贵州电网在客户服务方面，利用电力营销系统里的大数据，通过用户节能分析、节能服务、客户画像、营业厅服务业务分析等，为向“以客户为中心”的服务模式转变提供技术手段。其围绕以客户服务为中心，以数据驱动业务的思路，以电网大数据应用技术支持平台为依托，根据现有数据基础条件及贵州电网应用需求，结合以“云上贵州”为基础的外部数据与电网大数据进行关联分析，选取典型电网业务应用场景，进行分析建模及应用研究并完成了可视化展现。

3）企业管理数据应用。财务数据是企业经营管理的核心数据，也是最敏感的数据。把计算作为核心的大数据处理平台为电网企业提供了一个最为有效的数据管理系统，能为增强企业财务管理能力提供有力支持。在大数据背景下，电网企业不仅可以通过以往的财务报表获取财务管理数据，经过大数据技术处理之后，企业能够从客户数据、业务数据等数据中挖掘出更多的财务管理信息。

以山东电网为例，根据国家电网有限公司的统一要求，国网山东电力自2009 年开展了财务集约化建设，近十年来，财务信息系统中积累了海量的业务和财务数据，山东电网将积淀丰富的大数据资源作为企业的一项核心资产，并将对数据资产的挖掘和分析作为支撑企业经营管理的重要手段。经过多年的研究和实践，提出了“1234”新型财务大数据应用的管理体系和管理方法论。即一个平台，构筑财务大数据应用的支撑架构；两大保障，护航财务大数据应用之路；三端建设，实现财务大数据的分级展现；四大域层，构建电网财务大数据管理体系。

具体而言，一是借助国家电网有限公司统一建设的全业务统一数据中心，对技术架构、业务流程进行总体规划，充分利用大数据技术和平台，融合业务前端和财务的全方位数据，实现业财融合、数据共享，确保技术路线先进可靠、数据标准规范统一、数据质量实时高效、数据分析灵活智能，为财务大数据的分析提供技术平台和应用平台。二是为更好地利用大数据技术，服务财务管理，在财务大数据研究和应用方面，山东电网一手抓制度建设，一手抓技术支撑，确保大数据应用行稳致远。三是山东电网构建了以大数据平台为支撑的微应用端，以大屏应用为载体的决策支撑端，以 Pad、手机应用为辅助的移动应用端。通过三端建设，满足不同层面财务人员需求，使大数据分析和应用有了持续的生命力。四是以数据治理和规范构建数据质量标准的管理域层，以数据资源池构建财务大数据的处理域层，以多维分析模型构建财务大数据的分析域层，以及以现代技术手段构建财务大数据的安全域层。

2. 存在的不足

近年来随着电网企业信息化建设的不断投入和各类专业应用不断深入，积累了大量数据资源，有效支撑了企业的集团化运作和精益化管理，有效促进了跨专业的数据综合应用，但在数据应用过程中还存在数据质量参差不齐、数据共享融合不畅、数据采集速度有待加强等方面的问题。

（1）数据质量参差不齐。数据质量问题主要涉及数据准确性、数据完整性、数据一致性、数据及时性等方面，直接影响数据应用成效，增加数据清洗整合成本，增加企业经营管控风险。

数据不准确主要体现在数据与实际不符、数据间逻辑矛盾、数据不规范等方面。例如，部分采购订单对应的经法合同号、项目投产时间等数据与实际情况存在出入；设备缺陷数据存在设备投运时间晚于设备缺陷发现时间；个别项目主数据重复创建且未及时清理。

数据不完整主要体现在数据属性信息不完整、数据记录缺失等方面。例如，部分设备投运时间等信息缺失；采购订单的资金支付申请中缺少部分质保金付款申请记录；技改项目、大修项目等未在相关信息系统中维护形象进度数据；部分单位非统调电厂购电费结算仍采用线下纸质单据，系统中无完整的非统调电厂结算数据；除中电财结算账户、电费专户外，其他财务银行账户流水数据尚未纳入系统。

数据不一致主要体现在同一数据在不同时期业务含义不一致。数据不及时主要体现在数据维护时间滞后于实际业务发生时间。例如，人员调动时未及时更新系统人员信息，影响员工报销审批流程；物资库存管理中，存在系统中收发货操作滞后于实物入库或者出库的情况，造成系统库存信息更新不及时。

（2）数据共享融合不畅。经过多年信息化建设，电网企业的调度机构内不同专业分别建设了大量的业务系统。由于这些系统是不同厂家建设的，在没有统一数据资源管理标准的前提下，使得大量业务系统之间的电网模型、业务表单等基础数据存在不一致、编码不统一、数据交互困难等问题，也给系统的彻底改造增加了相当大的困难，导致实时工况、故障和运行统计等电网运行信息难以共享整合，造成“信息孤岛”等问题。以主数据为例，主数据未有效贯通主要体现在相关主数据信息未统一管理，无法共享互通。例如，电厂名称命名在不同系统中存在差异，在电力交易系统中命名为“常山燃机”的电厂，在财务管控系统中则命名为“浙江浙能常山天然气发电有限公司”；电量结算单位跨系统存在差异，在采集系统以采集表计为单位，在营销系统以营销户号为单位，在财务系统以财务结算单元为单位，但各单位间没有建立映射，数据难以互相转换、共享互通。

（3）数据采集速度有待加强。随着电网规模的不断扩大，电网数据规模也随之扩大，现阶段电网企业数据采集速度仍有待加强。数据采集速度慢主要由以下两方面造成：

1）数据资源本身固有的特点，使得数据无法快速识别。首先，业务与数据关联的认知度不高。一方面由于数据的专业性和特殊性，对数据的解读在很大程度上依赖于业务专业水平，而电力系统内缺乏能综合利用数据信息的专业人员，以致解读数据能力不足，无法快速识别有价值的数据；另一方面，信息系统数据表结构逻辑复杂或缺少相应的数据字典，造成无法快速解读数据。其次，系统中数据属性描述不清晰、不准确。部分业务系统使用的是国外软件，在汉化过程中存在数据字段翻译不直观甚至翻译错误，导致无法直接通过数据字段描述理解对应的业务信息。最后，非结构化数据资源无法快速识别并有效加以利用。目前各业务领域产生了大量扫描件、图片、视频、文本信息等非结构化数据，但缺少必要技术手段进行直接利用，造成非结构化数据资源无法有效共享，影响数据使用效率。

2）电网企业使用的数据采集方式存在缺陷。目前业务人员主要通过定制的应用功能查询数据，受限于系统和应用功能的软硬件资源负载均衡设置，无法快速、便捷地获取数据，且获取后只能通过线下整合数据或导入数据存储平台二次加工处理数据，过程烦琐，处理复杂，技术性要求较高，阻碍了业务人员自主性使用数据需求；同时，目前电网企业数据分布在各数据存储平台中，且数据运行相互独立，在进行跨系统综合数据分析应用时，需对数据进行复制、整合后才能建立相关应用，加大了数据重复存储的概率，延长了数据流转的链路，增加了数据质量风险。

以电网规划基础数据为例，首先，电网规划基础数据缺少统一管理，数据信息分散，在数据信息采集方面工作量很大，浪费了过多的人力、物力和财力。此外，电网数据的合并方式比较落后，多是依靠人工操作，数据合并的效率和精确度都有待提高。其次，电网规划基础数据管理流程尚未建立，电网企业各个部门的工作职责不明确，基础数据的采集、调研、合并等工作缺乏规范性，难以保证电网规划基础数据的有效性和准确性。最后，没有统一电网数据的标准和模型。电网规划基础数据的统计版本不一致，没有建立数据模型标准和应用接口标准，不能满足电网整体数据体系的需求。

3. 数据应用方向

数据分析应用的关键是将数据视作与人力、物力和财力一样的企业核心资产，让资产创造价值。充分利用电网实际经营管理中产生的海量数据，对其进行科学的研究分析，可提供潜在的高附加值服务。这些附加服务可大大提高电网安全监测与控制能力，具体包括电网灾难预警与事故处理、供配电与电力调度决策及客户用电行为分析等，实现更科学的需求侧管理，服务广大电力客户，为电网创造巨大的经济效益。

（1）电网规划方面。

1）用电量的预测。根据大量的用电量历史数据，结合规划区域的面积、人口数量及历史经济数据等，对本区域内的用电量进行预估，以此作为进一步进行规划设计的根据。

2）智能电网中部署的智能电表和用电信息采集系统可获取详细的用户用电信息。对用户电量数据分行业、分区域、分电价类别等多维度展开用电情况统计分析，提取全社会用电量及相应社会经济指标，归纳总结各指标增长率与全社会用电情况的一般规律，可为政府了解和预测全社会各行业发展状况和用能状况提供基础，为政府就产业调整、经济调控等做出合理决策提供依据。

3）对空间负荷进行预测。在整个电网区域中，利用每个分区域的用电类型、产业分布、各个行业的面积负荷密度及行业的负荷值等众多数据资源进行综合分析，以此实现对远景年负荷预测的目标。

（2）电力营销方面。通过对购电量、售电量及供电合同的管理数据，电能信息采集数据及抄表计费数据，95598 客服数据，计量点管理、计量体系管理数据，市场管理数据及客户关系管理、客户档案管理等数据进行分析，同时依据目前国家政策、社会经济的发展形势及自然因素等，对不同地区和不同用户的用电行为进行综合分析，可以掌握电力营销规律，从而更好地制定营销策略，寻求更为合理有效的供电服务模式。业扩报装辅助分析以营配集成为纽带，将用电信息采集系统、营销系统、PMS（Power Production Management System，工程生产管理系统）和 SCADA（Supervisory Control and Data Acquisition，数据采集与监视控制）系统的数据相融合，可以实现对变电站、线路及下挂用户和台区的负荷及电量监测分析，为加快业扩报装的速度和提高供电服务水平提供技术支撑，同时可以极大地提高电网设备运行的可靠性，优化配电网结构，降低电网生产故障。

（3）设备日常运营维护方面。在大数据时代，在实现 GIS、PMS、在线监测系统等各类历史数据和实时数据融合的基础上，应用大数据技术进行故障诊断，并为状态检修提供决策，可实现对电网设备关键性能的动态评估与基于复杂相关关系识别的故障诊断，为解决现有状态维修问题提供技术支撑。将系统及设备的检修次数、维修费用及维修人员数量等数据和设备系统的一些信息整合起来，进行综合分析，可以实现故障问题的及时发现和解决。除此之外，还可以通过对现有数据资源的分析，建立潜在问题预测机制，进而建立前瞻性的设备系统维护体系，从而实现对设备的有效维护。

2.3　电网企业数据分析流程

电网企业数据分析的目的，就是要用统计分析、机器学习、数据挖掘的各种方法来解决电网企业运营过程中遇到的各种问题，其最终目的是解决问题。

在进行电网企业数据分析时，首先，弄清楚现状和预期之间的差距，并调查导致差距产生的关键因素，即识别电网企业数据分析需求；其次，要针对需要进行分析的目标，有针对性地收集相关的数据，避免浪费成本，即进行电网企业数据准备及处理，包括数据获取、数据筛选、数据清洗、数据处理；再次，在此基础上进行数据分析；最后，根据分析结果，考虑人力成本和金钱成本，提出该问题的解决策略并推进。

总之，数据分析就是从现状出发，寻找一条可以到达预期的最短路径，在此过程中应着眼于找出主要的问题，然后根据相应的框架来解决这些问题。

电网企业数据分析流程主要包括以下步骤：电网企业数据分析需求识别、电网企业数据准备及处理、电网企业数据分析、基于数据分析的解决对策，如图 2–3 所示。

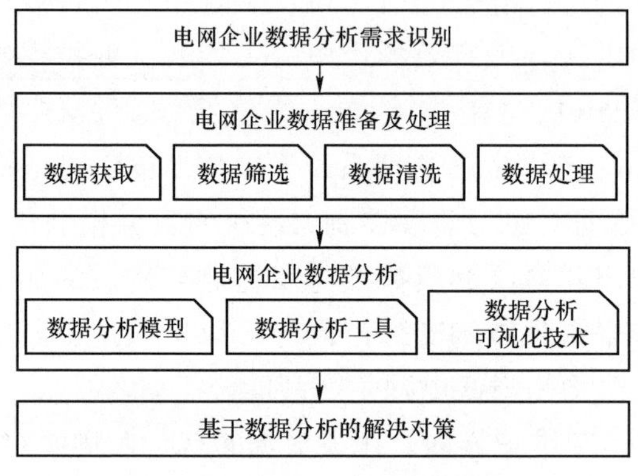

图 2–3　电网企业数据分析流程

第3章 电网企业数据分析需求

3.1 电网企业数据分析需求类型

电网企业数据分析需求类型根据对象不同可分为面向电网企业运行管理、面向电力用户服务、面向政府部门辅助决策 3 类。面向电网企业运行管理类数据分析需求包括电力系统稳定性分析与控制、输变电设备故障诊断与状态检修、配电网运行状态评估与预警、配电网故障定位、负荷预测、城市电网规划等；面向电力用户服务类数据分析需求包括用户用电行为分析、需求侧管理、能效分析、供电服务舆情分析等；面向政府部门辅助决策类数据分析需求包括社会经济状况分析与预测、政府决策支持与相关政策评估（如电价政策、新能源补贴政策等是否合理等）。这些需求需要综合电网运行状态信息、用户用电信息、客服系统信息、气象数据、经济社会数据和互联网数据等进行分析。

3.1.1 面向电网企业运行管理类需求

电力系统是实现电能生产、传输、分配和消费瞬时平衡的复杂大系统。电网企业需进一步实现各类新能源、分布式能源、各种储能系统、电动汽车和用户侧系统的接入，并借助信息通信系统对其进行集成，通过有效的数据分析实施高效的管理和运行。

风、光、海洋能等新能源发电的发展和电能生产受到国家政策、激励机制、地理环境和天气状况的影响；分布式能源、电动汽车的发展和接入运行、用户侧系统与电网的互动受社会环境、用户心理的影响。随着智能电网的发展，电网的复杂性和不确定性进一步加剧，不同环节的时空关联性更加密切，电网的发展和运行受外部因素的影响加大。与此同时，社会对电力供应的经济、安全、可靠性和电能质量提出了更高的要求，智能电网中部署的 WAMS（Wide Area Measurement System，广域监测系统）、AMI（Advanced Metering Infrastructure，高级测量体系）系统、调度自动化系统、PMS、输变电设备监控系统等为认识电网特性、预测电网发展和可能的运行风险提供了依据。借助数据分析技术，对电网运行的实时数据和历史数据进行深层挖掘分析，可掌握电网的发展和运行规律，优化电网规划，实现对电网运行状态的全局掌控和对系统资源的优化控制，提高电网的经济性、安全性和可靠性。基于天气数据、环境数据、输变电设备监控数据，可实现动态定容，提高输电线路利用率，也可提高输变电设备运检效率与运维管理水平；基于 WAMS 数据、调度数据和仿真计算历史数据，分析电网安全稳定性的时空关联特性，建立电网知识库，在电网出现扰动后，快速预测电网的运行稳定性，并及时采取措施，可有效提高电网的安全稳定性。

3.1.2 面向电力用户服务类需求

用户端的数据是一个待挖掘的金矿。大数据将各行业的用户、供电服务、发电商、设备厂商融入一个大环境中，促成了电网企业对用户的需求感知，依据数据的分析来进行运行调度、资源配置决策，并基于分析来匹配服务需求。

在智能电网中，用户扮演的角色越来越重要，传统意义上被动的用户正在被主动的“能源生产/消费者（Prosumer）”代替。用户系统不仅可对内实现能源的生产和消费管理，并在一定的区域内实现能源交易，还将对外参与需求响应或作为虚拟电站参与调度运行。促进用户与电网的互动是提高大电网灵活性，进而提高其接纳大规模间歇性新能源的有效途径。了解用户用能特性，制定有效的政策和市场机制，是有效激励用户改善能效、参与需求响应、需求调度的途径。根据 AMI 数据（反映用户用能情况、用户分布式发电、储能系统和电动汽车的应用情况，参与电网互动情况），结合用户特征数据（住房、收入和社会心理）和社会环境数据（气候、政策激励等），可分析预测用户的能源生产和消费特征，为电网规划和运行方式安排提供参考；也可促进电力需求侧管理，鼓励和促进用户参与需求响应，实现与用户的高效互动，提高用户侧能效水平，改善用户用电体验，提高用户满意度。

3.1.3 面向政府部门辅助决策类需求

电网作为载体承载着能源与用能两大主体，它关联着诸多因素。今天的能源政策与机制应超出基于因果关系和条件评估的判断，需要以数据为基础、关联分析为依据的决策。例如，电价特别是阶梯电价定位，基于综合用能行为数据和生产、生活各因素及电力生产成本等多因素进行数据分析，才能有效地激活各个要素，实现最佳效果。再如，新能源、分布式能源、电动汽车、需求响应等技术的大规模实施，不仅取决于技术成熟度和经济性，还取决于能源政策和各种激励机制是否有效。能源政策和机制是否有效，通常并没有普适性，而是应符合本国的实际，符合精准的感知和预测。

当前我国已开启新一轮的电力改革，一系列配套文件正在逐步出台。这些政策和机制是否有利于智能电网发展，应在政策条例的试行阶段进行分析和检验，大数据是最有效的手段。此外，电力与经济发展、社会稳定和群众生活密切相关，电力需求变化能够真实、客观地反映国民经济的发展状况与态势。通过分析用户用电数据和新能源发电数据等信息，电网企业可为政府了解全社会各行业发展状况、产业结构布局、预测经济发展走势提供数据支撑，为相关部门在城市规划建设、推广新能源和电动汽车、促进智慧城市发展等方面提供辅助决策。

3.2　电网企业数据分析需求收集方法

1. 文档“考古”法

查阅历史资料、行业报告、网络资讯等相关讯息，如对面向电网企业运行管理类需求，可搜集电网企业过往的数据分析资料，了解判断行业趋势，把脉数据分析习惯，粗略判别电网企业数据分析需求；对面向电力用户服务类需求，可搜集电力用户历史用电数据资料，初步判断用户数据分析需求；对面向政府部门辅助决策类需求，除实时关注政府政策动态、搜集政府部门最新政策文件外，还应当尤其关注当地政府历史政策和能源相关类历史政策文件，通过对历史政策文件的研究对未来政府政策颁布做出预判，必要时可建立与当地政府和能源监管部门的专项联系通道。

2. 代表访谈法

对电网企业各个部门的生产员工代表、电力用户代表和政府部门代表进行访谈以了解数据分析需求。访谈分为两种形式，即1V1的深度访谈和座谈会形式的焦点访谈，两种访谈方式各有所长。1V1深度访谈的优点是可以获取更多被采访者信息，实时观察被采访者表情及特征，为判断需求真伪提供一定依据，且对场地无要求，易实施；其缺点是难以激发思考，访问员需要注意启发式提问。座谈会形式的焦点访谈的优点是可以访谈不同代表性的主体，易激发思考；

缺点是部分受访者易受意见领袖影响，且对主持人控场要求高。

3. 问卷调查法

相比代表访谈法，问卷调查是一种定量的调研方式，常用于访谈之后；通常先通过定性的代表访谈法判断基本方向及要点，再通过问卷对各需求关键点进行定量验证，了解其特点后再次通过 1V1 的深度访谈把脉需求（一般在问卷调研过程中发掘深访对象）。当然，应视数据分析的具体情况选择最适合的方法。

全流程的问卷调查，执行过程中一般会涵盖调研方案（调研时间、地点、主题、投放数量、受访者构成等）、问卷设计（问卷设计完成后，可小范围投放测试）、实际调研（网络、电话、实地）、问卷回收（审核问卷真实性、有效性）、问卷分析（分析调研数据，出具分析报告）几个方面。其中，问卷设计有几个原则：

（1）问题通俗化，忌专业术语；

（2）选择题为主，问题设置由浅入深，具有逻辑性；

（3）选择题答案闭合，标准化。

4. 竞争企业数据分析需求搜集

所谓的竞争企业数据分析需求搜集就是找类似企业的数据分析，看别人的数据分析资料、数据分析系统，逆推数据分析需求，发现竞争企业数据分析的闪光点，拿来用在自己的数据分析上。

3.3 电网企业数据分析需求识别

3.3.1 电网企业数据分析需求识别概述

通过多种需求采集方法收集了大量的数据分析需求后，在进行数据分析前，会预先对需求进行识别。需求识别的目的在于，对所有需求做识别，做优先级判断，判断哪些需求是必须要满足的，哪些需求是可以延迟一点满足的，而哪些需求又是可以不用考虑的。需求识别考虑的因素有可行性（技术能否实现）、成本（人力成本、时间成本）、商业风险、是不是数据分析最迫切的需求（紧急性与重要性）。

电网企业数据分析需求识别流程如下所示。

1. 使用绘制关联图等方法描述项目需求

在需求识别的过程中，对于初步整理的需求需要不断采用各种方法进行归纳、整理，关联图就是整理数据分析需求的一个方法。所谓关联图，是把若干个存在的问题及其因素间的因果关系用箭头连接起来的一种图示工具，是一种关联分析说明图。通过关联图可以找出因素之间的因果关系，便于统观全局，分析并拟订解决问题的措施和计划。

项目人员针对不同方面的需求可以采用不同的方法进行描述，以清晰、明确地描述所有需求。需求描述可以采用文档、原型等多种方式。

2. 分析需求的可行性

在允许的成本、性能、进度要求下，分析每项需求实现的可行性，明确与每项需求实现相联系的风险，与其他需求的冲突，对项目环境、项目团队的要求及技术要求等。

3. 确定需求优先级

以利益相关方要求、每项需求对项目整体影响等为基础，应用分析方法来确定使用实例、产品特性或单项需求实现的优先级别。以优先级为基础，确定产品版本将包括哪些特性或哪类需求，并制定出对不同优先级别的需求的实现方案。当允许需求变更时，应在特定的版本中加入每一项变更，并在那个版本计划中做出需要的变更。

4. 建立需求模型

如果需要，应为需求建立模型。建立需求的图形分析模型通常是对需求规格说明极好的补充，它们能提供不同的信息与关系以有助于找到不正确的、不一致的、遗漏的和冗余的需求。在软件项目中，这样的模型包括数据流图、实体关系图、状态变换图、对象类及交互作用图等。

5. 编写数据字典

数据字典是软件项目中常用的名词，也是软件项目中必须完成的一个文档。在其他类型的项目中，编写完善的数据字典也是项目需求的一个良好补充。数据字典是对系统用到的所有数据项和结构的定义，以确保开发人员使用统一的数据定义。在需求识别阶段，数据字典至少应定义客户数据项以确保客户与开发小组使用一致的定义和术语。分析和设计工具通常包括数据字典组件。

6. 应用质量功能调配

质量功能调配是一种高级系统技术，它将产品特性、属性与对客户的重要性联系起来。该技术提供了一种分析方法以明确哪些是客户最为关注的特性。它将需求分为 3 类：期望需求，即客户或许并未提及，但如若缺少会让他们感到不满意的需求；普通需求；兴奋需求，即实现了会给客户带来惊喜，但若没有实现也不会受到责备的需求。

7. 需求变更

在需求识别过程中，甚至是在需求识别阶段结束后，经常会遇到数据分析系统的使用者要求对需求进行变更的情况。从这一角度来看，可以说需求识别贯穿了项目建设过程的始终。在项目结束前的任何阶段中，都有可能进行需求变更。但是，对需求的变更不能是随意的，应该进行严格的管理。

8. 需求确认

需求确认前，数据分析系统的使用者要对需求进行评审。需求文档的评审是一项精益求精的技术，可以发现二义性或不确定的需求，那些定义不清的需求不能作为后期项目开展的依据。一般需求评审需要数据分析系统的使用者组成评审小组，通过评审会议，甚至通过对需求的测试而最终被数据分析系统的使用者认可。这种需求评审经常不会一次通过，可能需要经过项目人员对未通过的需求文档进行修改完善、再提交给评审小组、再次召开评审会议等几次反复过程才能最终完成。评审的结果一般是在“需求分析报告”上签字确认，这通常被认为是数据分析系统的使用者同意需求分析的标志行为。然而在实际操作中，数据分析系统的使用者往往认为不可能在项目的早期就了解所有的需求，而且毫无疑问需求将会出现变更。但是在“需求分析报告”上签字确认是终止早期需求分析过程的正确方法。需求确认将迷雾拨散，显现需求的真面目，给初步的需求开发工作画上双方都明确的句号，并有助于形成一个持续良好的客户与开发人员的关系，为项目的成功奠定坚实的基础。

3.3.2 电网企业数据分析需求识别方法

3.3.1 节已经描述了电网企业数据分析需求识别的一般性步骤，但需求识别分析过程往往根据采用的需求识别分析方法不同而不同，下面结合常用的方法对需求识别分析过程再展开进一步讨论。常用的需求识别方法有组成表法、原型法、需求减法、问题分析法和差异分析法。

1. 组成表法

组成表是最基本和常用的需求识别方法，也常用来描述项目的某一方面的属性，一般是根据分类对目标进行罗列，也可将其用于电网企业数据分析需求识别。

例如，需要设法把某一类数据分析工作能够满足的需求全部列出来，但在罗列这些需求时他们常常会发现许多以前所未知的需求。组成表是一张包含了数据分析满足需求的所有方式的表格，它能使我们看到现有数据分析的各种变动是如何更有效地满足这些需求的。组成表中所获得的需求往往是千差万别的，为此，进行新的数据分析工作构思时需要对这些需求进行相应的核查与分析。这一工作可以采用“需求分析核查表”的形式进行，如表 3－1 所示。

表 3－1　　需求分析核查表

问题	回答	X 分	Y 分
要满足的需求容易定义吗？	是	高	
	否	低	
有多少潜在业务拥有这种需求	成千上万		高
	很少		低
需要多少工作量	很多		低
	很少		高
无形收益重要吗？	非常重要	低	
	不重要	高	
已经有满足这种需求的办法了吗？	有	低	
	没有	高	
满足这一需求的速度如何？	快		高
	满		低

根据表 3－1 进行分析，如果有两个以上低 X 分值和两个以上低 Y 分值，那么面临的需求很可能是待定需求；如果有两个以上高 X 分值和两个以上高 Y 分值，那么面临的需求很可能是模糊需求；如果有两个以上低 X 分值和两个以上高 Y 分值，那么面临的需求很可能是确定需求；如果有两个以上高 X 分值和两个以上低 Y 分值，那么面临的需求很可能是未来需求。

2. 原型法

原型是一个可以实际运行、反复修改，可以不断完善的系统。原型法的基本思想是：在数据分析系统开发的开始阶段，凭借系统开发人员对业务需求的理解与业务人员共同确定系统的基本要求和主要功能，在强有力的人、软件环境支持下，给出一个满足业务需求的初始系统原型，然后与业务人员反复协商修改，最终形成数据分析系统。

例如，可以按照以下步骤通过原型法对数据分析需求进行识别：

（1）确定数据分析基本需求。

（2）根据基本数据分析需求设计、开发数据分析系统。

（3）利益相关方使用、评价数据分析系统。

（4）使用原型作为最终系统的技术蓝图，不断修改、完善数据分析系统。

原型法的主要优点在于：它是一种支持数据分析对象的方法，使得数据分析对象在系统生存周期的设计阶段起到积极的作用；它能减少系统开发的风险，特别是在大型数据分析系统的开发中，由于对数据分析需求的分析难以一次完成，应用原型法效果更为明显。原型法的概念既适用于系统的重新开发，也适用于对系统的修改；原型法不仅可以用于对开发数据分析系统中的计算机方面进行设计，也可用于制作系统的工作模型。近年来，原型法的思想被应用于很多数据分析系统的开发活动中。

3. 需求减法

有时候决定不做什么，比决定做什么更加重要。数据分析工作人员或多或少有一些“完美主义”情结，生怕缺少什么，从而增加不必要的数据分析工作。但是从成本、效率等多方面考虑，我们应该倾向于“轻数据分析”，根据一定的原则做需求减法，适当地砍掉一部分数据分析需求。需求减法的核心要点依旧是数据分析定位，围绕数据分析定位，根据数据分析价值，定义数据分析需求边界，把握核心需求，砍掉需求边界外一些无关紧要的需求。

例如，可以按照以下步骤通过需求减法对数据分析需求进行识别。

（1）对核心业务流程进行针对性的分析：

1）目前的业务流程是否可以优化？

2）目前的数据分析需求点是否都是必要的？

3）业务流程过程中是否还有数据分析需求的缺失？

（2）对非核心的业务流程进行减法处理：

1）非核心业务流程是否非要不可？

2）非核心业务流程中的数据分析需求点是否可以去掉或合并？

3）原则是尽量减少非核心业务流程和其中的数据分析需求点。

（3）对需求点减法后，进行分阶段实施处理（第二轮减法）：

1）哪些数据分析需求是核心业务流程的核心需求，必须保留。找到后进行需求点的描述，细化成可以实现的表单。

2）对非核心功能的数据分析需求，排到今后的优化中去处理。力争第一轮的数据分析系统开发能明确需求，减少实施量。

4. 问题分析法

问题分析法是通过分析研究数据分析对象和专家提出的意见而进行构思

的方法，它一方面要收集分析对象的意见；另一方面，要将收集到的意见中的问题抽出来，进行分类统计，以确定问题的严重程度、频繁程度，针对问题进行分析，寻找适当的解决方法。问题包含不满意，也就是隐含着改进，孕育着新构思，可以激发创新思维。

例如，在通过计算机软件开发数据分析系统中，问题分析法的基本思想是：考虑到输入、输出数据结构，指导系统的分解，在系统分析指导下逐步综合。这一方法的具体步骤是：从输入、输出数据结构导出基本处理框，分析这些处理框之间的先后关系，按先后关系逐步综合处理框，直到画出整个系统的问题分析图。从上述步骤中可以看出，这一方法本质上是综合的自底向上的方法，但在逐步综合之前已进行了有目的的分解，这个目的就是充分考虑系统的输入、输出数据结构。这一方法在日本较为流行，软件开发的成功率也很高。

5. 差异分析法

差异分析法是通过分析现有数据分析需求目标在哪些地方存在相同和差异来更好地获知需求的方法。使用差异分析法的前提条件一般是已经有现有数据分析系统，并且利益相关方对现有数据分析系统具有足够的了解，可以将现有数据分析系统的属性作为比较条件。通过差异分析，数据分析工作的利益相关方将对需求有更好的理解，同时可以对数据分析结果有更清晰的认识，从而可以查找出需求中的不足，提出更符合数据分析要求的新的需求。

例如，可以按照以下步骤通过差异分析法对数据分析需求进行识别：

（1）差异采集。差异采集阶段将充分利用数据分析需求原型系统对数据分析需求现状的参考和示范作用，以数据分析原型系统的需求规约为依据，通过对数据及分析原型系统进行需求测试的方式发现差异问题。该步骤又包含定义需求差异分析模板、定义场景用例、制订差异分析计划、需求差异获取、描述需求差异 5 个子步骤。

（2）差异分析。差异分析就是由参与者对差异问题进行讨论分析、制定差异解决方案的过程。差异分析包括以下活动：分析差异问题、制定参考解决方案、确认解决方案、需求差异建模。

（3）差异评估。差异评估主要是对数据分析需求差异分析工作进行评审，并最终确认数据分析需求演进模型，主要包括 3 个子步骤：制定差异评审规范、对领域需求差异分析过程进行评审、对领域需求差异分析结果进行评审确认。

（4）差异跟踪。差异跟踪主要从以下方面进行考虑：建立需求差异与其来源之间的追踪关系、建立需求差异与原有需求之间的追踪关系及建立需求差异与后续阶段（如数据分析系统设计、数据分析系统实现）制品之间的追踪关系。

第 4 章 电网企业数据准备及处理

在确定数据分析需求基础上，就需要收集各相关信息系统积累的历史数据，然后对收集的数据加以有目的地筛选和甄别。筛选出来的数据仍然是未做加工的原始数据，为提高数据质量，规范后续建模过程，需要对原始数据进行数据清洗及进一步的处理，从而为数据分析奠定良好的数据基础。

数据准备及处理是数据分析的基础工作，数据准备及处理的质量，直接影响数据分析的过程及结果，其重要性不言而喻。

4.1 电网企业数据获取

随着大数据时代的到来，数据变得至关重要，但是数据获取一直是数据挖掘的一个难题。数据获取存在难度主要原因是数据管理和应用刚刚起步及对电力数据业态的认知参差不齐两个方面。当前，电网企业数据意识刚刚萌芽，距离全员参与、全局协同的数据管理机制和理念建立还有一定差距。同时，数据融合应用成本较高，企业级数据标准未统一，数据标准的发展与建设有很大的提升空间。另外，公司数据管理和应用仍然是针对内部业务需求，对未来电力数据产业发展的全局性、前瞻性的思考与研究还需进一步探索。电力行业内部互利互赢的数据交换共享较少，行业内基于数据共享形成有机生态进而共同发展的意识还未建立。全社会共享与交换数据的模式有待明晰，需要对未来数据以什么样的业务形态进行运作开展深入研究。

数据获取是一项目的性极强的工作。世界目前正在经历一个信息量爆炸式增长的时代，伴随企业经营管理产生的数据也越来越多。以国家电网有限公司为例，据统计，当前国家电网有限公司数据总量已经超过 5PB，月增长量约为 46TB，数据范围覆盖各个行业与广泛的用户。在海量数据中获取定量信息必须有明确的目标，即确定哪些数据是分析需求必要的，哪些数据是与之相关的。盲目地获取数据会使得原本就琐碎复杂的数据准备及处理工作变得更加繁重。

在明确了数据分析目的之后，就需要从企业大量数据中抽取一个与目标相关的数据集。可通过手工或者数据库接口等方式进行数据收集，收集的数据包括外部数据和内部数据，最终目标是使收集的数据能够支撑数据分析工作。

数据获取工作要从数据分析目的为出发点，做到全面、系统。不同行业的数据收集工作又有比较大的差异，要做好电网企业数据获取工作，需要明确以下 3 点。

1. 获取数据的类型和范围

（1）电网企业数据按照内容可以大致分为 3 类，具体为电网企业运行管理过程中产生的数据，包括负荷特性数据、电量平衡数据、检修记录、低频减载数据、电压数据、重要输电断面数据、系统安全自动装置运行情况等；电力用户数据，包括用户的用电行为习惯、用电信息等；辅助政府部门决策的信息，包括电价、新能源政策、宏观经济情况等。

（2）电网企业数据按照形式可以分为结构化数据、半结构化数据与非结构化数据 3 类。结构化数据为即行数据，是存储在数据库里，可以用二维表结构来逻辑表达实现的数据；非结构化数据包括所有格式的办公文档、文本、图片、各类报表、图像、音频和视频信息等；介于结构化数据与非结构化数据之间的数据就是半结构化数据，如 XML（Extensible Markup Language，可扩展标记语言）文档。

随着信息技术的发展，非结构化数据所占比例越来越大。为方便对非结构化数据的存储、管理和解读，需要通过一定技术手段实现其向结构化数据的转化。非结构化数据转化为结构化数据大多采用“非结构化数据—半结构化数据—结构化数据”的逐步转化方式。该方法可以分为两步进行：第一步，通过分析非结构化文件和 XML 的结构特征，实现非结构化文件到 XML 的转化。不同的非结构化数据包括办公文档、文本、图片、视频等有其不同的特征，需要根据各自的特征采取合适的方法实现半结构化数据的转化。例如，Word 文档需要采用 Jacob 技术进行操作；Excel 文档需要采用 Java Excel API 进行操作；图片、图像视频等非文本的二进制形式存储的文件，则不能转化为 HML 文档，只能采用新建 XML 文档对这些文件的属性信息进行管理，即创建对应的 XML 文档，对图片、图像、音频、视频等文件的文件名称、文件大小、文件分类、文件路径等相关属性进行记录。第二步，是通过研究 XML

与数据关系库之间的映射方式，实现 XML 到关系数据库的转化。XML 与关系数据库之间的映射方式可以归结为基于模板驱动的映射和基于模型驱动的映射。

2. 获取途径

数据获取途径主要分为通过企业内部获取与企业外部获取。从企业内部获取主要是从企业内部建立的信息系统获取数据，包括企业资源计划（ERP）、工程生产管理系统（PMS）、营销管理系统、规划计划系统等。从企业外部获取主要是指通过互联网平台或者专业机构获取数据，专业机构一般指官方机构，如国家统计局与专业的数据调研公司。

3. 获取方法

电网企业数据获取方法包括手工收集、内部信息系统接口、第三方接口、SQL 抽取、通用网络爬虫技术、聚焦网络爬虫技术等，下面介绍其中几种方法。

（1）手工收集获取方法。从手工收集获取方法分析来看，手工收集获取方法存在的缺点包括：耗费大量人力、物力；人工调查人员的人为误差，导致收集的数据准确性不高；采样数据偶然性比较大，具有一定的误差；存在特殊天气和夜间监测的安全隐患等。

（2）SQL 抽取获取方法。SQL（Structured Query Language）是结构化查询语言的简称，是一种特殊目的的编程语言，也是一种数据库查询和程序设计语言，用于存取数据及查询、更新和管理关系数据库系统；同时也是数据库脚本文件的扩展名。SQL 抽取即利用 SQL 进行数据获取。

（3）通用网络爬虫获取方法。通用网络爬虫（又称网页蜘蛛、网络机器人，在 FOAF 社区中更经常被称为网页追逐者）数据获取方法，即在网络上获取数据的工具。网络爬虫能够处理两类信息，一类是不需登录便可获取的信息，另一类是需要用户注册登录后才能获取的信息。

（4）聚焦网络爬虫获取方法。聚焦网络爬虫，又称主题网络爬虫，是指选择性地爬行那些与预先定义好的主题相关页面的网络爬虫。聚焦爬虫是一个自动下载网页的程序，它根据既定的抓取目标，有选择地访问网络上的网页与相关的链接，获取所需要的信息。和通用网络爬虫相比，聚焦网络爬虫只需要爬行与主题相关的页面，极大地节省了硬件和网络资源，保存的页面也由于数量少而更新快，还可以很好地满足一些特定人群对特定领域信息的需求。

电网企业数据获取流程示意图如图 4－1 所示。

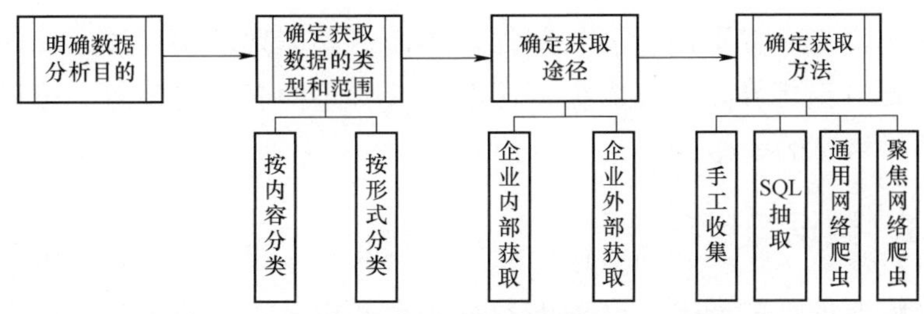

图 4－1　电网企业数据获取流程示意图

最终获取的数据应该满足相关性、可靠性及时效性。数据相关性是指要在目标导向下选择与所分析问题有关联的数据，而不是动用所有企业数据；可靠性是指获取的数据来源要真实可信，过程要科学合理；时效性是指特定数据只有在一定的时间段内对于数据分析有价值，相同的数据在不同的时间段内价值有较大的差异，不具备时效性的数据会使数据分析取得不适用于当前情况的结果，影响企业做出正确的判断与决策。

另外，数据获取的全过程还应当注意数据的保密性要求。当前数据越来越作为企业的核心资产，数据的泄露就是企业资产的损失。许多数据独有时，其对企业的价值远远大于大家共有，因此数据获取过程要在严格满足企业数据保密的要求下进行。

未来公司可将通过智能电表从用户端获取大量用电数据，如各类电器耗电量、故障率、不同时段用电量等，通过全面分析利用这些数据，为用户提供有偿节能咨询服务，向用户提出节能降损的方案建议，使用户从中获益。

4.2　电网企业数据筛选

大数据环境下数据量快速地积累，要想分析出海量数据所蕴含的价值，筛选出有价值的数据十分重要。而数据筛选在整个数据处理流程中处于至关重要的地位。数据获取的结果是形成一个可用于数据分析的数据总体，但是要以合理化、分步骤、分阶段开展分析工作，还需要数据筛选工作。数据筛选就是从一个数据总体中提取出有意义的、前瞻性的数据的技术，这项工作为后续的数据分析工作挑选出了最具分析价值和最能产生效果的数据。

数据筛选的目的，首先是为了提高之前收集存储的相关数据的可用性，更利于后期数据分析。数据的价值在于其所能够反映的信息。然而在收集数据时，并没有能够完全考虑到未来的用途，在收集时只是尽可能地收集数据。其次就是为了更深层次地获得数据所包含的信息，可能需要将不同的数据源汇总在一起，从中提取所需要的数据，然而这就需要解决可能出现的不同数据源中数据结构相异、相同数据不同名称或者不同表示等问题。可以说，数据筛选的最终目的就是为数据挖掘做准备。

4.2.1 数据初步筛选

根据将要处理的问题、获取的数据集合和拟采用的数据分析技术，数据初步筛选可以用分类与聚类这两种方法。

数据分类是根据数据的性质、类型等分别归类，归为一类的数据便具备某种共有的属性。例如，数据的类型可以分为连续性变量与分类变量。连续性变量在一定区间内可以任意取值，如身高、体重、化验值等。分类变量的值是定性的，表现为互不相容的类别或属性。分类变量又可分为无序变量和有序变量两类。无序分类变量是指所分类别或属性之间无程度和顺序的差别，如性别、血型等；有序分类变量是指各类别之间有程度的差别，如考试成绩分为优良中差 4 个等级。

数据聚类是指将一个数据集合分成几组不同数据集。分组的结果是使得数据差异在组间最大而组内最小。聚类的方法起源于分类的需要，但是聚类不同于分类，聚类与分类的最大不同点在于，分类要求划分的类是已知的，而聚类所要求划分的类是未知的。例如，可以利用聚类分析获取的电力用户的用电信息将其分成几个不同的数据集，选择某个数据集进行数据分析，即筛选出某一类电力用户的用电信息进行分析。

4.2.2 数据样本选取与划分

数据利用分类或者聚类的方法初步筛选完成后，还需要进行样本选取与样本划分。

样本选取是指根据数据分类或者聚类的结果选择合适的类别作为数据分析样本，该过程主要需要考虑资源的有限性和获取数据的质量情况。

资源是指投入数据分析工作的资金、人力、时间等资源，多数情况下我们的资源都是有限的，因此我们要优先挑选分析需求迫切与比较容易出成果的主题开展数据分析工作。挑选已获取的质量较高的数据优先进行数据分析，一方面可以降低数据分析的工作量和工作难度；另一方面，可以探索并验证数据分析的工作思路，为下一步分析工作奠定基础。

优先开展具备这两个特点的主题，有助于缓解数据分析的时间压力，并且增强参与数据分析各方对数据分析进一步工作的支持力度和资源供给信心。

样本划分是指根据数据分析过程中数据建模的需要，从选取的数据样本中按一定的比例随机抽取训练集用于模型训练、验证集用于模型验证和测试集用于模型测试。

训练集是用来训练模型或者确定模型的参数的数据集，数据量一般占样本的 40%；验证集是对训练集所建立的模型结果进行验证、优化和细微调整的数据集，数据量一般占样本的 30%；测试集是用于测试已经训练完成的模型的推广能力的数据集，数据量一般占样本的 30%。

但是需要注意的是，测试集并不一定能说明建立模型的正确性，只能说明利用相似的数据在此模型下能得出相似的结果。在实际应用中，为简化步骤，通常不将样本分为以上 3 个样本集，而是按照 8:2 或者 6:4 的比例分为训练集与测试集两个样本集。

4.3 电网企业数据清洗

现实世界中的数据一般是不完整的、不一致的，这样的数据会让数据分析过程陷入困惑，导致不可靠的输出。数据清洗是指发现并纠正数据文件中可识别的错误的最后一道程序，其试图填补遗漏的数据值、消除噪声、识别或除去异常值，并纠正数据中的不一致问题。数据清洗主要包括遗漏值处理和异常数据处理。

4.3.1 遗漏值处理

遗漏值是指粗糙数据中由于缺少信息而造成的数据的聚类、分组、删失或截断，它指的是现有数据集中某个或某些属性的值是不完全的。出现遗漏值的原因可能包括：设备异常；与其他数据不一致而被删除；在输入时，有些数据因未得到重视而没有被输入；因为误解而没有被输入。

遗漏值填充方法主要有以下几种。

（1）人工填充：基于线下数据或业务理解，人工填充遗漏值。一般来说，该方法很费时，并且当数据集很大，缺少很多值时，该方法可能行不通。由于最了解数据的还是用户自己，因此应用该方法产生的数据偏离最小。

当一些重要且无明显规律的数据缺失时，就需要用户基于自己对数据的理解来填充遗漏值。例如，一些用户基本信息的记录表如果出现遗漏值，则一般采用人工填写。

（2）平均值填充：取所有对象（或与该对象具有相同决策属性值的对象）

的平均值来填充该缺失的属性值。

在数据表中，很多条记录的对应字段可能没有相应值。例如，某服装店销售表的顾客收入一栏有空缺值，则可以利用其他顾客的平均收入值来代替该栏中的空缺值。

（3）K 近邻法填充：先根据欧式距离或相关分析确定距离缺失数据样本最近的 K 个样本，将这 K 个值加权平均来估计缺失数据值。

例如，某市 7 月温度记录周表缺失一个数据，如表 4－1 所示。

表 4－1　　　　某市 7 月温度记录周表

日期	7.1	7.2	7.3	7.4	7.5	7.6	7.7
温度（℃）	29	28		30	26	29	27

由表 4－1 可知，该市 7.3 日温度记录缺失，利用 K 近邻法填充法选取离缺失数据样本最近的 6 个样本，并将这 6 个值进行加权平均，最后计算结果约为 29，即 7.3 日的温度记录估计值为 29℃。

（4）预测法填充：可以用回归、朴素贝叶斯、决策树等基于预测的方法进行缺失值填充。例如，利用数据集中其他用电用户的属性构造一颗决策树，来预测“信用等级”的遗漏值。

4.3.2　异常数据处理

异常数据是指在测量一个变量时可能出现的测量值相对于真实值的偏差或者错误。异常数据形成的原因主要有异常数据来自一个与大多数数据对象源（类）不同的源（类）、数据的自然变异形成的异常数据及数据在收集上的误差等。异常数据的检测和处理往往同时进行。

异常数据处理方法包括以下几种：

1. 业务判别法识别异常值

根据人们对客观事物、业务等已有的认识，定义业务判别规则，识别由于外界干扰、人为误差等原因引起的异常数据。

例如，在进行配网物资需求预测时，基于业务理解，定义项目数据和物资领用数据的异常数据处理规则：

（1）剔除“概算金额”大于“物资领用金额”的数据。

（2）剔除“概算金额”小于 10 万元的数据（根据业务经验，不存在投资规模小于 10 万元的配网项目）。

（3）剔除物资用量不规范数据，如变压器、断路器，用量为小数或负数的数据。

（4）剔除物资使用金额不规范数据，如使用金额为负数的数据。

2. 分箱法平滑数据

把待处理的数据先排序，再按照一定的规则放进一些箱子中，考察每一个箱子的数据，按平均值、中值或边界进行每个箱体内数据的平滑处理。分箱法主要有以下两种：

（1）等深分箱：按记录数进行分箱，每箱具有相同的记录数，每箱的记录数称为箱的权重，也称箱子的深度。

（2）等宽分箱：在整个属性值的区间上平均分布，即每个箱的区间范围设定为一个常量，称为箱子的宽度。

以等深分箱为例，现在已知一组价格数据：15，21，24，21，25，4，8，34，28。现用等深（深度为 3）分箱方法对其进行平滑处理，并对数据中的噪声数据进行处理。

首先对价格进行排序，排序后价格为：4，8，15，21，21，24，25，28，34。

然后划分为等高度 Bins：

Bin1：4，8，15

Bin2：21，21，24

Bin3：25，28，34

根据平均值进行平滑后结果为

Bin1：9，9，9

Bin2：22，22，22

Bin3：29，29，29

根据边界值进行平滑后结果为

Bin1：4，4，15

Bin2：21，21，24

Bin3：25，25，34

根据中值进行平滑后结果为

Bin1：8，8，8

Bin2：21，21，21

Bin3：28，28，28

3. 聚类法识别异常值

先将相似或相邻近的数据聚合在一起形成各个群或“聚类”，那些落在聚类集合之外的值（孤立点）被视为异常数据。

例如，为了使电力系统中变压器能够安全可靠运行，提高供电可靠性，针对电力变压器油中气体进行聚类分析，识别变压器故障（正常、低能放电、中低温过热、高温过热、高能放电）。聚类法识别异常值样本数据如表 4－2 所示。

表 4－2　聚类法识别异常值样本数据

序号	H_2	CH_4	C_2H_6	C_2H_4	C_2H_2
1	14.70	3.80	10.50	2.70	0.20
2	980.00	73.00	58.00	12.00	0.00
3	181.00	262.00	41.00	28.00	0.00
4	173.00	334.00	172.00	813.00	37.70
5	127.00	107.00	11.00	154.00	224.00
6	200.00	48.00	14.00	117.00	131.00
7	6.70	10.00	11.00	71.00	3.90
8	220.00	340.00	42.00	480.00	14.00
9	170.00	320.00	53.00	520.00	3.20
10	27.00	90.00	42.00	63.00	0.26

进行聚类后结果为：第一类{1，7，10}——正常；第二类{2}——低能放电；第三类{3}——中低温过热；第四类{4，8，9}——高温过热；第五类{5，6}——高能放电。从而得出结论，在 10 个样本中，第 10 类失真，即对中低温过热故障判断不够灵敏。

4. 统计分析法识别异常值

给定一个置信概率，并确定一个置信限，凡超过此限的误差，就认为它不属于随机误差范围，将其视为异常值。

拉依达准则法就是一种利用统计分析法识别异常值的方法，该方法通常在测量次数较多或要求不高时使用，是最常用的异常值判定与剔除准则。如果实验数据值的总体 x 是服从正态分布的，μ和σ分别表示正态总体的数学期望和标准差，若在实验数据值中出现大于$\mu+3\sigma$或小于$\mu-3\sigma$的实验数据值，则将其作为异常值，予以剔除。

例如，利用拉依达准则法对以下一组实验数据中的异常值进行剔除：1.503 4，1.506 2，1.503 4，1.502 4，1.498 5，2.500 0，1.500 7，1.506 7，1.499 3，

1.496 9。

此时通常借助 SPSS（Statistical Product and Service Solutions，统计产品与服务解决方案）软件来用拉依达准则法剔除异常值，运行结果如下：

X=1.503 4，1.506 2，1.503 4，1.502 4，1.498 5，2.500 0，1.500 7，1.506 7，1.499 3，1.496 9

Y=1.503 4，1.506 2，1.503 4，1.502 4，1.498 5，1.500 7，1.506 7，1.499 3，1.496 9

可知已经成功剔除异常数据 2.500 0。

4.4　电网企业数据降维

电网企业可能产生的数据属性是非常多的，其中大部分属性与数据分析任务不相关，是冗余的。数据降维（属性子集选择）可以删除不相关的特征并降低噪声，避免维灾难。利用降维后的属性建立分析模型会使模型更容易被理解，实用性更高。数据降维常用的方法有业务理解法、相关性分析法、因子分析法和主成分分析法。

4.4.1　业务理解法

业务理解法是根据人们对客观事物、业务等已有的认识，初步判别出非关键影响因素。实际应用中，该方法往往可以至少压缩一半以上的属性。例如，用户对停电敏感与否，与其电话号码多半没有任何关系。

例如，在进行居民用户停电敏感度细分时，用户属性高达 77 种，通过业务理解法进行初步判断，确定了 8 个关键影响因素，如表 4－3 所示。利用业务理解法进行数据降维，大大提高了构建停电敏感度细分模型的可行性与可解释性。

表 4－3　　　　业务理解法降维居民用户停电敏感因素

关键影响因素	关键影响因素
合同容量	重要客户标识
历史停电时间	电源类型
信用等级	城镇/农村
用电类别	95598 沟通次数

4.4.2 相关性分析法

用于分析的多个变量间可能会存在较多的信息重复，若直接用来分析，会导致模型复杂，同时可能会引起模型较大的误差，因此要初步探索数据间的相关性，剔除重复因素。两个变量之间的相关性检验通常是用相关系数来表示，常用的 3 种相关系数特点及试用条件如表 4－4 所示。

表 4－4　　常用的 3 种相关系数特点及适用条件

相关系数	Pearson 相关系数	Spearman 秩相关系数	Kendall 相关系数
➢ 特点	➢ 衡量两个变量线性相关性的强弱	➢ 衡量两个变量之间联系（变化趋势）强弱	➢ 基于协同思想得到，衡量变量之间的协同趋势
	➢ 对异常值敏感	➢ 在秩（排序）的相对大小基础上得到，对异常值更稳健	➢ 对异常值稳健
√ 适用条件	√ 两个变量为连续数据	√ 两个变量均为连续数据或等级数据	√ 两个变量均为连续数据或等级数据

其中 Pearson 相关系数又被称为简单相关系数，由于其计算简单，使用方便，因此在实际工程问题中被广泛使用。Pearson 相关系数 r 计算公式如下：

$$r=\frac{\sum_{i=1}^{n}\left(x_i-\bar{x}\right)\left(y_i-\bar{y}\right)}{\sqrt{\sum_{i=1}^{n}\left(x_i-\bar{x}\right)^2\cdot\sum_{i=1}^{n}\left(y_i-\bar{y}\right)^2}}=\frac{n\sum_{i=1}^{n}x_iy_i-\sum_{i=1}^{n}x_i\sum_{i=1}^{n}y_i}{\sqrt{n\sum_{i=1}^{n}x_i^2-\left(\sum_{i=1}^{n}x_i\right)^2}\cdot\sqrt{n\sum_{i=1}^{n}y_i^2-\left(\sum_{i=1}^{n}y_i\right)^2}} \tag{4－1}$$

Pearson 相关系数 r 的绝对值越大，表示两个变量的相关性越强。一般认为，在 0.3 以下是无线性相关，0.3～0.5 是低度线性相关，0.5～0.8 是显著线性相关（中等程度线性相关），0.8 以上是高度线性相关。

例如，需要探寻某地区年用电量影响因素，初步确定的影响因素中包含地区 GDP（Gross Domestic Product，国内生产总值）及工业增加值两个指标。其中 2006—2017 年 GDP（单位：亿元）分别为 3019、3494.4、4203.4、4273.6、5418.8、6574.5、7530.3、8510、9264.1、9324.8、9617.2、10920.1，工业增加值（单位：亿元）分别为 1218.7、1405.1、1790.7、1579.9、2105、2764.1、2929.9、2896、3179.6、2690、2440.9、3229.1。计算得到两个指标的 Pearson 相关系数 r=0.906，则认为两个指标高度相关，需要对两个指标进行降维处理。对于高度相关的指标，最简便的处理方法即是两个之中选取一个用于后续建模。

4.4.3　因子分子法

因子分析（Factor Analysis）由研究原始变量相关矩阵内部的依赖关系出发，把一些具有错综复杂关系的变量表示成少数的公共因子和仅对某一个变量有作用的特殊因子线性组合而成，即从数据中提取对变量起解释作用的少数公共因子的统计学方法。

因子分析的步骤如下：

（1）数据检验。首先要对分析的数据做 KMO（Kaiser-Meyer-Olkin）统计量检验。KMO 统计量是用于比较变量间简单相关系数和偏相关系数的一个指标，计算公式如下：

$$\text{KMO} = \frac{\sum\sum_{i \neq j} r_{ij}^{2}}{\sum\sum_{i \neq j} r_{ij}^{2} + \sum\sum_{i \neq j} p_{ij}^{2}} \tag{4-2}$$

式中，r_{ij} 为变量之间的简单相关系数；p_{ij} 为变量之间的偏相关系数。

KMO 统计量的取值为 0～1，当所有变量之间的简单相关系数平方和远远大于偏相关系数平方和时，KMO 值接近 1。KMO 值越接近 1，则越适合做因子分析；KMO 越小越不适合做因子分析。一般认为，KMO 统计量在 0.7 以上比较适合做因子分析，0.7 以下不太适合。

（2）数据标准化处理。按照如下公式对数据进行处理：

$$Z_{ij} = \frac{x_{ij} - \bar{x}_j}{s_j} \tag{4-3}$$

式中，x_{ij} 为指标 x_j 的第 i 个观测量；$\bar{x}_j$ 与 s_j 分别为指标 x_j 的样本均值与均方根误差。

（3）计算 $\left[z_{ij}\right]_{n \times p}$ 的样本相关系数矩阵 $\boldsymbol{R}$，并且求 $\boldsymbol{R}$ 得前 m 个特征向量 $\lambda_1 \geqslant \lambda_2 \geqslant \cdots \geqslant \lambda_m$，以及它们分别对应的特征向量 u_1，u_2，…，u_m。确定特征向量个数 m 有两种方法，可以根据累计方差贡献来确定，设累计方差为 Q：

$$Q = \frac{\sum_{i=1}^{m} \lambda_i}{\sum_{i=1}^{p} \lambda_i} \tag{4-4}$$

一般可以令累计方差贡献在 85%以上，或者直接选取数值大于 1 的特征值数量。

（4）求 m 个公共因子的载荷矩阵 $\boldsymbol{A}$。$A=[a_{ij}]_{p\times m}=[u_{ij}\sqrt{\lambda_i}]_{p\times m}$，然后将抽取的因子按照最大方差方法进行正交旋转，并获取正交因子，以保证在不损失信息的情况下，使得因子之间的相关系数为 0，降低因子间的信息重叠。

（5）根据业务经验和正交因子的原始变量函数构成，解释各因子的实际内涵。

（6）根据特征值及因子表达式写出因子得分函数：

$$\begin{cases} f_1=b_{11}x_1+b_{12}x_2+\cdots+b_{1p}x_p \\ f_2=b_{21}x_1+b_{22}x_2+\cdots+b_{2p}x_p \\ \vdots \\ f_k=b_{k1}x_k+b_{k2}x_2+\cdots+b_{kp}x_p \end{cases} \tag{4-5}$$

代入原始变量数值，计算因子得分。

以上即为因子分析法降维的基本过程，但是借助于计算机技术的发展，对于大量数据一般不再采用手算的办法，利用 SPSS 软件可以方便地实现因子分析降维。以下面问题为例，对某地区的可持续发展水平进行综合评价，初步选定的指标体系如表 4－5 所示。

表 4－5　　　　可持续发展水平综合评价指标体系

层　面	指　标	含　义
电力需求因素	V_1	工业化水平
	V_2	人均 GDP
	V_3	GDP
	V_4	城市化水平
煤炭供应因素	V_5	煤炭储采比
外运因素	V_6	煤炭调出比例
	V_7	煤炭运量占总运输量比例
结构因素	V_8	煤炭占能源消费比例
	V_9	发电煤占煤炭消费比例
环境因素	V_{10}	二氧化碳排放量
	V_{11}	二氧化硫排放量

利用 SPSS 软件，借助因子分析法对以上指标进行降维，利用 SPSS 分析–因子分析可以方便地实现因子分析降维，最终将 11 个指标简化为 3 个公共因子：

$$\begin{cases} f_1 = 0.1545\quad V_1 + 0.1572\quad V_2 + \cdots + 0.1619\quad V_{11} + 0.096 \\ f_2 = 0.0845\quad V_1 - 0.0108\quad V_2 + \cdots - 0.0063\quad V_{11} - 0.2325 \\ f_3 = -0.0617\quad V_1 - 0.0107\quad V_2 + \cdots + 0.0503\quad V_{11} - 0.0146 \end{cases} \tag{4-6}$$

4.4.4　主成分分析法

主成分分析（Principal Component Analysis，PCA）是数学上处理降维的一种方法，工作原理是设法将原来变量重新组合成一组新的相互无关的几个综合变量，同时根据实际需要，从中抽取出几个较少的综合变量，这些综合变量尽可能多地反映了原来变量表达的信息。

主成分分析的基本过程如下所示：

（1）数据规范化。对输入数据（n 个记录、p 维属性）规范化，得到标准化矩阵 $\boldsymbol{Z}$，使得每个属性都落入相同的区间。该步骤是为了消除量纲对各属性的影响。

（2）计算相关系数矩阵。根据标准化矩阵 $\boldsymbol{Z}$，计算相关系数矩阵 $\boldsymbol{R}$。

（3）计算特征值。利用 Jacobi 方法，求解特征方程：

$$|\lambda I - R| = 0 \tag{4-7}$$

得 p 个特征值和对应于每一个特征值的特征向量 $\boldsymbol{r} = (r_1, \cdots, r_p)$，并使特征值按降序排列 $\lambda_1 \geqslant \cdots \geqslant \lambda_p \geqslant 0$。

（4）计算贡献率及累计贡献率。计算各特征值所对应的各主成分的累计贡献率，按

$$\frac{\sum_{j=1}^{m} \lambda_j}{\sum_{j}^{p} \lambda_j} \geqslant 0.85 \tag{4-8}$$

确定 m 值，使信息的利用率达 85%以上，确定第一、…、第 m（$m \leqslant p$）个主成分。

（5）计算因子载荷矩阵：

$$\boldsymbol{A} = (\sqrt{\lambda_1 \gamma_1}, \cdots, \sqrt{\lambda_m \gamma_m}) \tag{4-9}$$

若第 i 个向量为

$$\sqrt{\lambda_i \gamma_i} = (a_1, a_2, \cdots, a_p) \tag{4-10}$$

则第 i 个主成分相较于原属性集的线性组合为

$$F_i = a_1 x_1 + a_2 x_2, \cdots, a_p x_p \tag{4-11}$$

以上即为主成分分析法降维的基本过程，目前借助于计算机技术的发展，

对于大量数据一般不再采用手算的办法，利用 SPSS 软件可以方便地实现主成分分析法降维。例如，选取某地 10 年经济形势数据：GDP 总量（x_1）、第一产业 GDP（x_2）、第二产业 GDP（x_3）、第三产业 GDP（x_4）、进出口总额（x_5）、进口总额（x_6）、出口总额（x_7）、固定资产投资（x_8）、规模以上工业增加值（x_9）。利用 SPSS 软件，借助主成分分析法对以上指标进行降维，经过主成分分析法进行降维后，可以发现：

（1）第一主成分 z_1 与 x_1，x_5，x_6，x_7，x_9 呈较强的正相关，而这几个变量综合反映了经济总量情况，因此可认为 z_1 是经济总量综合指标。

（2）第二主成分 z_2 与 x_2，x_4，x_5 呈较强的正相关，这 3 个变量都反映了进出口量的情况，因此可认为 z_2 是进出口量综合指标。

（3）第三个主成分 z_3 与 x_8 最强相关，代表了固定资产投资指标。

显然，使用 3 个主成分代替原来 9 个变量描述经济形势，可以大大简化利用经济形势数据预测用电量需求的预测模型。

4.5 电网企业数据处理

4.5.1 电网企业数据处理的基本步骤

数据处理是对数据的采集、存储、检索、加工、变换和传输。数据是对事实、概念或指令的一种表达形式，可由人工或自动化装置进行处理。数据处理的基本步骤如图 4－2 所示。

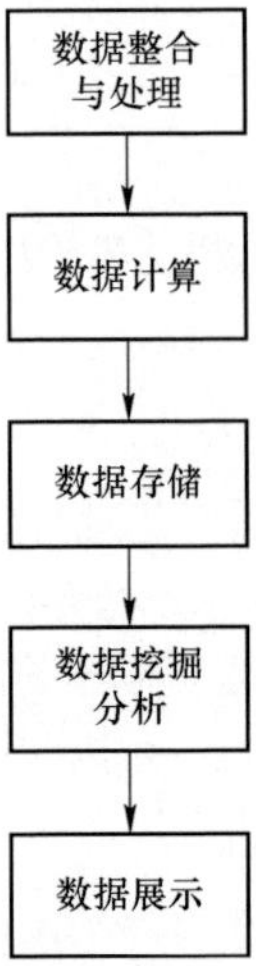

数据整合与处理 → 数据计算 → 数据存储 → 数据挖掘分析 → 数据展示

图 4－2 数据处理基本步骤

1. 数据整合与处理

通过各种技术手段，提取结构化数据、非结构化数据、海量/实时数据、空间数据，对各类数据按照统一数据规范进行标准化及关联，包括特征值关联、元数据关联等，并开展数据质量检查，形成最终整合后的数据。

2. 数据计算

采用流处理技术、并行处理技术、摘要索引等方式对大数据进行计算处理。

3. 数据存储

为了满足不同格式、不同访问模式的海量数据，需要优化关系型数据库集群、分布式实时数据库、分布式文件系统等存储基础措施，以支撑结构化、非结构化、海量/准实时、电网空间数据中心存储、处理大数据的能力。

4. 数据挖掘分析

针对大数据的海量化和多样化的特性，须采用新的数据分析及挖掘技术，才能从大量数据中寻找其中的规律，发现隐藏在数据中有价值的信息，来解释业务对象并为业务部门决策提供指导性信息。

5. 数据展示

根据各种数据挖掘分析技术，结合图表、GIS、视频、地图等多种丰富的展示形式，通过 PC、大屏、平板电脑、移动终端等载体进行展示。

4.5.2　电网企业数据处理的关键技术

1. 数据处理自动化

（1）自动成图：要实现自动化成图，首先要运用自动化系统识别相应的测量方式，选取适当的方法来解算出中心坐标，使各杆塔链接，这样可以还原真实情况，发现潜在问题，好及时纠正偏差。

（2）自动化核对：进行差异检测，并对差异自动进行分类。

（3）自动提交成果。

（4）质量控制与数据处理的自动化实际上是相辅相成的。

2. 基于 BSP（Bulk Synchronous Parallel，块同步并行模型）的数据计算模型设计

基于 BSP 的数据计算模型设计就是整体同步并行计算模型，适合用于迭代计算和依赖性强的任务。把 BSP 扩展到支持磁盘存储数据，其将数据存放于内存，防止面向数据分析时出现存储空间不足的现象。

3. 分布式计算技术

分布式计算技术是一种新的计算方式，研究如何将一个需要强大计算能力才能解决的问题分解为许多小的部分，然后将这些部分分给多个计算机处理，最后把结果综合起来得到最终结果。分布式计算技术的一个典型代表是 Google 公司提出的 MapReduce 编程模型，该模型先将待处理的数据进行分块，交给不同的 Map 任务区处理，并按键值存储到本地硬盘，再用 Reduce 任务按照键值将结果汇总并输出最终结果。

4. 内存计算技术

实质上就是 CPU（Center Processing Unit，中央处理器）直接从内存而非硬盘上读取数据，并且对这些数据进行计算与分析。此项技术是对传统数据处理方式的一种加速，是实现商务智能中海量数据分析和实施数据分析的关键应用技术。

5. 流处理技术

流处理的处理模型是将源源不断的数据组视为流，当新的数据到来时就立即处理并返回结果，其基本理念是数据的价值会随着时间的流逝而不断减少，因此尽可能快地对最新的数据做出分析并给出结果。随着电力事业的发展，电力系统数据量不断增长，对实时性的要求也越来越高，将数据流技术应用于电力系统可以为决策者提供即时依据，满足实时在线分析需求。

4.5.3 电网企业数据处理系统

电网企业数据处理系统是指在电网企业中运用计算机处理数据信息而构成的系统。采用电网企业数据处理系统可以对数据信息进行加工、整理，计算得到各种分析指标，转变为易于被人们所接受的信息形式，并可以将处理后的信息进行存储。

1. 系统核心功能

（1）数据抽取：从数据源系统抽取目的数据。实际应用中，数据源较多采用的是关系数据库。

（2）数据存储：数据流在加工过程中产生的临时文件或加工过程中需要查找的信息。

（3）数据展示：展示的主要功能是对数据仓库的数据利用分析、挖掘等手段，按用户的需求将数据以不同的角度、方式呈现给用户，帮助用户进行分析决策。

（4）元数据管理：对数据的抽取过程进行监测，以及对数据仓库的数据进行性能维修。

2. 数据模型的设计

模型设计遵循以下原则：首先，各业务部门人员应该对核心业务概念及其关系达成一致；其次，在系统设计时，技术人员与业务人员一起进行逻辑模型设计，而不是单独设计概念模型；最后，完成逻辑模型设计后，根据所选的数据库产品及其他因素进行物理模型的设计。

3. 规范数据质量

规范数据质量是指对数据从计划、获取、存储、共享、维护、应用、消亡生命周期的每个阶段里可能引发的各类数据质量问题，进行识别、度量、监控、预警等一系列管理活动，并通过改善和提高组织的管理水平使得数据质量获得进一步提高。

第 5 章 电网企业数据分析算法及模型

5.1 电网企业经典数据分析方法

5.1.1 传统分析方法

1. 对比分析法

对比分析法，是通过实际数与基数的对比来提示实际数与基数之间的差异，借以了解经济活动的成绩和问题的一种分析方法。在科学探究活动中，常常用到对比分析法，这种分析法与等效替代法相似。

对比分析法根据分析的特殊需要可以分为两种形式，分别为绝对数比较和相对数比较。

（1）绝对数比较。绝对数比较是利用绝对数进行对比，从而寻找差异的一种方法。

（2）相对数比较。相对数比较是由两个有联系的指标对比计算，用以反映客观现象之间数量联系程度的综合指标，其数值表现为相对数。由于研究目的和对比基础不同，相对数可以分为以下几种：

1）结构相对数：将同一总体内的部分数值与全部数值对比求得比例，用以说明事物的性质、结构或质量，如居民食品支出额占消费支出总额比例、产品合格率等。

2）比例相对数：将同一总体内不同部分的数值对比，表明总体内各部分的比例关系，如人口性别比例、投资与消费比例等。

3）比较相对数：将同一时期两个性质相同的指标数值对比，说明同类现象在不同空间条件下的数量对比关系。例如，不同地区商品价格对比，不同行业、不同企业间某项指标对比等。

4）强度相对数：将两个性质不同但有一定联系的总量指标进行对比，用以说明现象的强度、密度和普遍程度。例如，人均国内生产总值用“元/人”表示，人口密度用“人/平方千米”表示；也有用百分数或千分数表示的，如人口出生率用‰表示。

5）计划完成程度相对数：将某一时期实际完成数与计划数对比，用以说明计划完成程度。

6）动态相对数：将同一现象在不同时期的指标数值进行对比，用以说明发展方向和变化的速度，如发展速度、增长速度等。

同时，对比分析法又可以分为动态对比分析法及静态对比分析法。

（1）动态对比分析法。动态对比分析法又称时序分析法，是以资金的时间价值为基础的评价方法。其实质就是利用复利计算方法计算时间因素，进行价值判断。它通常用于技术方案最后决策前的可行性研究阶段。

（2）静态对比分析法。静态对比分析法是改变某一参数，通过新均衡状态与原均衡状态的比较以分析某项因素的变化对均衡所产生影响的方法。静态对比分析法是管理经济学的基本分析方法，其优点在于，将某一因素的影响从众多因素影响的综合效应中提炼出来，为认识多项因素共同作用下产生变化的复杂现实世界提供简明有效的研究思路。

以下以净资产收益率指标静态与动态对比分析进行举例说明。

例如，某企业 2013 年净资产收益率为 11.65%，计划为 10%，2012 年该企业净资产收益率为 8.9%。从数据可以看出：该企业虽然与当时国内同行业最好水平的净资产收益率指标还存在差距，但是差距并不大，同时与世界先进水平的差距比较大，约 3.3 个百分点。从动态对比分析看：该指标比 2012 年有所增长，增长约 30 个百分点，且顺利地完成了计划。通过以上分析可以看出该企业强劲的发展态势，净资产收益率指标不仅完成了计划，还较去年有所增长，虽然与世界先进水平有所差距，但是已经接近国内同行业先进水平。当然还要结合其他财务指标和非财务对比分析评价。企业下一步如果要想达到或超过国内同行业最好水平，需要进一步扩大市场，增加收入，同时通过技术进步节约成本等措施，达到利润最大化，从而完成预期，实现企业可持续发展。

2. 分组分析法

分组分析法是统计分析的基本方法之一。分组分析法是指根据电网企业数据内在特点，将一定的待分组数据，按照所定的标志划分成性质不同的各个部分，借以区分待分组数据的类型，揭示待分组数据的结构，确定被研究对象之间的依存关系，从而发现未被利用的后备力量的一种分析方法。

分组分析的目的，主要是查明平均汇总指标的内容，把先进和落后区别开来，以便推广先进经验，克服存在缺点。依照具体任务的不同，应采用不同的分组形式，如研究工人技术水平，可按工人技术等级分组；考核完成计划情况，可用完成计划的 100%这一数量作为分组的界限。

分组时必须遵循两个原则：穷尽原则和互斥原则。所谓穷尽原则，就是使总体中的每一个单位都应有组可归，或者说各分组的空间足以容纳总体所有的单位；所谓互斥原则，就是在特定的分组标志下，总体中的任何一个单位只能归属于某一个组，而不能同时或可能归属于几个组。

分组分析法根据作用的不同，分为相关关系分组分析法和结构分组分析法。结构分组分析法又可分为按品质标志分组分析法和按数量标志分组分析法。

（1）相关关系分组分析法。相关关系分组分析法是用来分析待分组数据之间依存关系的一种分组分析法。

分组分析法分析现象之间的依存关系，是将现象之间属于影响因素的原因标志作为自变量，而把属于被影响因素的结果指标作为因变量。首先对总体按原因标志分组，其次按组计算出被影响因素的平均指标或相对指标，然后根据指标值在各组间的变动规律来确定自变量与因变量之间的依存关系，认识现象之间在数量上的影响作用和程度。

综上所述，分组分析法以按品质标志分组分析法为前提条件，通过品质标志分组分析法，可以分析数据的类型特征和规律性；利用按数量标志分组分析法分析数据总体内部的结构及其变化；利用相关关系分组分析法可以分析待分组数据之间的相关关系。这 3 种分组分析法在实际中常常结合在一起使用。

例如，某企业有员工 300 人，通过年龄指标进行分组，统计员工年龄分布情况，分析员工年龄结构是否合理，如表 5－1 所示。

表 5－1　　某企业员工年龄分布情况

年龄分布	人数	人数占比
20～30 岁	93	31%
30～40 岁	162	54%
40～50 岁	35	11.7%
50～60 岁	10	3.3%
合计	300	100%

1）组数。组数即分组个数。组数通过总体数据的多少来分析确定，组数既不能太少，也不宜太多，应该保证各组都能有足够的单位数据。如组数太少，数据分布就会过于集中；组数太多，数据分布就会过于分散，不能正确反映数据的分布特征。案例的组数为 4 组。

2）组限。组限是用来表示各组之间界限的数据值。其中，在每一组中最小的数据值为下限，最大的数据值为上限。

结合上面案例，组限为每一组的两端值，组限涉及“上组限不在内”原则，即每一组的上限不算在本组内，而算在下一组内。例如，员工年龄 30～40 岁这一组，其中 40 岁的员工人数不算在该组，而是算在 40～50 岁这一组。

3）组距。组距是指每一组的上限与下限之间的距离，即组距=上限－下限。

组距式分组中，各组组距都相等的分组称为等距分组，各组组距不相等的分组则称为不等距分组。该案例的组距为 10。

4）组中值。组中值即每组上下限的中点值，它是各组数据值的代表值。在假定各组数据在本组内呈均匀分布的情况下，组中值=（上限+下限）/2。

案例的组中值分别是 25，35，45，55。

综上所述，分组的目的并不是单纯确定各组在数量上的差别，而是要通过数量上的变化来区分各组的不同类型和性质，运用对比等分析方法研究事物的数量表现和数量关系，从而正确地认识事物的本质及其规律。

（2）结构分组分析法。结构分组分析法是在统计分组的基础上，计算各组成部分所占比例，进而分析某一总体现象的内部结构特征、总体性质、总体内部结构依时间推移而表现出的变化规律性的统计方法。结构分组分析法的基本表现形式就是计算结构指标。

结构指标的计算公式为

结构指标（%）=（总体中某一部分/总体总量）×100%

结构指标就是总体各个部分占总体的比例，因此总体中各个部分的结构相对数之和即等于 100%。

通过结构分组分析法可以认识总体构成的特征。例如，2002 年天津市国内生产总值中第一产业占 4.1%，第二产业占 48.8%，第三产业占 47.1%。通过结构分组分析法还可以揭示总体各个组成部分的变动趋势，研究总体结构变化过程，揭示现象总体由量变逐渐转化为质变的规律性。例如，某地区近五年来高新技术产品比例第一年占 20%，第三年占 32%，第五年占 51%，表明产业结构向高新技术产业的转变。

3. 平均分析法

平均分析法指通过特征数据的平均指标，反映事物目前所处的位置和发展水平；再对不同时期、不同类型单位的平均指标进行对比，说明事物的发展趋势和变化规律。

在运用平均分析法时，对不同的特征数据所采用的平均指标有所不同。常用的平均指标包括数值平均数和位置平均数，其中数值平均数又包括算术平均数和几何平均数，位置平均数又包括中位数和众数。

（1）数值平均数。数值平均数是根据数据集合中全部数据计算出来的平均数，所以数值平均数更能体现数据集合的平均水平，包括算术平均数和几何平均数。

1）算术平均数。算术平均数是利用平均数指标反映特征数据的一般水平，它分为简单算术平均数和加权算术平均数。

a. 简单算术平均数。将数据集合中所有数据之和除以数据个数即为简单算术平均数。假设有一组包含 n 个数据的数据集合，其算术平均数的计算公式为

$$\overline{x}=\frac{x_1+x_2+\cdots+x_n}{n}$$

例如，某房产中介前 6 个月的二手房成交数量分别为 28 套、37 套、26 套、37 套、44 套、50 套，那么上半年的月平均成交量为

$$\overline{x}=\frac{28+37+26+37+44+50}{6}=37\text{（套）}$$

b. 加权算术平均数。加权算术平均数是计算具有不同权重的数据的算术平均数。数据的权重反映一个数据在数据集合中的重要性，一般用权数来表示。将数据集合中各数据乘以相应的权数，然后加总求和再除以所有权数之和，即为该数据集合的加权算术平均数。它适用于已分组数据集合。

假设有一组数据集合，包含 k 个数据组，每组数据的数据个数分别为 f_1，f_2，f_3，…，f_k。各组的简单算术平均数的计算公式为

$$\overline{x}=\frac{f_1\overline{x}_1+f_2\overline{x}_2+f_3\overline{x}_3+\cdots+f_k\overline{x}_k}{f_1+f_2+f_3+\cdots+f_k}$$

例如，某水果超市购入苹果 200 斤，每斤 3.5 元；香蕉 180 斤，每斤 3.3 元；葡萄 260 斤，每斤 4.2 元，那么所购入的水果平均每斤多少元？通过加权

算术平均数公式可得

$$\bar{x}=\frac{200\times3.5+180\times3.3+260\times4.2}{200+180+260}\approx3.7$$

2）几何平均数。在分析产品合格率、银行利率、平均发展速度等问题时，数据之间的关系不是加减关系，而是乘除关系，应运用几何平均数分析。

将数据集合中的 n 个数据连乘，积的 n 次方根称为几何平均数。

几何平均数的计算公式为

$$\bar{x}=\sqrt[n]{x_1x_2x_3\cdots x_n}$$

例如，某工厂一条生产线有 3 道工序，每道工序的产品合格率分别为 93%、88%、94%，计算这条生产线的平均合格率。

由于只有合格品才能进入下一道生产工序，所以每道工序的合格率之间是乘积关系，利用几何平均数公式分析可得

$$\bar{x}=\sqrt[3]{93\%\times88\%\times94\%}\approx91.6\%$$

（2）位置平均数。位置平均数是在数据集合中选取一个能够反映数据特征的代表值，不需要所有数据参与计算，包括中位数和众数。

1）中位数。将数据集合中所有数据按大小顺序进行排序，如果数据个数为奇数，最中间位置的数据称为该数据集合的中位数；如果数据个数为偶数，那么中间两个数据的算术平均数称为该数据集合的中位数。

例如，当一组数据由 2，3，6，8，9，11，13 组成，其中位数为 8；当一组数据由 8，9，12，15，16，18，20，22 组成，其中位数为（15+16)/2 =15.5。

当数据集合中存在极大值或极小值时，一般运用中位数来代表该数据集合的平均水平。

2）众数。数据集合中出现次数最多的数据称为该数据集合的众数。

如果有多个数值出现次数相同且最多，那么这几个数据都是该数据集合的众数；如果数据集合中所有数据出现次数相等，那么这个数据集合没有众数。

例如，数据由 3，5，6，7，8，8 组成，其众数为 8；当数据包括 5，5，6，8，9，10，10 时，其众数为 5 和 10。

当一个数据集合中数据分布比较大，且某个数据出现的频率较高时，适合运用众数来代表数据集合的平均水平。

5.1.2　分类算法

1. 决策树法

决策树是一种树形结构，其中每个内部节点表示一个属性上的测试，每个分支代表一个测试输出，每个叶节点代表一种类别。

决策树法是一种十分常用的分类方法。它是一种监管学习，所谓监管学习，就是给定一堆样本，每个样本都有一组属性和一个类别，这些类别是事先确定的，那么通过学习得到一个分类器，这个分类器能够对新出现的对象给出正确的分类。这样的机器学习就被称为监督学习。

决策树的形式，从根节点到叶子节点的路径就是决策的过程，其本质思路就是使用超平面对数据递归化划分。决策树的生成过程就是对数据集进行反复切割的过程，直到能够把决策类别区分开来为止，切割的过程就形成了一棵决策树。

而实例隶属于决策树每个终端节点的个数，就可以看作该节点的支持度，支持度越大，该规则越有力。

决策树法需要解决的问题之一是何时停止继续划分。

其中，选择属性进行划分的方法称信息增益方法。信息增益（Information Gain） 指的是划分数据集前后信息发生的变化。信息增益方法基于信息熵原理（一种对信息混乱程度的度量）。一般来说，信息如果呈现均匀混合分布，则信息熵就高；若信息呈现一致性分布，则信息熵就低。在决策树分类中，若数据子集中类别混合均匀分布，则信息熵较高；若类别单一分布，则信息熵就低。

显然，选择信息熵向最小的方向变化的属性，就能使得决策树能够迅速达到叶子节点，从而能够构造一棵决策树。对于每个数据集/数据子集，信息熵可如下定义：

$$\mathrm{ENT}(D_j)=-\sum_{i=0}^{c-1} p_i \log_2 p_i$$

式中，c 为数据集；子集 D_j 为决策类的个数；p_i 为第 i 个决策类在 D 中的比例。

对于任意一个属性，将数据集划分为多个数据子集，则该属性的信息增益为未进行划分时的数据集的信息熵与划分后数据子集的信息熵加权和的差：

$$\text{GAIN}(A)=\text{ENT}(D_j)-\sum_{j=0}^{k}\frac{|D_j|}{D}\text{ENT}(D_j)$$

例如，假如甲错过了看世界杯，赛后甲问一个知道比赛结果的观众乙“哪支球队是冠军”。乙不愿意直接告诉甲，让甲猜测，并且甲每猜一次，乙要收1元钱才肯告诉甲是否猜对了，问甲需要付给他多少钱才能知道谁是冠军。甲将球队从1～32进行编号，后提问：“冠军的球队在1～16号中吗”，假如乙告诉甲猜对了，甲接着问冠军是否在1～8号中，假如乙告诉甲猜错了，则冠军队在9～16中。这样最多只需要5次，甲便可知哪支球队是冠军。所以，谁是世界杯冠军这条消息的信息量只值5元钱，此为球队第一种分类方式。

实际上可能不需要猜5次就能猜出谁是冠军，因为像巴西、德国、意大利这样的球队得冠军的可能性比日本、美国、韩国等队大得多。因此，第一次猜测时不需要把32个球队等分成两个组，而可以把少数几个最可能的球队分成一组，把其他队分成另一组，然后猜冠军球队是否在那几只热门队中。重复这样的过程，根据夺冠概率对剩下的候选球队分组，直到找到冠军队。由此，3次或4次就可猜出结果。因此，当每个球队夺冠的可能性（概率）不等时，“谁是世界杯冠军”的信息量比第一种方法的信息量少，此为球队第二种分类方式。

按第一种方式分类，所得球队的熵为

$$\text{ENT}=-\sum_{i=0}^{c-1}p(x_i)\log_2 p(x_i)=5$$

按第二种方式分类，强队的熵为

$$\text{ENT}=-\sum_{i=0}^{c-1}p(x_i)\log_2 p(x_i)=2$$

弱队的熵为

$$\text{ENT}=\sum_{i=0}^{c-1}p(x_i)\log_2 p(x_i)=4.8$$

所得球队的总的熵为

$$\text{ENT}=0.72\times 2+0.28\times 4.8\approx 2.8$$

2. 朴素贝叶斯算法

通常，事件A在事件B（发生）的条件下的概率，与事件B在事件A的条件下的概率是不一样的。然而，这两者是有确定的关系的，朴素贝叶斯算法就是这种关系的陈述。

朴素贝叶斯算法的核心思想是选择具有最高后验概率作为确定类别的指标。下面以过滤有侮辱性的评论为例，介绍朴素贝叶斯算法利用 Python 语言实现的过程，其本质是利用词和类别的联合概率来预测给定文档属于某个类别。

朴素贝叶斯算法的优点如下：

（1）多分类问题。分类效率稳定，复杂度也不会有大程度上升。

（2）缺失数据处理。朴素贝叶斯算法能够处理缺失的数据。算法在建模时和预测时，数据的属性都是单独处理的。因此，如果一个数据实例缺失了一个属性的数值，在建模时将被忽略，计算是否属于某类概率时也将被忽略。

（3）更少的数据。对小规模的数据表现很好，能够处理多分类任务，更进一步，它不会因小规模的样本而产生过拟合的数据。如果没有太多的训练数据，可尝试使用朴素贝叶斯算法。

朴素贝叶斯算法常见的应用场景包括：文本分类、垃圾文本过滤、情感判别；多分类实时预测，对于文本相关的多分类实时预测，被广泛应用，简单又高效；推荐系统，协同过滤是强相关性，但是泛化能力略弱，朴素贝叶斯和协同过滤一起，能增强推荐的覆盖度和效果。

例如，某医院早上收了 6 个门诊病人，如表 5－2 所示。

表 5－2　　某医院门诊的病人信息

症状	职业	疾病
打喷嚏	护士	感冒
打喷嚏	农民	过敏
头疼	建筑工人	脑震荡
头疼	建筑工人	感冒
打喷嚏	教师	感冒
头疼	教师	脑震荡

现在又来了第 7 个病人，是一个打喷嚏的建筑工人。问他患上感冒的概率有多大。

根据贝叶斯定理：

$$P(A|B)=P(B|A)P(A)/P(B)$$

P（感冒|打喷嚏×建筑工人）$=P$（打喷嚏×建筑工人|感冒）$\times P$（感冒）/ P（打喷嚏×建筑工人）

假定“打喷嚏”和“建筑工人”这两个特征是独立的，因此，上面的等式为：

$$P（感冒|打喷嚏×建筑工人）=P（建筑工人|感冒）×P（感冒）/ P（打喷嚏）×P（建筑工人）$$

3. *K*–最邻近分类算法

K–最邻近分类算法是数据挖掘分类技术中非常简单的方法之一。所谓*K*–最近邻，就是 *k* 个最近的邻居的意思，说的是每个样本都可以用它最接近的 *k* 个邻居来代表。

K–最邻近分类算法的核心思想是如果一个样本在特征空间中的 *k* 个最相邻的样本中的大多数属于某一个类别，则该样本也属于这个类别，并具有这个类别上样本的特性。该方法在确定分类决策上只依据最邻近的一个或者几个样本的类别来决定待分样本所属的类别。*K*–最邻近分类算法在类别决策时，只与极少量的相邻样本有关。由于 *K*–最邻近分类算法主要靠周围有限的邻近的样本，而不是靠判别类域的方法来确定所属类别的，因此对于类域的交叉或重叠较多的待分样本集来说，*K*–最邻近分类算法较其他方法更为适合。

K–最邻近分类算法流程如下：

（1）准备数据，对数据进行预处理。

（2）选用合适的数据结构存储训练数据和测试元组。

（3）设定参数，如 *k*。

（4）维护一个大小为 *k* 的按距离由大到小的优先级队列，用于存储最近邻训练元组。随机从训练元组中选取 *k* 个元组作为初始的最近邻元组，分别计算测试元组到这 *k* 个元组的距离，将训练元组标号和距离存入优先级队列。

（5）遍历训练元组集，计算当前训练元组与测试元组的距离，将所得距离 L 与优先级队列中的最大距离 L_{max} 进行比较。若 $L \geqslant L_{max}$，则舍弃该元组，遍历下一个元组；若 $L < L_{max}$，删除优先级队列中最大距离的元组，将当前训练元组存入优先级队列。

（6）遍历完毕，计算优先级队列中 *k* 个元组的多数类，并将其作为测试元组的类别。

（7）测试元组集测试完毕后计算误差率，继续设定不同的 *k* 值重新进行训练，最后取误差率最小的 *k* 值。

K–最邻近分类算法的优点包括：简单，易于理解，易于实现，无须估计参数，无须训练；适合对稀有事件进行分类；特别适合于多分类问题（multi-modal，对象具有多个类别标签）。

K–最邻近分类算法在分类时的不足：当样本不平衡时，如一个类的样本容量很大，而其他的类样本容量很小时，有可能导致当输入一个新样本时，该样本的 k 个邻居中大容量类的样本占多数。该算法只计算“最近的”邻居样本，某一类的样本数量很大，那么或者这类样本并不接近目标样本，或者这类样本很靠近目标样本。无论怎样，数量并不能影响运行结果。该方法的另一个不足之处是计算量较大，因为对每一个待分类的文本都要计算它到全体已知样本的距离，才能求得它的 k 个最近邻点。

例如，根据电影的打斗次数和对话次数，将电影分类为Romance和Action，已经有 6 个已知样例，如何根据未知样例的打斗次数和对话次数判断其电影类型、电影名称、分类等信息？电影信息如表 5–3 所示。

表 5–3　　　　电　影　信　息

电影名称	打斗次数	对话次数	电影类型
California Man	3	104	Romance
He is Not Really into Dudes	2	100	Romance
Beautiful Woman	1	81	Romance
Kevin Longblade	101	10	Action
Robo Slayer 3000	99	5	Action
Amped	98	2	Action
未知	18	90	Unkown

将打斗次数和对话次数作为二维坐标，判断每个已知样例电影与未知电影的距离，可以得出最近的 3 个电影都是 Romance 电影，则未知电影判断为 Romance 电影，这就是 K–最邻近分类算法。

计算结果如表 5–4 所示。

表 5–4　　　　计　算　结　果

点	X 坐标	Y 坐标	电影类型
A	3	104	Romance
B	2	100	Romance
C	1	81	Romance
D	101	10	Action
E	99	5	Action
F	98	2	Action
G	18	90	Unkown

5.1.3 聚类算法

聚类分析对具有共同趋势或结构的数据进行分组，将数据项分组成多个簇（类），簇之间的数据差别应尽可能大，簇内的数据差别应尽可能小，即“最小化簇间的相似性，最大化簇内的相似性”。

1. k – means 算法

k – means 算法是使用最广泛的聚类算法，其算法简单，易于理解和操作。首先将数据集分为预先指定个数的簇，将各个簇内的所有数据样本的均值作为该聚类的代表点；其次通过迭代过程，使评价聚类性能的准则函数达到最优，从而使同一个类中的对象相似度较高，而不同类之间的对象的相似度较小。

例如，在大客户细分模型图 5 – 1 中，采用 k – means 算法，根据大客户交互行为的特征，将具有某些相似行为的大客户聚类成一个细分群体，不同群体的大客户具有明显的差异性。

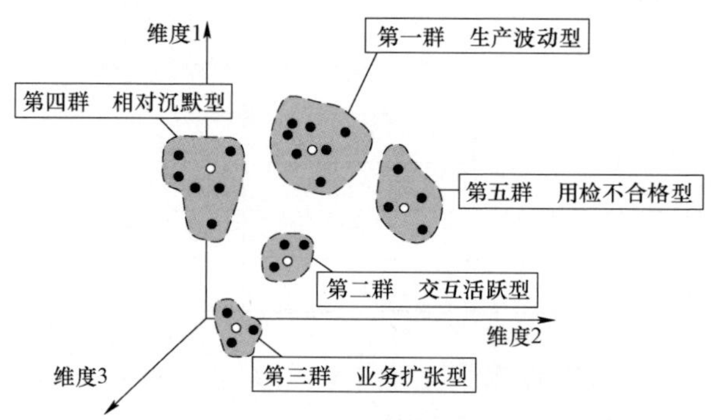

图 5 – 1　大客户细分模型

k – means 算法的局限性为：一般的聚类需求均可通过 *K* 均值聚类法实现，*K* 均值对数据密度均匀的球状数据聚类效果较好，如期望对非球状数据进行分群，则需要选择其他算法。

2. OPTICS 聚类算法

OPTICS 聚类算法是基于密度的聚类算法，全称是 Ordering Points To Identify the Clustering Structure，目标是将空间中的数据按照密度分布进行聚类。其思想和 DBSCAN（Density-Based Spatial Clustering of Application with Noise）非常类似，但和 DBSCAN 不同的是，OPTICS 聚类算法可以获得不同密度的聚类。直接说就是经过 OPTICS 聚类算法的处理，理论上可以获得任意密度的聚类。因为 OPTICS 聚类算法输出的是样本的一个有序队列，从这个队列里面可以获得任意密度的聚类。

OPTICS 聚类算法的难点在于维护核心点的直接可达点的有序列表。该算法的计算过程如下：

（1）输入数据样本 D，初始化所有点的可达距离和核心距离为 MAX，半径为ε，最少点数为 MinPts。

（2）建立两个队列，即有序队列（核心点及该核心点的直接密度可达点）和结果队列（存储样本输出及处理次序）。

（3）如果 D 中数据全部处理完，则算法结束，否则从 D 中选择一个未处理且为核心对象的点，将该核心点放入结果队列，该核心点的直接密度可达点放入有序队列，直接密度可达点按可达距离升序排列。

（4）如果有序序列为空，则回到步骤（2），否则从有序队列中取出第一个点。

（5）判断该点是否为核心点，不是则回到步骤（3），是则将该点存入结果队列，如果该点不在结果队列。

（6）如果该点是核心点，找到其所有直接密度可达点，并将这些点放入有序队列，且将有序队列中的点按照可达距离重新排序。如果该点已经在有序队列中且新的可达距离较小，则更新该点的可达距离。

（7）重复步骤（4），直至有序队列为空。

（8）算法结束。

对于给定半径ε和最少点数 MinPts，可以输出所有的聚类。

计算过程为：对于给定结果队列，首先从结果队列中按顺序取出点，如果该点的可达距离不大于给定半径ε，则该点属于当前类别，否则至下一步骤；其次，如果该点的核心距离大于给定半径ε，则该点为噪声，可以忽略，否则该点属于新的聚类，跳至步骤（1）；最后，结果队列遍历结束，则算法结束。

例如，假设邻域半径 E=2，MinPts=3，存在点 A（2，3），B（2，4），C（1，4），D（1，3），E（2，2）F（3，2），其中，点 A 为核心对象，在 A 的 E 领域中有点｛A，B，C，D，E，F｝，其中 A 的核心距离为 E=1，因为在点 A 的 E 邻域中有点｛A，B，C，D，E｝＞3。

点 F 到核心对象点 A 的可达距离大于点 A 的核心距离 1。

3. STING 网络聚类

STING（Statistical Information Grid）网络聚类是一个基于网格的多分辨率聚类技术，它将空间区域划分为矩形单元。针对不同级别的分辨率，通常存在多个级别的矩形单元，这些单元形成了一个层次结构：高层的每个单元被划分为多个低一层的单元。关于每个网格单元属性的统计信息（如平均值、最大值和最小值）被预先计算和存储，这些统计变量可以方便下面描述的查询处理使用。高层单元的统计变量可以很容易地从低层单元的变量计算得到。这些统计变量包括：属性无关的变量 count；属性相关的变量 m（平均值）、s（标准偏差）、min（最小值）、max（最大值）；以及该单元中属性值遵循的分布类型 distribution，如正态的、均衡的、指数的，或无（如果分布未知）。当数据被装载进数据库，最底层单元的变量 count、m、s、min 和 max 直接进行计算。如果分布的类型事先知道，distribution 的值可以由用户指定，也可以通过假设检验来获得。一个高层单元的分布类型可以基于它对应的低层单元多数的分布类型，用一个阈值过滤过程来计算。如果低层单元的分布彼此不同，阈值检验失败，高层单元的分布类型被置为 none。

统计变量的使用可以以自顶向下的基于网格的方法。首先，在层次结构中选定一层作为查询处理的开始点。通常，该层包含少量的单元。对当前层次的每个单元计算置信度区间（或者估算其概率），用以反映该单元与给定查询的关联程度，不相关的单元就不再考虑。低一层的处理就只检查剩余的相关单元。这个处理过程反复进行，直到达到最底层。此时，如果查询要求被满足，那么返回相关单元的区域；否则，检索和进一步的处理落在相关单元中的数据，直到它们满足查询要求。

与其他聚类算法相比，STING 有以下几个优点：

（1）由于存储在每个单元中的统计信息描述了单元中数据的与查询无关的概要信息，因此基于网格的计算是独立于查询的。

（2）网格结构有利于并行处理和增量更新。

（3）该方法的效率很高：STING 扫描数据库一次来计算单元的统计信息，因此产生聚类的时间复杂度是 $O(n)$，n 是对象的数目。

在层次结构建立后，查询处理时间是 $O(g)$，这里 g 是最底层网格单元的数目，通常远远小于 n。由于 STING 采用了一个多分辨率的方法来进行聚类分析，因此，STING 聚类的质量取决于网格结构的最底层的粒度。如果粒度比较细，处理的代价会显著增加；但是，如果网格结构最底层的粒度太粗，将会降低聚类分析的质量。而且，STING 在构建一个主单元时没有考虑其他单元和其相邻单元之间的关系，因此，结果簇的形状即所有的聚类边界或者是水平的，或者是竖直的，没有斜的分界线。

5.1.4　关联规则挖掘

数据挖掘是指以某种方式分析数据源，从中发现一些潜在的有用的信息，所以数据挖掘又称为知识发现。而关联规则挖掘则是数据挖掘中的一个很重要的课题，顾名思义，它是从数据背后发现事物之间可能存在的关联或者联系。

1. 关联规则的定义和属性

考察一些涉及许多物品的事务：事务 1 中出现了物品甲，事务 2 中出现了物品乙，事务 3 中则同时出现了物品甲和乙。那么，物品甲和乙在事务中的出现相互之间是否有规律可循呢？在数据库的知识发现中，关联规则就是描述这种在一个事务中物品之间同时出现的规律的知识模式。更确切地说，关联规则通过量化的数字描述物品甲的出现对物品乙的出现有多大的影响。

现实中，这样的例子很多。例如，超级市场利用前端收款机收集存储了大量的售货数据，这些数据是一条条的购买事务记录，每条记录存储了事务处理时间、顾客购买的物品、物品的数量及金额等。这些数据中常常隐含形式如下的关联规则：在购买铁锤的顾客当中，有 70%的人同时购买了铁钉。这些关联规则很有价值，商场管理人员可以根据这些关联规则更好地规划商场，如把铁锤和铁钉这样的商品摆放在一起，能够促进销售。

有些数据不像售货数据那样很容易就能看出一个事务是许多物品的集合，但稍微转换一下思考角度，仍然可以像售货数据一样处理。例如，人寿保险，一份保单就是一个事务。保险公司在接受保险前，往往需要记录投保人详尽的信息，有时还要到医院做身体检查。保单上记录有投保人的年龄、性别、健康状况、工作单位、工作地址、工资水平等。这些投保人的个人信息就可以看作事务中的物品。通过分析这些数据，可以得到类似以下这样的关联规则：年龄在 40 岁以上，工作在 A 区的投保人当中，有 45%的人曾经向保险公司索赔过。在这条规则中，“年龄在 40 岁以上”是物品甲，“工作在 A 区”是物品乙，“向保险公司索赔过”则是物品丙。可以看出来，A 区可能污染比较严重，环境比较差，导致工作在该区的人健康状况不好，索赔率也相对比较高。

2. 关联规则的挖掘

关联规则有 4 个属性，包括可信度、支持度、期望可信度和作用度。其中，支持度和可信度能够比较直接地形容关联规则的性质。从关联规则定义可以看出，任意给出事务中的两个物品集，它们之间都存在关联规则，只不过属性值有所不同。如果不考虑关联规则的支持度和可信度，那么在事务数据库中可以发现无穷多的关联规则。事实上，人们一般只对满足一定的支持度和可信度的关联规则感兴趣。因此，为了发现有意义的关联规则，需要给定两个阈值：最小支持度和最小可信度，前者规定了关联规则必须满足的最小支持度，后者规定了关联规则必须满足的最小可信度。一般称满足一定要求的（如较大的支持度和可信度）的规则为强规则。

在关联规则的挖掘中要注意以下几点。

（1）充分理解数据。

（2）目标明确。

（3）数据准备工作要做好。能否做好数据准备工作又取决于前两点，数据准备工作将直接影响到问题的复杂度及目标的实现。

（4）选取恰当的最小支持度和最小可信度。这依赖于用户对目标的估计，如果取值过小，那么会发现大量无用的规则，不但影响执行效率，浪费系统资源，而且可能把目标埋没；如果取值过大，则又有可能找不到规则，与知识失之交臂。

（5）很好地理解关联规则。数据挖掘工具能够发现满足条件的关联规则，但它不能判定关联规则的实际意义。对关联规则的理解需要熟悉业务背景，丰富的业务经验对数据有足够的理解。在发现的关联规则中，可能有两个主观上认为没有多大关系的物品，它们的关联规则支持度和可信度却很高，这时需要根据业务知识、经验，从各个角度判断这是一个偶然现象或有其内在的合理性；反之，可能有主观上认为关系密切的物品，结果却显示它们之间的相关性不强。

发现关联规则要经过以下 3 个步骤。

（1）连接数据，做数据准备。

（2）给定最小支持度和最小可信度，利用数据挖掘工具提供的算法发现关联规则。

（3）可视化显示、理解、评估关联规则。

3. 关联规则挖掘过程

关联规则挖掘过程主要包含两个阶段：第一阶段必须先从资料集合中找出所有的高频项目组，第二阶段再由这些高频项目组中产生关联规则。

关联规则挖掘的第一阶段必须从原始资料集合中找出所有的高频项目组。高频的意思是指某一项目组出现的频率相对于所有记录而言，必须达到某一水平。一项目组出现的频率称为支持度。

关联规则挖掘的第二阶段是要产生关联规则。从高频项目组产生关联规则，是利用前一步骤的高频 k–项目组来产生规则，在最小信赖度的条件门槛下，若一规则所求得的信赖度满足最小信赖度，则称此规则为关联规则。

关联规则挖掘通常比较适用于记录中的指标取离散值的情况。如果原始数据库中的指标值是取连续的数据，则在关联规则挖掘之前应该进行适当的数据离散化（实际上就是将某个区间的值对应于某个值）。数据的离散化是数据挖掘前的重要环节，离散化的过程是否合理将直接影响关联规则的挖掘结果。

例如，假设某数据库共有 9 个事务，表 5–5 为 All Electronics 数据库。

表 5–5　All Electronics 数据库

TID	List of item_ID's
T100	I1，I2，I5
T200	I2，I4
T300	I2，I3
T400	I1，I2，I4
T500	I1，I3
T600	I2，I3
T700	I1，I3
T800	I1，I2，I3，I5
T900	I1，I2，I3

首先，在算法的第一次迭代，每个项都是候选 1–项集的集合 C_1 的成员。算法简单地扫描所有的事务，对每个项的出现次数计数。

其次，假定最小事务支持计数为 2，可以确定频繁 1–项集的集合 L_1。它由具有最小支持度的候选 1–项集组成。

最后，为发现频繁 2–项集的集合 L_2，算法使用 L_1 产生候选 2–项集的集合 C_{220}。扫描 D 中事务，计算 C_2 中每个候选项集的支持计数，确定频繁 2–项集的集合 L_2，其由具有最小支持度的 C_2 中的每个候选 2–项集组成。

5.1.5　经典预测算法

1. 回归分析

当人们对研究对象的内在特性和各因素间的关系有比较充分的认识时，

一般用机理分析方法建立数学模型。如果由于客观事物内部规律的复杂性及人们认识程度的限制，无法分析实际对象内在的因果关系，建立合乎机理规律的数学模型，那么通常的办法是搜集大量数据，基于对数据的统计分析去建立模型。本节讨论其中用途非常广泛的一类模型——统计回归模型。统计回归模型常用来解决预测、控制、生产工艺优化等问题。

变量之间的关系可以分为两类：一类为确定性关系，也称函数关系，其特征是一个变量随着其他变量的确定而确定。另一类关系为相关关系，变量之间的关系很难用一种精确的方法表示出来。例如，通常人的年龄越大血压越高，但人的年龄和血压之间没有确定的数量关系，人的年龄和血压之间的关系就是相关关系。回归分析就是处理变量之间的相关关系的一种数学方法，其解决问题的大致方法、步骤为：首先，收集一组包含因变量和自变量的数据；其次，选定因变量和自变量之间的模型，即一个数学公式，利用数据按照最小二乘准则计算模型中的系数；再次，利用统计分析方法对不同的模型进行比较，找出与数据拟合得最好的模型；接着，判断得到的模型是否适合于这组数据；最后，利用模型对因变量做出预测或解释。

应用统计分析特别是多元统计分析方法一般都要处理大量数据，工作量非常大，所以在计算机普及以前，这些方法大都是停留在理论研究上。运用一般计算语言编程也要占用大量时间，而对于经济管理及社会学等对高级编程语言了解不深的人来说，要应用这些统计方法更是不可能。MATLAB 等软件的开发和普及大大减少了对计算机编程的要求，使数据分析方法的广泛应用成为可能。MATLAB 统计工具箱几乎包括了数理统计方面主要的概念、理论、方法和算法，运用 MATLAB 统计工具箱，可以十分方便地在计算机上进行计算，从而进一步加深理解，同时，其强大的图形功能使得概念、过程和结果可以直观地展现。

回归方法主要包括一元线性回归、多元线性回归、非线性回归、逐步回归等方法，以及如何利用 MATLAB 软件建立初步的数学模型、如何透过输出结果对模型进行分析和改进、回归模型的应用等。

（1）一元线性回归分析。回归模型可分为线性回归模型和非线性回归模型。非线性回归模型是回归函数关于未知参数具有非线性结构的回归模型。一元线性回归分析预测法，是根据自变量 x 和因变量 y 的相关关系，建立 x 与 y 的线性回归方程进行预测的方法。由于市场现象一般受多种因素的影响，而并不是仅仅受一个因素的影响，因此应用一元线性回归分析预测法，必须对影响市场现象的多种因素进行全面分析。只有当诸多的影响因素中，确实存在一个对因变量影响作用明显高于其他因素的变量时，才能将它作为自变量时，应用一元线性回归分析市场预测法进行预测。

建立线性回归模型的步骤如下：

$$y=\beta_0+\beta_1x+\varepsilon \qquad \varepsilon \sim N(0,\sigma^2)$$

式中，β_0、β_1 为待定系数，对于不同的 x、y 是相互独立的随机变量。

假设对于 x 的 n 个值 x_i，得到 y 的 n 个相应的值 y_i，确定 β_0，β_1 的方法是根据最小二乘准则，要使

$$x=\frac{x_1+x_2+\cdots+x_n}{n}$$

取最小值。利用极值必要条件，令

$$\frac{\partial Q}{\partial \beta_0}=0, \frac{\partial Q}{\partial \beta_1}=1$$

求 β_0，β_1 的估计值 $\hat{\beta}_0$，$\hat{\beta}_1$，从而得到回归直线 $y=\hat{\beta}_0+\hat{\beta}_1x$。只不过这个过程可以由软件通过直线拟合完成，而无须进行繁杂的运算。

1）参数的区间估计。由于计算出的 $\hat{\beta}_0$，$\hat{\beta}_1$ 仍然是随机变量，因此要对 $\hat{\beta}_0$，$\hat{\beta}_1$ 取值的区间进行估计。如果区间估计值是一个较短的区间，则表示模型精度较高。

2）对误差方差的估计。设 $\hat{y}_i$ 为回归函数的值，y_i 为测量值，残差平方和

$$Q=\sum_{i=1}^{n}(y_i-\hat{y}_i)^2$$

3）线性相关性的检验。由于采用的是一元线性回归，因此，如果模型可用，应该具有较好的线性关系。反映模型是否具有良好线性关系可通过相关系数 R 值及 F 值观察。

例如，测得 16 名成年女子身高 y 与腿长 x 所得数据如表 5－6 所示。

表 5－6　　16 名女子身高和腿长数据

x（cm）	88	85	91	92	93	95	96	98	97	96	98	99	100	102
y（cm）	143	145	146	147	149	150	153	154	155	156	157	158	159	160

根据 x 与 y 的对应关系，可得关系式

$$y=17.6549+1.4363x$$

（2）多元线性回归分析。如果根据经验和有关知识认为与因变量有关联

的自变量不止一个，那么就应该考虑用最小二乘准则建立多元线性回归模型。

设影响因变量 y 的主要因素（自变量）有 m 个，记 $x=(x_1,\cdots,x_m)$，假设它们有如下的线性关系式：

$$y=\beta_0+\beta_1x_1+\cdots+\beta_mx_m+\varepsilon \quad \varepsilon\sim N(0,\sigma^2)$$

如果对变量 y 与自变量 $x_1,x_2,\cdots,x_m$ 同时作 n 次观察（$n>m$），得 n 组观察值，采用最小二乘估计求得回归方程：

$$\hat{y}=\hat{\beta}_0+\hat{\beta}_1x_1+\cdots+\hat{\beta}_kx_m$$

建立回归模型是一个相当复杂的过程，概括起来主要有以下几个步骤：首先，根据研究目的收集数据和预分析；其次，根据散点图是否具有线性关系建立基本回归模型；再次，模型的精细分析；最后，模型的确认与应用等。

例如，某科学基金会希望估计从事某研究的学者的年薪 Y 与他们的研究成果（论文、著作等）的质量指标 X_1、从事研究工作的时间 X_2、能成功获得资助的指标 X_3 之间的关系，为此按一定的实验设计方法调查了24位研究学者，得到如下数据（i 为学者序号），如表 5－7 所示。

表 5－7　　从事某种研究的学者的相关指标数据

i	1	2	3	4	5	6	7	8	9	10	11	12
x_{i1}	3.5	5.3	5.1	5.8	4.2	6.0	6.8	5.5	3.1	7.2	4.5	4.9
x_{i2}	9.0	20.0	18.0	33.0	31.0	13.0	25.0	30.0	5.0	47.0	25.0	11.0
x_{i3}	6.1	6.4	7.4	6.7	7.5	5.9	6.0	4.0	5.8	8.3	5.0	6.4
y_i	33.2	40.3	38.7	46.8	41.4	37.5	39.0	40.7	30.1	52.9	38.2	31.8

试建立 Y 与 X_1、X_2、X_3 之间关系的数学模型，并得出有关结论和进行统计分析。

首先，作出因变量 Y 与各自变量的样本散点图。

作散点图的目的主要是观察因变量 Y 与各自变量间是否有比较好的线性关系，以便选择恰当的数学模型形式。图 5－2 分别为年薪 Y 与成果质量指标 X_1、研究工作时间 X_2、获得资助的指标 X_3 之间的散点图。从图 5－2 中可以看出，这些点大致分布在一条直线旁边，因此有比较好的线性关系，可以采用线性回归。

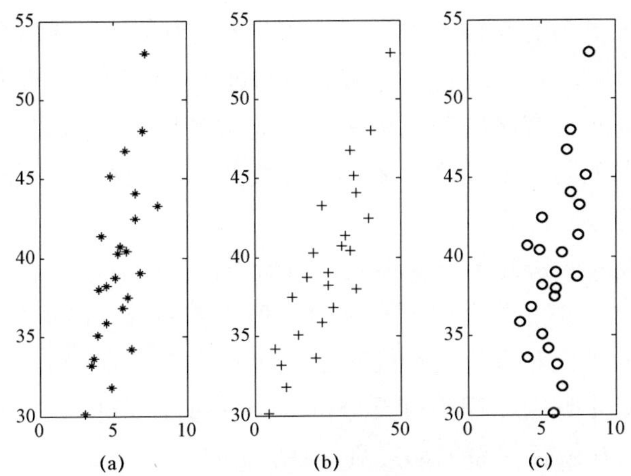

图 5－2　因变量 Y 与各自变量的样本散点图

（a）Y 与 X_1 的散点图；（b）Y 与 X_2 的散点图；（c）Y 与 X_3 的散点图

对初步回归模型的计算结果如表 5－8 所示。

表 5－8　　　对初步回归模型的计算结果

回归系数	回归系数的估计值	回归系数的置信区间
β_0	18.015 7	[13.91，22.12]
β_1	1.081 7	[0.39，1.77]
β_2	0.321 2	[0.244 0，0.39]
β_3	1.283 5	[0.67，1.80]

得到初步的回归方程为

$$\hat{y}=18.015\,7+1.081\,7x_1+0.321\,2x_2+1.283\,5x_3$$

2. 时间序列

时间序列（或称动态数列）是指将同一统计指标的数值按其发生的时间先后顺序排列而成的数列。时间序列分析的主要目的是根据已有的历史数据对未来进行预测。经济数据中大多数以时间序列的形式给出。根据观察时间的不同，时间序列中的时间可以是年份、季度、月份或其他任何时间形式。

对时间序列进行分析，就是要根据这些时间序列，较精确地找到相应系统内在统计特性和发展规律性。目前对时间序列数据进行分析和预测比较完善和精确的算法是博克思—詹金斯（Box－Jenkins）方法，其基本思想为：时间序列是一组依赖于时间的随机变量，这组随机变量之间具有的依存关系或者相关特性表明了预测对象发展的延续性，将其中所蕴含的自相关特性使用数学模型描述出来，就可以利用时间序列的过去值和现在值预测其将来值。

时间序列是一个有序的观测值序列，通常是按照时间观测的，但也可以按照其他度量来观测，如长度、温度、速度等，其中时间间隔可以是等间隔也可以是非等间隔。

时间序列根据所研究的依据不同，有着不同的分类。

以所研究的对象个数为依据，时间序列可分为一元时间序列和多元时间序列。前者表示研究对象为一个变量的序列；后者表示研究对象是多个变量的序列。研究多元时间序列不仅要分析单个变量随着时间的变化规律，同时要揭示各变量相互依存关系的动态规律性。

以时间的连续性为依据，时间序列可分为连续时间序列和离散时间序列。前者是指每个序列值所对应的时间参数为连续函数；后者是指每个序列值所对应的时间参数为间断点。对于连续数据，可以通过离散化算法使之转化为离散时序数据。

以序列的统计特性为依据，时间序列可分为平稳时间序列和非平稳时间序列。非平稳时间序列通常包含趋势性、季节性或周期性等的一种或者几种。对于非平稳时间序列，在适当的时间去掉趋势性和季节性后，剩下的周期性部分通常会有某种平稳性。平稳时间序列通常分为严平稳序列和宽平稳序列。

某企业历年的产品销售量数据如表 5－9 所示，运用时间序列法预测未来年份的销售量。

表 5－9　　某企业产品历年销售量　　万件

年份	1993	1994	1995	1996	1997	1998	1999	2000
销售量	54	50	52	67	82	70	89	88

拟合线性趋势方程，取 t=1, 2, …, 12，根据趋势方程拟合计算公式：

$$\begin{cases} b = \dfrac{n\sum ty_t - \sum t \sum y_t}{n\sum t^2 - (\sum t)^2} \\ a = \overline{y} - b\overline{t} \end{cases}$$

可得线性趋势方程为：

$$\hat{y}_t = 46.106\,06 + 4.842\,66t$$

因此，未来年份销售量如表 5－10 所示。

表 5–10　　某企业产品未来年份销售量　　万件

未来年份	第一年	第二年	第三年	第四年	第五年	第六年	第七年
预测销售量	50.95	55.79	60.63	65.48	70.32	75.16	80.00

3. 预测分析

（1）概述。预测分析（Predictive Analytics）提供前瞻性的分析，让使用者可以参与投资、资产维护。预测分析是利用历史数据找出变化规律，即建立模型，并用模型来预测未来数据的种类特征等。

（2）分类。预测分析分为定性预测和定量预测。

定性预测主要是运用相关理论以及预测者个人经验对预测对象的未来做出估计、描述、分析和判断。由于实际事物的复杂性，以及数学工具的有限性，由经验丰富的专家根据其知识和经验做出的定性预测（特别是宏观方面）常常是准确的。定性预测可以划分为判断分析法、专家评估法（Delphi 法）、调查法、类推法（比拟法）等。

定量预测则是在有关理论的基础上，利用历史数据建立有关的数学模型，通过数学模型的计算结果对未来做出估计、描述、分析和判断。由于现实是十分复杂的大系统，到目前为止的所有理论都不能完全、准确地描述现象，都只是局部描述。通常定性和定量预测相结合，以提高预测的可信度。定量预测可划分为：灰色预测、因果分析（线性回归、非线性回归模型、投入产出分析方法等）。

下面以灰色预测分析方法为例对其进行介绍。

灰色预测分析方法认为对既含有已知信息又含有未知或非确定信息的系统进行预测，就是对在一定方位内变化的、与时间有关的灰色过程的预测。尽管过程中所显示的现象是随机的、杂乱无章的，但毕竟是有序的、有界的，因此这一数据集合具备潜在的规律，灰色预测就是利用这种规律建立灰色模型对灰色系统进行预测。

灰色预测通过鉴别系统因素之间发展趋势的相异程度，即进行关联分析，并对原始数据进行生成处理来寻找系统变动的规律，生成有较强规律性的数据序列，然后建立相应的微分方程模型，从而预测事物未来发展趋势的状况。其用等时距观测到的反映预测对象特征的一系列数量值构造灰色预测模型，预测未来某一时刻的特征量，或达到某一特征量的时间。

灰色预测分为以下 4 类：

1）灰色时间序列预测：用观察到的反映预测对象特征的时间序列来构造

灰色预测模型，预测未来某一时刻的特征量，或达到某一特征量的时间。

2）畸变预测：通过灰色模型预测异常值出现的时刻，预测异常值什么时候出现在特定时区内。

3）系统预测：通过对系统行为特征指标建立一组相互关联的灰色预测模型，预测系统中众多变量间的相互协调关系的变化。

4）拓扑预测：将原始数据作曲线，在曲线上按定值寻找该定值发生的所有时点，并以该定值为框架构成时点数列，然后建立模型预测该定值所发生的时点。

4. 关联分析

（1）概述。关联分析又称关联挖掘，就是在交易数据、关系数据或其他信息载体中，查找存在于项目集合或对象集合之间的频繁模式、关联、相关性或因果结构；或者说，关联分析是发现交易数据库中不同商品（项）之间的联系。

（2）算法。

1）Apriori 算法。Apriori 算法是挖掘产生布尔关联规则所需频繁项集的基本算法，也是著名的关联规则挖掘算法之一。Apriori 算法就是根据有关频繁项集特性的先验知识而命名的。该算法的基本思想是：首先，找出所有的频集，这些项集出现的频繁性至少和预定义的最小支持度一样。其次，由频集产生强关联规则，这些规则必须满足最小支持度和最小可信度。再次，使用频集产生期望的规则，产生只包含集合的项的所有规则，其中每一条规则的右部只有一项，这里采用的是中规则的定义。一旦这些规则被生成，那么只有那些大于用户给定的最小可信度的规则才被留下来。为了生成所有频集，使用了递归的方法。

为提高按层次搜索并产生相应频繁项集的处理效率，Apriori 算法利用了一个重要性质，并应用 Apriori 性质来帮助有效缩小频繁项集的搜索空间。

Apriori 性质：一个频繁项集的任一子集也应该是频繁项集。可根据定义证明该性质，若一个项集不满足最小支持度阈值 min_sup，则不是频繁的，即 $P(I)<\text{min\_sup}$。若增加一个项 A 到项集中，则结果新项集 $(I\cup A)$ 也不是频繁的，在整个事务数据库中所出现的次数也不可能多于原项集出现的次数，因此 $P(I\cup A)<\text{min\_sup}$，即 $(I\cup A)$ 也不是频繁的。这样就可以根据逆反公理很容易地确定 Apriori 性质成立。

2）FP－growth 算法。由于 Apriori 算法的固有缺陷，即使进行了优化，其效率也仍然不能令人满意。2000 年，Han Jiawei 等人提出了基于频繁模式树（Frequent Pattern Tree，FP－tree）的发现频繁模式的算法 FP－growth。在 FP－growth 算法中，通过两次扫描事务数据库，把每个事务所包含的频繁项目按其支持度降序压缩存储到 FP－tree 中。在以后发现频繁模式的过程中，不需要再扫描事务数据库，而仅在 FP－tree 中进行查找即可，并通过递归调用 FP－growth 算法来直接产生频繁模式，因此在整个发现过程中也不需要产生候选模式。该算法克服了 Apriori 算法中存在的问题，在执行效率上也明显高于 Apriori 算法。

5.2　电网企业高级数据分析算法

1. 支持向量机

支持向量机（Support Vector Mechine，SVM）是由 Vladimir Vapnik 提出的监督学习模型的状态，其已经越来越流行地用于分类、回归和检测问题处理中。SVM 特别适合于分析具有大量预测属性的数据，因此在文本分类和生物信息学中具有相当大的影响。基本 SVM 是基于通过找到尽可能远离每个类别中的数据的最优决策边界（最小边界超平面）将数据分类为两个类别。超平面附近的向量是支持向量。因此，基本 SVM 是非概率的二进制线性分类器。为了处理非线性边界，SVM 将数据映射到维度特征空间中，即使没有容易的方式来分离原始维度空间中的点，其中数据点可以被精确地分类或预测，这涉及使用内核函数将数据从原始空间映射到新的特征空间。SVM 与多层感知器神经网络模型很相似，不提供其预测器的函数形式的输出。因此，与神经网络一样，SVM 比其他机器学习算法（更多的预测使用的黑盒方法）更不具表达性。

SVM 是一种基于统计学习理论的模式识别方法，主要应用于模式识别领域。由于当时这些研究尚不十分完善，在解决模式识别问题中往往趋于保守，且数学上比较艰涩，这些研究一直没有得到充分的重视。

直到 20 世纪 90 年代，统计学习理论（Statistical Learning Theory，SLT）的实现和由于神经网络等较新兴的机器学习方法的研究遇到一些重要的困难，比如如何确定网络结构的问题、过学习与欠学习问题、局部极小点问题等，使得 SVM 迅速发展和完善，在解决小样本、非线性及高维模式识别问题中表现出许多特有的优势，并能够推广应用到函数拟合等其他机器学习问题中。从此迅速地发展起来，已经在许多领域（生物信息学、文本和手写识别等）都取得了成功的应用。

在地球物理反演当中解决非线性反演也有显著成效，例如（支持向量机在预测地下水涌水量问题等）。已知该算法被应用的主要有：石油测井中利用测井资料预测地层孔隙度及黏粒含量、天气预报工作等。

支持向量机中的一大亮点是在传统的最优化问题中提出了对偶理论，主要有最大最小对偶及拉格朗日对偶。

SVM 的关键在于核函数。低维空间向量集通常难于划分，解决的方法是将它们映射到高维空间。但这个办法带来的困难就是计算复杂度的增加，而核函数正好巧妙地解决了这个问题。也就是说，只要选用适当的核函数，就可以得到高维空间的分类函数。在 SVM 理论中，采用不同的核函数将导致不同的 SVM 算法。在确定了核函数之后，由于确定核函数的已知数据也存在一定的误差，考虑到推广性问题，因此引入了松弛系数以及惩罚系数两个参变量来加以校正。在确定了核函数基础上，再经过大量对比实验等将这两个系数取定，该项研究就基本完成，适合相关学科或业务内应用，且有一定能力的推广性。当然误差是绝对的，不同学科、不同专业的要求不一。

2. 人工神经网络

人工神经网络（Artificial Neural Networks，ANNs）也简称为神经网络（NNs）或连接模型（Connection Model），它是一种模仿动物神经网络行为特征，进行分布式并行信息处理的算法数学模型。这种网络依靠系统的复杂程度，通过调整内部大量节点之间相互连接的关系，从而达到处理信息的目的。人工神经网络在工程与学术界也常直接简称为“神经网络”或类神经网络。

人工神经网络的算法是在理论模型研究的基础上构造具体的神经网络模型，以实现计算机模拟或人类的神经网络准备制作硬件，包括网络学习算法的研究，这方面的工作也称为技术模型研究，神经网络用到的算法就是向量乘法，并且广泛采用符号函数及其各种逼近。并行、容错、可以硬件实现，以及自我学习特性，是人工神经网络的几个基本优点，也是神经网络计算方法与传统方法的区别所在。

人工神经网络是由大量处理单元互联组成的非线性、自适应信息处理系统。它是在现代神经科学研究成果的基础上提出的，试图通过模拟大脑神经网络处理、记忆信息的方式进行信息处理。人工神经网络具有四个基本特征：

（1）非线性。非线性关系是自然界的普遍特性。大脑的智慧就是一种非线性现象。人工神经元处于激活或抑制二种不同的状态，这种行为在数学上表现为一种非线性关系。具有阈值的神经元构成的网络具有更好的性能，可以提高容错性和存储容量。

（2）非局限性。一个神经网络通常由多个神经元广泛连接而成。一个系统的整体行为不仅取决于单个神经元的特征，而且可能主要由单元之间的相互作用、相互连接所决定。通过单元之间的大量连接模拟大脑的非局限性。联想记忆是非局限性的典型例子。

（3）非常定性。人工神经网络具有自适应、自组织、自学习能力。神经网络不但处理的信息可以有各种变化，而且在处理信息的同时，非线性动力系统本身也在不断变化。经常采用迭代过程描写动力系统的演化过程。

（4）非凸性。一个系统的演化方向，在一定条件下将取决于某个特定的状态函数。例如能量函数，它的极值相应于系统比较稳定的状态。非凸性是指这种函数有多个极值，故系统具有多个较稳定的平衡态，这将导致系统演化的多样性。

人工神经网络中，神经元处理单元可表示不同的对象，例如特征、字母、概念，或者一些有意义的抽象模式。网络中处理单元的类型分为三类：输入单元、输出单元和隐单元。输入单元接受外部世界的信号与数据；输出单元实现系统处理结果的输出；隐单元是处在输入和输出单元之间，不能由系统外部观察的单元。神经元间的连接权值反映了单元间的连接强度，信息的表示和处理体现在网络处理单元的连接关系中。人工神经网络是一种非程序化、适应性、大脑风格的信息处理，其本质是通过网络的变换和动力学行为得到一种并行分布式的信息处理功能，并在不同程度和层次上模仿人脑神经系统的信息处理功能。它是涉及神经科学、思维科学、人工智能、计算机科学等多个领域的交叉学科。

人工神经网络是并行分布式系统，采用了与传统人工智能和信息处理技术完全不同的机理，克服了传统的基于逻辑符号的人工智能在处理直觉、非结构化信息方面的缺陷，具有自适应、自组织和实时学习的特点。

3. 高级测量体系

从2008年起，北美的电力公司开始着手于智能电网特别是高级测量体系项目的实施,目前智能电表在北美的覆盖率接近 50%。高级测量体系（Advanced Metering Infrastructure，AMI）的实施使电力公司获得了对电力网络全系统范围的高清晰和高密度的能观性，也获得了前所未有的大量的且日益增多的数据。综合利用和整合这些数据与现有系统的数据，是大部分电力公司AMI项目计划中固有的一部分。因此，基于AMI测量数据的数据分析在这两年得到行业内广泛和高度的重视和投资。这当然也受益于技术的进步，特别是更精确的统计分析与数学模型的发展和高性能计算机的进步。最重要的是大数据学科的崛起带动了数据分析方法市场得以蓬勃发展，成为一个新兴崛起的学科分支。在电力行业里，这些分析方法都包括了智能电表的数据，因此称为AMI数据分析方法。对应于此方面，开发的具体数据分析应用称为AMI数据分析元。

4. 遗传算法

遗传算法（Genetic Algorithm）是模拟达尔文生物进化论的自然选择和遗传学机理的生物进化过程的计算模型，是一种通过模拟自然进化过程搜索最优解的方法。遗传算法是从代表问题可能潜在的解集的一个种群（population）开始的，而一个种群则由经过基因（gene）编码的一定数目的个体（individual）组成。每个个体实际上是染色体（chromosome）带有特征的实体。染色体作为遗传物质的主要载体，即多个基因的集合，其内部表现（即基因型）是某种基因组合，它决定了个体的形状的外部表现，如黑头发的特征是由染色体中控制这一特征的某种基因组合决定的。因此，在一开始需要实现从表现型到基因型的映射即编码工作。由于仿照基因编码的工作很复杂，我们往往进行简化，如二进制编码，初代种群产生之后，按照适者生存和优胜劣汰的原理，逐代（generation）演化产生出越来越好的近似解，在每一代，根据问题域中个体的适应度（fitness）大小选择（selection）个体，并借助于自然遗传学的遗传算子（genetic operators）进行组合交叉（crossover）和变异（mutation），产生出代表新的解集的种群。这个过程将导致种群像自然进化一样的后生代种群比前代更能适应环境，末代种群中的最优个体经过解码（decoding），可以作为问题近似最优解。

遗传算法（Genetic Algorithm）是一类借鉴生物界的进化规律（适者生存，优胜劣汰遗传机制）演化而来的随机化搜索方法。它是由美国的J.Holland教授1975年首先提出，其主要特点是直接对结构对象进行操作，不存在求导和函数连续性的限定；具有内在的隐并行性和更好的全局寻优能力；采用概率化的寻优方法，能自动获取和指导优化的搜索空间，自适应地调整搜索方向，不需要确定的规则。遗传算法的这些性质，已被人们广泛地应用于组合优化、机器学习、信号处理、自适应控制和人工生命等领域。它是现代有关智能计算中的关键技术。

遗传算法也是计算机科学人工智能领域中用于解决最优化的一种搜索启发式算法，是进化算法的一种。这种启发式通常用来生成有用的解决方案来优化和搜索问题。进化算法最初是借鉴了进化生物学中的一些现象而发展起来的，这些现象包括遗传、突变、自然选择以及杂交等。遗传算法在适应度函数选择不当的情况下有可能收敛于局部最优，而不能达到全局最优。遗传算法的基本运算过程如下。

（1）初始化：设置进化代数计数器 t=0，设置最大进化代数 T，随机生成 M 个个体作为初始群体 P（0）。

（2）个体评价：计算群体 P（t）中各个个体的适应度。

（3）选择运算：将选择算子作用于群体。选择的目的是把优化的个体直接遗传到下一代或通过配对交叉产生新的个体再遗传到下一代。选择操作是建立在群体中个体的适应度评估基础上的。

（4）交叉运算：将交叉算子作用于群体。遗传算法中起核心作用的就是交叉算子。

（5）变异运算：将变异算子作用于群体。即是对群体中的个体串的某些基因座上的基因值作变动。

群体 P（t）经过选择、交叉、变异运算之后得到下一代群体 P（t+1）。

（6）终止条件判断：若 t=T，则以进化过程中所得到的具有最大适应度个体作为最优解输出，终止计算。

遗传算法有一定不足之处：

（1）编码不规范及编码存在表示的不准确性。

（2）单一的遗传算法编码不能全面地将优化问题的约束表示出来。考虑约束的一个方法就是对不可行解采用阈值，这样，计算的时间必然增加。

（3）遗传算法通常的效率比其他传统的优化方法低。

（4）遗传算法容易过早收敛。

（5）遗传算法对算法的精度、可行度、计算复杂性等方面，还没有有效的定量分析方法。

例如，求下述二元函数的最大值：

$$f(x_1,x_2)=x_1^2+x_2^2$$

其中，$x_1\in\{1,2,3,4,5,6,7\}$，$x_2\in\{1,2,3,4,5,6,7\}$。

（1）个体编码。

遗传算法的运算对象是表示个体的符号串，所以必须把变量 x_1，x_2 编码为一种符号串。本例中，用无符号二进制整数来表示。因为 x_1，x_2 为 0～7 之间的整数，所以分别用 3 位无符号二进制整数来表示，将它们连接在一起所组成的 6 位无符号二进制数就形成了个体的基因型，表示一个可行解。

（2）初始群体的产生。

遗传算法是对群体进行的进化操作，需要给其准备一些表示起始搜索点的初始群体数据。本例中，群体规模的大小取为4，即群体由4个个体组成，每个个体可通过随机方法产生。

（3）适应度计算。

遗传算法中以个体适应度的大小来评定各个个体的优劣程度，从而决定其遗传机会的大小。本例中，目标函数总取非负值，并且是以求函数最大值为优化目标，故可直接利用目标函数值作为个体的适应度。

（4）选择运算。

选择运算把当前群体中适应度较高的个体按某种规则或模型遗传到下一代群体中。一般要求适应度较高的个体将有更多的机会遗传到下一代群体中。

本例中，采用与适应度成正比的概率来确定各个个体复制到下一代群体中的数量。其具体操作过程是：首先，先计算出群体中所有个体的适应度的总和；其次计算出每个个体的相对适应度的大小，即为每个个体被遗传到下一代群体中的概率；每个概率值组成一个区域，全部概率值之和为1；最后再产生一个0到1之间的随机数，依据该随机数出现在上述哪一个概率区域内来确定各个个体被选中的次数。见表5－11。

表5－11　　　　选择运算结果

个体编号	初始群体	x_1	x_3	适值	占总数的比重	选择次数	选择结果
1	011101	3	5	34	0.24	1	011101
2	101011	5	3	34	0.24	1	111001
3	011100	3	4	25	0.17	0	101011
4	111001	7	1	50	0.35	2	111001
总和				143	1		

5. 随机森林法

随机森林，指的是利用多棵树对样本进行训练并预测的一种分类器。该分类器最早由Leo Breiman和Adele Cutler提出，并被注册成了商标。简单来说，随机森林就是由多棵分类回归树构成的。对于每棵树，它们使用的训练集是从总的训练集中有放回采样出来的，这意味着，总的训练集中的有些样本可能多次出现在一棵树的训练集中，也可能从未出现在一棵树的训练集中。

随机森林法的训练过程可以总结为以下 5 个步骤。

第 1 步：给定训练集 S，测试集 T，特征维数 F。确定参数：使用到的分类回归树的数量 t，每棵树的深度 d，每个节点使用到的特征数量 f，终止条件：节点上最少样本数 s，节点上最少的信息增益 m，对于第 1–t 棵树，i=1–t。

第 2 步：从 S 中有放回的抽取大小和 S 一样的训练集 S（i），作为根节点的样本，从根节点开始训练。

第 3 步：如果当前节点上达到终止条件，则设置当前节点为叶子节点，如果是分类问题，该叶子节点的预测输出为当前节点样本集合中数量最多的那一类 $C(j)$，概率 p 为 $C(j)$ 占当前样本集的比例；如果是回归问题，预测输出为当前节点样本集各个样本值的平均值。然后继续训练其他节点。如果当前节点没有达到终止条件，则从 F 维特征中无放回的随机选取 f 维特征。利用这 f 维特征，寻找分类效果最好的一维特征 k 及其阈值，当前节点上样本第 k 维特征小于阈值的样本被划分到左节点，其余的被划分到右节点。继续训练其他节点。

第 4 步：重复第 2 和第 3 步直到所有节点都训练过了或者被标记为叶子节点。

第 5 步：重复第 2、第 3 和第 4 步直到所有分类回归树都被训练过。

随机森林法的优点包括：

1）对于很多种资料，随机森林法可以产生高准确度的分类器；

2）可以处理大量的输入变数；

3）可以在决定类别时，评估变数的重要性；

4）在建造森林时，它可以在内部对于一般化后的误差产生不偏差的估计；

5）包含一个好方法可以估计遗失的资料，并且，如果有很大一部分的资料遗失，仍可以维持准确度；

6）对于不平衡的分类资料集来说，随机森林法可以平衡误差；

7）学习过程快速。

构建随机森林包括两个方面：数据的随机性选取，以及待选特征的随机选取。

在数据的随机选取维度中，首先，从原始的数据集中采取有放回的抽样，构造子数据集，子数据集的数据量是和原始数据集相同的。不同子数据集的元素可以重复，同一个子数据集中的元素也可以重复。其次，利用子数据集来构建子决策树，将这个数据放到每个子决策树中，每个子决策树输出一个结果。最后，如果新的数据需要通过随机森林得到分类结果，可以通过对子决策树的判断结果的投票，得到随机森林的输出结果。在待选特征的随机选取方面，与数据集的随机选取类似，随机森林中的子树的每一个分裂过程并未用到所有的待选特征，而是从所有的待选特征中随机选取一定的特征，之后再在随机选取的特征中选取最优的特征。这样能够使得随机森林中的决策树都能够彼此不同，提升系统的多样性，从而提升分类性能。

例如：利用随机森林法，通过某一个人的年龄（Age）、性别（Gender）、教育情况（Highest Educational Qualification）、工作领域（Industry）以及住宅地（Residence）共 5 个字段来预测他的收入层次。三个收入层次见表 5－12。

表 5－12　　收　入　层　次

层次	收入
1	40 000 元以下
2	40 000～150 000 元
3	150 000 元以上

随机森林中每一棵树都可以看作是一棵分类回归树，这里假设森林中有 5 棵分类回归树，总特征个数 $N=5$，取 $m=1$（这里假设每个分类回归树对应一个不同的特征）。不同年龄、性别、教育程度、住处、工作行业的收入层次如表 5－13～表 5－17 所示。

表 5－13　　不同年龄变量的收入层次

年龄	收入层次		
	1	2	3
18 岁以下	90%	10%	0%
19～27 岁	85%	14%	1%
28～40 岁	70%	23%	7%
40～55 岁	60%	35%	5%
55 岁以上	70%	25%	5%

表 5－14　　不同性别变量的收入层次

性别	收入层次		
	1	2	3
男	70%	27%	3%
女	75%	24%	1%

表 5－15　　不同教育程度变量的收入层次

教育程度	收入层次		
	1	2	3
高中及以下	85%	10%	5%
本科	77%	23%	0%
硕士	62%	35%	3%

表 5－16　　不同住处变量的收入层次

住处	收入层次		
	1	2	3
城市	70%	20%	10%
农村	65%	20%	15%

表 5－17　　不同工作行业变量的收入层次

工作行业	收入层次		
	1	2	3
金融业	65%	30%	5%
制造业	60%	35%	5%
其他	75%	20%	5%

根据这五棵分类回归树的分类结果，针对这个人的信息建立收入层次的分布情况，如表 5－18 所示。

表 5－18　　不同回归决策树的变量对应的收入层次

回归分类树	变量	收入层次		
		1	2	3
年龄	28～40	65%	30%	5%
性别	男	60%	35%	5%
教育程度	本科	75%	20%	5%
工作	制造业	75%	20%	5%
住处	城市	75%	20%	5%

最后可以得出结论：此人的收入层次在 70%的概率下是一等，24%的可能性为二等，6%的概率为三等，所以最终认定该人属于一等收入层次。

5.3 电网企业数据分析工具选择

5.3.1 选型原则

随着科技的进步与发展，数据分析工具不断涌现。面对不同的数据分析工具，电网企业需要按照一定的原则来选择适合自身特定需要的数据分析工具。本节通过两个方面来考虑电网企业选择数据分析工具的原则，分别是企业需求状况和数据分析工具性能。

1. 企业需求状况

在企业需求状况方面，一般需要考虑以下 4 个方面：

（1）明确企业进行数据分析是短期需求还是长期需求。如果企业是在短期内进行数据分析，则需要购买特定领域能解决特定问题的数据分析工具；如果企业需要长期进行数据分析，则需要购买功能丰富、使用便捷、通用性强、可以维护升级的企业级数据分析工具。

（2）明确企业的数据分析水平。企业应该分析自身的数据分析水平，结合企业的水平选择经过培训可以掌握的数据分析工具，不应该盲目选择远远超出企业分析水平的数据分析工具，以免造成资源的浪费。

（3）明确企业的数据和数据库特点。数据库是具有确定意义和逻辑关系的数据集合，是企业数据的主要存储形式。在不同的企业中，企业数据和数据库会呈现不同的特点；在同一企业中，有时也会存在多种数据库。因此，企业需要选择与本企业的数据和数据库特点相适应并支持开放数据库连接的数据分析工具。

（4）明确企业预算。企业在选择数据分析工具时，应该考虑数据分析工具的购买费用、人员培训费用等是否在企业预算之内。

2. 数据分析工具性能

在数据分析工具性能方面，一般需要考虑以下 3 个方面：

（1）数据管理能力。数据管理能力主要分为 3 个方面：数据源整合能力、数据处理容量、内存数据库技术是否支持。

（2）数据分析和处理能力。数据分析和处理能力主要分为 3 个方面：分析方法是否丰富、模型扩展性、数据挖掘能力。

（3）数据展示能力。数据展示能力主要分为 4 个方面：美观程度、界面交互、数据离线查看是否支持、移动客户端是否支持。

不同的数据分析工具在这些性能方面都有不同的特点，表 5－19 对一些主流分析工具进行了对比分析。

表 5－19　　主流分析工具对比分析

软件	数据管理能力	数据分析和处理能力	数据展示能力
R	数据源整合：好 数据处理容量：优秀 内存数据库技术：支持	分析方法：非常丰富 除时间序列分析预测外的各类分析方法 模型扩展性：强 数据挖掘能力：强	美观程度：美观 界面交互：优秀 数据离线查看：支持 移动客户端：支持
SAS	数据源整合：好 可连接至主流数据库，具有完整的 ETL（Extract-Transform-Load，抽取、转换、加载）管理工具 数据处理容量：优秀 内存数据库技术：支持	分析方法：非常丰富 丰富的计量经济学、时间序列分析、财务分析、运筹优化分析方法 模型扩展性：一般 数据挖掘能力：强	美观程度：一般 界面交互：优秀 数据离线查看：支持 移动客户端：支持
SPSS	数据源整合：好 数据处理容量：一般 理论上处理容量无上限，但处理速度较慢，不适宜大批量数据 内存数据库技术：支持	分析方法：丰富 提供常用统计方法，仍有欠缺 模型扩展性：差 数据挖掘能力：强	美观程度：美观 图形生成工具自动生成可浏览编辑的分析图表 界面交互：优秀 数据离线查看：支持 移动客户端：支持
Matlab	数据源整合：好 可连接至主流数据源，还可以连接至 Google Analytics、SAP HANA 等分析服务平台 数据处理容量：一般 内存数据库技术：支持	分析方法：不够丰富 模型扩展性：好 可以集成 R 软件（开源软件）的丰富算法库 数据挖掘能力：一般	美观程度：美观 界面交互：优秀 数据离线查看：支持 移动客户端：支持
Weka	数据源整合：一般 可连接至主流数据库 数据处理容量：一般 内存数据库技术：支持	分析方法：不够丰富 模型扩展性：差 数据挖掘能力：一般	美观程度：一般 界面交互：优秀 数据离线查看：支持 移动客户端：支持

综上，电网企业应该先明确本企业的需求状况，界定数据分析工具的选择范围；其次了解不同数据分析工具的性能，结合企业需求选择最适合的数据分析工具。

5.3.2　使用技巧

常见的数据分析工具有 Excel、SPSS 和 MATLAB 等，每个工具的特点及使用技巧如下。

1. Excel 工具

Excel 工具又称分析工具库，包括方差分析、直方图分析、移动平均分析、回归分析、抽样分析、T 检验等分析方法。利用这些数据分析方法，可以进行各种数据的处理、统计分析和辅助决策操作，从而解决企业管理、财务、运营、业务等各项工作的许多问题。同时，Excel 工具也能根据电网企业的实际业务情况，更好地发挥数据的作用，实现公司内部数据整合及使用。

Excel 工具的常见使用技巧如下：

（1）快速识别重复数据。在实际工作过程中，面对大量数据的 Excel 表格，经常会遇到查找重复项里的内容，这时我们可以通过菜单操作删除重复项，具体操作步骤如下：

Step 01　选择 A2：A16 数据区域。

Step 02　在“数据”选项卡中的“数据工具”组中，单击“删除重复项”按钮。

Step 03　弹出“删除重复项”对话框，在“列”区域下选择要删除的列，单击“确定”按钮。

Step 04　Excel 将显示一条信息“发现了 *n* 个重复值，已将其删除；保留了 *m* 个唯一值”，单击“确定”按钮，完成操作，如图 5－3 所示。

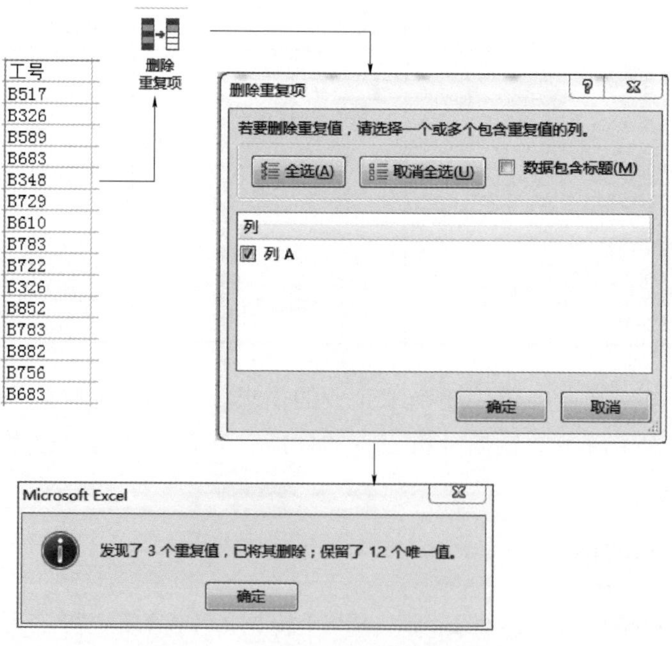

图 5－3　利用菜单操作删除重复值

（2）快速定位缺失值。缺失值是指现有的数据中缺少的信息，会造成数据集中某个或某些属性的值是不完全的，这在数据分析中非常常见。缺失值的产生原因也是多种多样的，主要分为机械原因和人为原因。机械原因是由机械导致的数据收集或保存的失败造成的数据缺失，如数据存储失败、存储器损坏、机械故障导致某段时间数据未能收集（对于定时数据采集而言）。人为原因是由人的主观失误、历史局限或有意隐瞒造成的数据缺失，如在市场调查中被访人拒绝透露相关问题的答案，或者回答的问题是无效的，数据录入人员失误漏录了数据。

在数据表里，缺失值最常见的变现形式是空值或者错误的标识符。如果缺失值是以空白单元格的形式出现的数据表中，则可采用以下方式定位缺失值：

Step 01　在 Excel 中选择 D1:E8 数据区域。

Step 02　按 Ctrl+G 组合键，弹出“定位”对话框。

Step 03　单击“定位条件”按钮，弹出“定位条件”对话框，选中“空值”单选按钮，单击“确定”按钮，则所有的空值都被一次性选中，如图 5－4 所示。

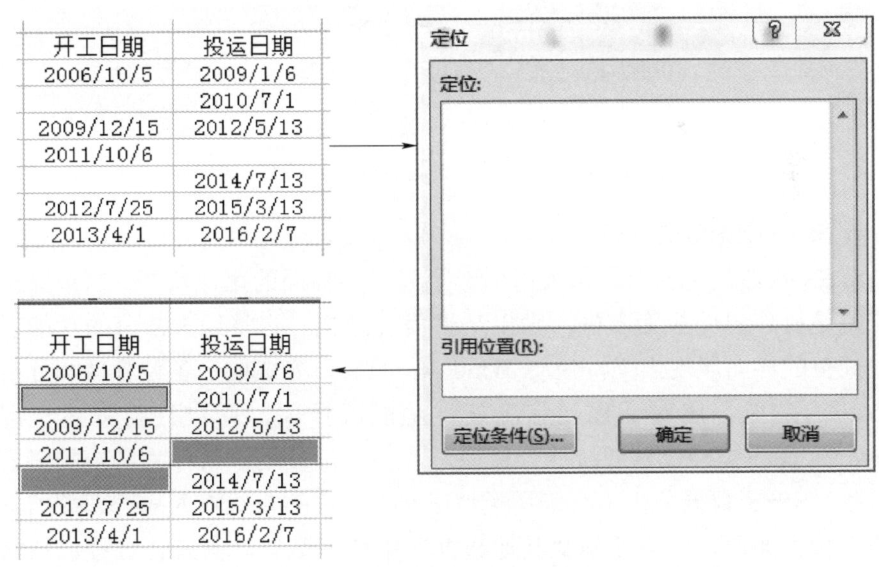

图 5－4　利用定位功能选中空值

（3）数据行列转换。在 Excel 中制作表格时经常会碰到这样的情况，我们开始设计好以行为表头，但后来觉得以列为表头更合理，那么我们是不是就要重新建立一张表格，重新输入内容，或者一个单元格一个单元格来复制这些数据，降低我们的工作效率呢？其实，Excel 中有一个简单的办法可以把表格的行内容与列内容进行转换，具体操作步骤如下：

Step 01　在 Excel 中选择 A1:F4 数据区域。

Step 02　按 Ctrl+Alt+V 组合键，弹出“选择性粘贴”对话框。

Step 03　选中“转置”复选框，则行与列实现转置粘贴，如图 5－5 所示。

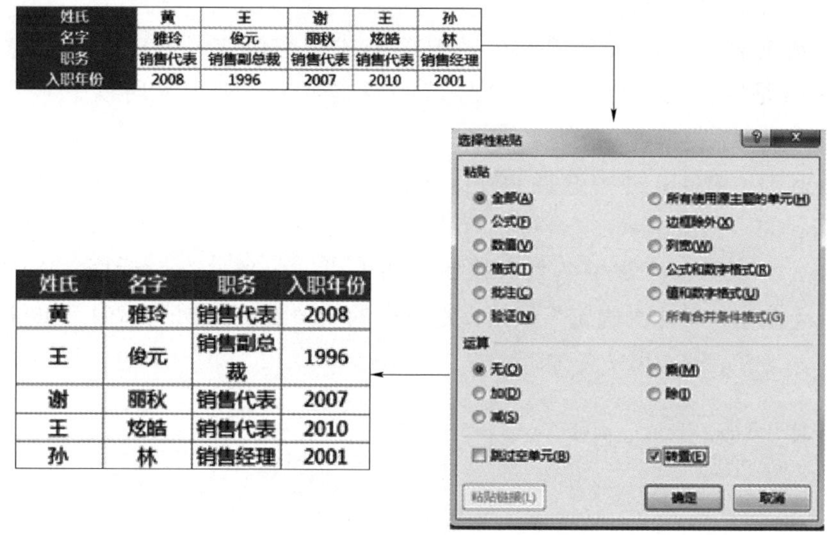

图 5－5　利用快捷键进行行列转置

2. SPSS 数据分析工具

SPSS 软件是世界上最早采用图形菜单驱动界面的统计软件，它最突出的特点就是操作界面极为友好，输出结果美观漂亮。它将绝大部分的功能以统一、规范的界面展现出来，使用 Windows 的窗口方式展示各种管理和分析数据方法的功能，用对话框展示出各种功能选择项。用户只要掌握一定的 Windows 操作技能，精通统计分析原理，就可以使用该软件为特定的科研工作服务。SPSS 数据分析工具采用类似 Excel 表格的方式输入与管理数据，数据接口较为通用，能方便地从其他数据库中读入数据。其统计过程包括常用的、较为成熟的统计过程，完全可以满足非统计专业人士的工作需要。输出结果十分美观，存储时则是专用的 SPO 格式，可以转存为 HTML 格式和文本格式。对于熟悉老版本编程运行方式的用户，SPSS 数据分析工具还特别设计了语法生成窗口，用户只需在菜单中选好各个选项，然后单击“粘贴”按钮就可以自动生成标准的 SPSS 程序，极大地方便了中、高级用户。

SPSS 数据分析工具的常见使用技巧如下：

（1）字段拆分。如果数据中包含多个信息单元的字符串字段（如身份证号码的年份、月份和日），在将该字段中的值拆分为多个单独的字段的情况下，数据分析起来将更为轻松。

Step 01　打开“用户身份信息.sav”数据文件，选择“转换”→“计算变量”命令，弹出“计算变量”对话框。

Step 02　在“计算变量”对话框中，在“函数组”框中选择“字符串”，在“函数和特殊变量”框中双击 CHAR.SUBSTR（3）函数，这时 CHAR.SUBSTR（3）函数就被移入“数字表达式”框中，然后将表达式修改为“CHAR.SUBSTR（身份证号码，7，4）”，这样就完成了公式的编写。

Step 03　在“目标变量”框中，输入变量名称“年份”，并在“类型与标签”功能中设置类型为“字符串”，单击“确定”按钮，就新增了一个“年份”变量。

重复上述第 2 步和第 3 步，将表达式分别修改为“CHAR.SUBSTR（身份证号码，11，2）”“CHAR.SUBSTR（身份证号码，13，2）”，就可以得到“月份”和“日”两个变量，如图 5－6 所示。

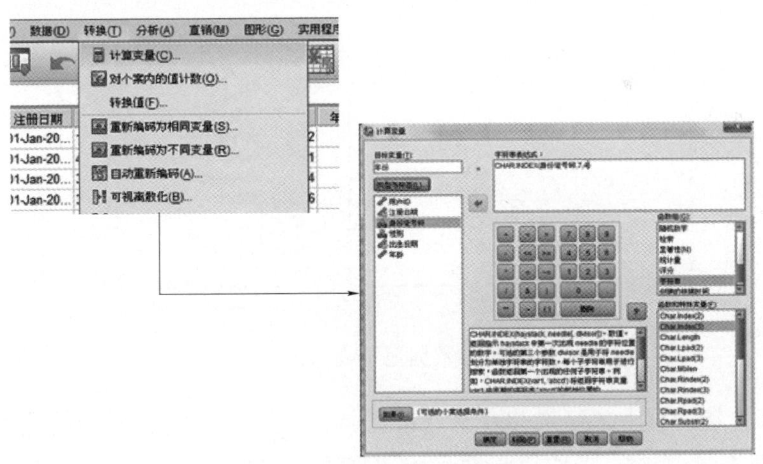

图 5－6　字符串字段的拆分

（2）记录合并。记录合并，也称纵向合并，是将具有共同的数据字段、结构，不同的数据记录表信息合并到一个新的数据表中。如果现在分别存放男、女职工信息数据表：“男职工信息.sav”“女职工信息.sav”，它们具有共同的数据字段、结构，只是记录信息不一样。为了方便进行整体职工的数据分析，我们需要把这两张表合并成一张数据表，具体操作步骤如下：

Step 01　打开“男职工信息.sav”数据文件，选择“数据”→“合并文件”→“添加个案”命令，弹出添加个案步骤一对话框。

Step 02 在添加个案对话框中，单击“浏览”按钮，浏览至数据存放文件夹下，选择“女职工信息.sav”数据文件，单击“打开”按钮，返回添加个案对话框，单击“继续”按钮，弹出添加个案步骤二对话框。

Step 03 在添加个案步骤二对话框中，确定“新的活动数据集中的变量”框中的变量是否正确，单击“确定”按钮即可完成数据记录合并的操作，如图 5－7 所示。

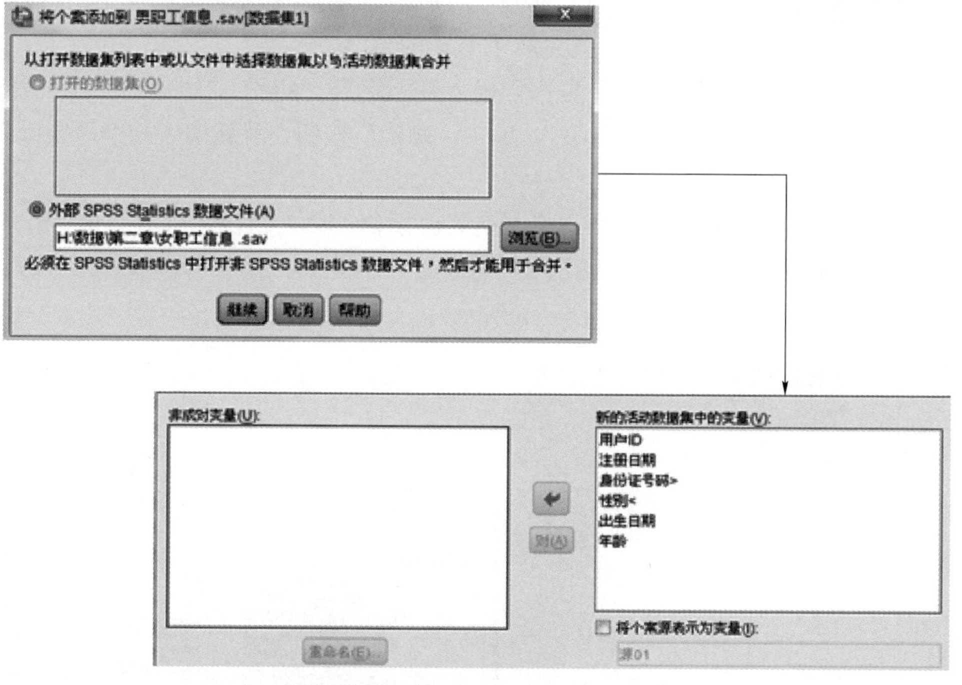

图 5－7 数据记录表的记录合并

（3）Z 标准化。Z 标准化也称标准差标准化，它是将变量中的观察值（原数据）减去该变量的平均值，然后除以该变量的标准差。经过处理的数据符合标准正态分布，即均值为 0，标准差为 1，也是 SPSS 数据分析工具中最常用的标准化方法。接下来以“用户明细”数据为例，对“年龄”进行 Z 标准化计算处理，具体操作步骤如下：

Step 01 打开“用户明细.sav”数据文件，选择“分析”→“描述统计”→“描述”命令，弹出“描述性”对话框。

Step 02 在“描述性”对话框中，将“年龄”移至“变量”框中，选中“将标准化得分另存为变量”复选框，单击“确定”按钮，就可以新增一个名为“Z 年龄”的变量，如图 5－8 所示。

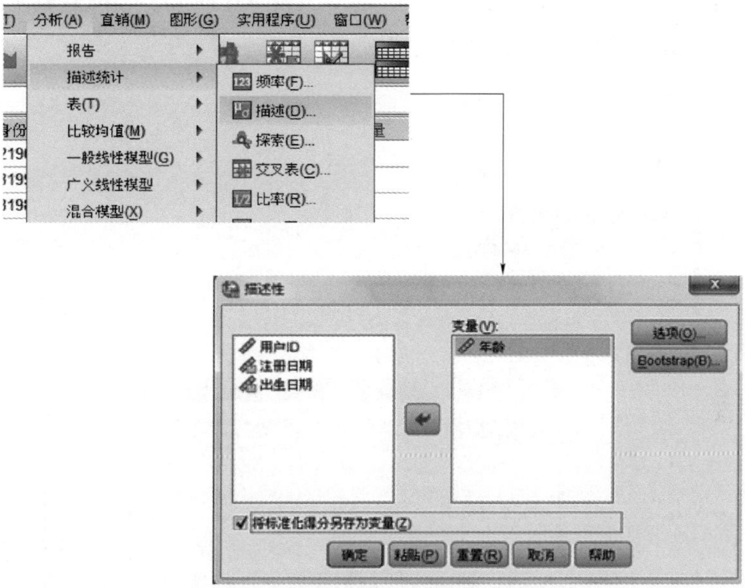

图 5－8　数据的 Z 标准化处理

3. MATLAB 数据分析工具

MATLAB 是矩阵实验室（Matrix Laboratory）的简称，是美国 MathWorks 公司出品的商业数学软件，用于算法开发、数据可视化、数据分析及数值计算的高级技术计算语言和交互式环境，主要包括 MATLAB 和 Simulink 两大部分。它将数值分析、矩阵计算、科学数据可视化及非线性动态系统的建模和仿真等诸多强大的功能集成在一个易于使用的视窗环境中，为科学研究、工程设计及必须进行有效数值计算的众多科学领域提供了一种全面的解决方案，并在很大程度上摆脱了传统非交互式程序设计语言（如 C、Fortran）的编辑模式。

MATLAB 数据分析工具的常见使用技巧如下：

（1）提高 MATLAB 的启动和运行速度。MATLAB 版本升级很快，每次升级都给用户带来很多新的工具箱，提供很多新的功能，但同时对计算机硬件配置的要求越来越高，启动和运行的速度也会越来越慢。为提高 MATLAB 的启动和运行速度，可以采取禁用 Java 虚拟机的方法来达到目的，具体操作步骤如下：

Step 01　按 Windows+R 组合键，弹出“运行”对话框。

Step 02　在“运行”对话框中输入 matlab.exe–nojvm 命令，单击“确定”按钮，然后打开 MATLAB 软件，在启动 MATLAB 时将禁用 Java 虚拟机，从而提高了 MATLAB 软件的启动和运行速度，如图 5－9 所示。

图 5－9　利用快捷键提高软件运行速度

（2）删除 MATLAB 矩阵中的奇数位元素。有时我们面对一个随机矩阵时需要删除里面的奇数位元素，这时我们可以采用下面常用的使用技巧：

Step 01　输入“>> A=fix（10*rand（1，10）+5）”，随机生成一个 1×10 的矩阵。

Step 02　输入“>> A（1：2：10）=0”，使矩阵 ***A*** 的奇数位都为 0。

Step 03　输入“A（find（A==0））= [ ]”，令矩阵 ***A*** 的奇数位的数都为空值，即输出偶数位的数字，如图 5－10 所示。

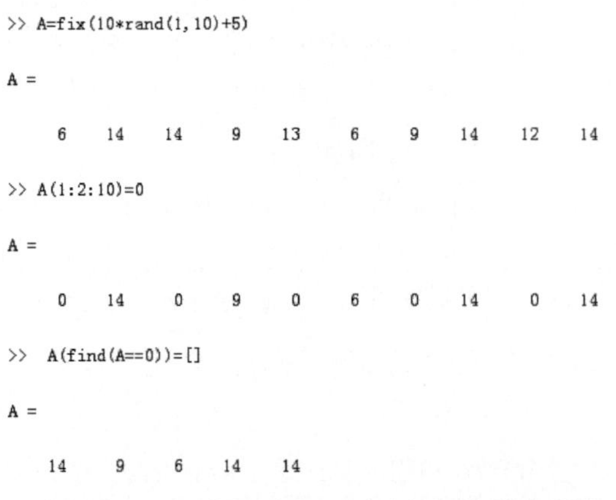

图 5－10　删除数据中的奇数位元素

（3）中断 MATLAB 运算。MATLAB 是集数学计算、图形处理和程序设计于一体的科学计算软件。在使用 MATLAB 进行编程时，难免会出现死循环的情形，下面有 3 种方法可以快速退出死循环的状态，使用技巧如下：

第一种解决方法：按 Ctrl+C 组合键，这样能够终止死循环。但这种方法并不是都有效，因为某些程序占据内存过高，不容易退出，这时我们可采取第二种解决方法。

第二种解决方法：关闭 MATLAB 软件。这种方法的缺点是不能保存 MATLAB 的中间结果。

第三种解决方法：强制关闭 MATLAB 软件。进入任务管理器（按 Ctrl+Alt+Delete 组合键），关闭 MATLAB。这种方法的缺点是不能保存 MATLAB 的中间结果。

以上就是关于数据分析工具的一些常用使用技巧，但是在决定使用哪一种工具软件时，并不能一味追求高级的分析方法。作为一名优秀的数据分析师，目的很明确，一切都以解决实际问题为中心。

5.4　电网企业数据分析可视化设计

5.4.1　可视化设计技术

1. 可视化设计技术概况

可视化设计技术通过可见的图形来表达、展现人们抽象的思维和见解，帮助人们彼此进行认知和交流。例如，产品设计师利用制图软件将其脑海中的设计绘制成三维图像，提供作为内部讨论的参考依据，在定稿后也成为对外宣传的原型。可视化设计技术也可进一步用来作为分析工具，通过大量事物数据的图形化，将抽象的数据整理成直观易懂的信息，帮助分析人员从繁杂的海量数据中发现问题。此外，还可以根据现有数据和规则建模，应用可视化设计技术进行情景模拟，预测未来的情况。

可视化设计技术的表现形式一般有以下 5 种。

（1）饼图和条形图：利用饼图和条形图，直观地了解分类变量的每个取值中包含的样本数量、样本比例等信息。

（2）散点图：是一种有用的表示两个数值型变量关系的可视化展现方式，往往在线性相关性或者拟合回归之前帮助理解变量之间的关系，可以大致看出两个变量之间的关系类型和相关强度。

（3）直方图：利用频数分布直方图，了解分类变量各个数值的频数分布情况或连续变量在一个区间内数值的频数分布情况。

（4）箱线图：利用数据中的 5 个统计量：最小值、第一四分位数、中位数、第三四分位数与最大值来描述数据的一种方法，它也可以粗略地看出数据是否具有对称性、分布的分散程度等信息，还可以识别出异常值（1.5 倍四分位距之外）。

（5）时间序列图：是一种特殊的散点图，时间作为横轴，纵轴放置不同时间点上变量的一个取值，帮助直观了解数据的长期变化趋势和季节变化规律。

2. 可视化相关技术

随着计算机技术的发展，可视化设计技术已包含科学可视化、数据可视化、信息可视化、知识可视化等一系列分支。

（1）科学可视化。科学可视化主要是对物理、化学等学科进行数据和模型的测量、分析、解释等，包括属于传统方向上的科学数据可视化、科学计算可视化、科学信息可视化，以及属于新兴方向上的知识可视化、科学概念可视化等。科学技术的蓬勃发展、科学传播氛围的日益浓厚及科学普及手段的丰富多彩，让人们有更多的机会和需求去了解最前沿、最热点、最抽象的科学信息和知识。而随着传播技术和人们阅读及学习习惯的改变，各种科研成果及与人们生活密切相关的工程成果，如航空航天、量子科学、磁悬浮、FAST（Five-hundred-meter Aperture Spherical radio Telescope，500m 口径球面射电望远镜）天文望远镜等正在不断地转化为视觉内容，并通过新媒体手段推送出来，让人们更加通俗、直观和便捷地了解本来晦涩难懂的科学。

（2）数据可视化。数据可视化技术是一种研究如何将数据转变为数据视觉表现形式的科学技术。数据的视觉表现形式是指将能够反映研究对象的属性、变量等信息单位，通过具现化以概要形式提炼出来的信息表现形式。数据可视化是通过计算机图形学和图像处理技术将数据转为图像或图形的形式显示出来，并提供交互行为的理论、方法和技术。可视化不是一个单独的算法，而是一个流程。可视化流程以数据流向为主线，包括数据采集、数据处理和变换、可视化映射和用户感知。数据是可视化的对象，数据的采集值直接决定了数据的格式、维度、准确度等重要性质，在很大程度上决定了可视化结果的质量。数据处理和变换可以认为是可视化的前期处理。原始数据不可避免地包含噪声和误差，因此首先要进行数据处理，包括对数据进行清洗、格式化、存储等。数据变换可以使用提取、聚合、分块、过滤等方法，生成适合进行可视化映射的数据表。可视化映射是整个可视化流程的核心，可视化映射将数据表通过可视化编码映射到视觉通道的不同元素，如标记、位置、形状、大小、颜色等。可视化的最终目的是让用户洞察数据和数据隐含的现象与规律，而可视化映射的表达性和有效性对数据可视化的最终效果有很大影响。因此，可视化映射的设计往往与感知、数据、人机交互方面相互依托，共同实现，而不是一个孤立的过程。用户感知是用户通过视觉系统感知可视化图表，转换成大脑信息的过程。可视化与其他数据分析方法最大的不同在于用户的关键作用，可视化映射后的结果只能通过用户感知才能转换成知识和灵感。通常，用户进行数据分析的目标任务分成 3 类：生成假设、验证假设及视觉呈现。数据可视化可用于从数据中探索新的假设，也可以证实相关假设与数据是否吻合，同时可帮助用户向他人展示数据中的信息。

（3）信息可视化。信息可视化对抽象的、非机构化数据集合实施非空间复杂数据的视觉呈现，近年来被广泛应用于电网企业大数据可视化系统的建设过程中，在反映电网运行状态、客户信息和企业管理等方面发挥了积极的作用。其中信息可视化是重要的代表，已扩展到非数值、非空间和高维领域。实际上，在激增的数据背后隐藏着许多重要的信息，人们希望能够对它进行更高层次的分析，以便更好地利用这些信息。所以，基于此描述，信息可视化可以看作从数据信息到可视化形式再到人的感知系统可调节的映射。

（4）知识可视化。知识可视化的实质是将人们的个体知识以图解的手段表示出来，从而促进知识的建构。其视觉表征是这个过程中的关键部分。因此，知识可视化的价值实现有赖于它的视觉表征形式，明确新旧知识之间的关系，以帮助建立新旧知识之间的联系。例如，在叙述中，用时间线回忆关键事件；在解说中，用流程图理清顺序；在程序中，用流程图表示组织各个步骤的位置和顺序。知识可视化的视觉表征以图形符号和文字符号作为信息载体，经过组合编码，形成符合语法结构的图形。知识可视化视觉表征主要有概念图、思维导图、认知地图、语义网络和思维地图等。

5.4.2　电网企业数据分析可视化应用

1. 电网企业大数据可视化分析

随着智能电网的不断发展，电网企业所面临的数据量越来越大，其增长速度也越来越快，数据来源更加广泛，数据种类更是呈现出多样性和复杂性，在此背景下，电网企业处理各类数据的难度将不断加大。而运用可视化技术，将数据转换成图形，有助于企业对各类数据进行更加便利且深入的挖掘与分析，为企业日常运行和未来发展提供有力的数据支撑。电网企业对数据进行的可视化主要包括以下几方面。

（1）电网运维数据可视化。在智能电网的大力建设下，智能配网技术取得了不断的突破，以往电网终端存在信息缺失的弊端，高精度配网终端数据在配电自动化系统中的接入解决了这一弊端，使得电网运维数据具备了全面性、时序性、快捷性和高维性的特点。对电网运维数据的可视化，是利用信息可视化技术，在系统主参数及配网终端数据的基础上，构建出一个全景的电网运维信息拓扑图。这种直观的展现形式方便企业对电网设备的运行状况进行检查与分析，对用户用电行为特征进行分析和预测。

（2）电网用户数据可视化。智能用电采集装置的广泛运用方便了电网用户数据信息的获取，但同时也使得用户数据量呈爆炸式增长。对电网用户数据进行可视化时，可以结合地理信息系统，绘制全方位的地区电力用户地图并有限制性地向用户开放，可以实现用户的用电互动服务，实时反馈用户的用电信息。通过对用户用电信息与其地理方位及行业的归纳整理，可以对用户用电行为与负荷特性进行可视化分析。

（3）电网管理数据可视化。电网管理数据涉及企业日常业务的方方面面，数据量大且复杂多样，因此，企业需要根据不同业务数据的特点，运用不同的可视化分析方法。例如，对财务管理系统的业务数据，可根据现金流量的特点，绘制现金流量图，并实现动态查询与分析；对电力企业全面管理数据进行可视化分析时，可以对企业的各业务流程进行梳理，构建企业经营管理在线监测信息拓扑图，实现电力企业全面管理信息可视化。

2. 可视化在电网数据分析中的应用

可视化系统作为大数据挖掘过程与处理结果的反馈终端，有许多种实现方式。对于电网企业的大数据处理与分析来说，在云存储与计算平台的基础上，使用现有的第三方可视化系统更加方便快捷，可行性高，但是利用第三方可视化系统存在交互性、功能拓展性较差的缺陷。因此，电网企业常对现有的计算处理平台、可视化系统及存储数据进行整合，自行研发、搭建适合企业业务发展的大数据可视化平台。

在可视化系统构建的过程中，企业应充分考虑不同的用户、不同的显示终端特性等，分别设计不同的个性化解决方案。同时，还应充分考虑可视分析的交互功能，通过开发交互工具，提供先进的交互技术、分析手段及可视表达，实现工作人员与大规模复杂数据之间的快速交互，发挥可视化系统的巨大潜力，挖掘大数据的附加价值。

（1）可视化技术——SVG 在电网企业数据分析中的应用。SVG（Scalable Vector Graphics，可缩放矢量图形）是基于 XML，用于描述二维矢量图形的一种图形格式。目前很多电力系统应用软件或者仿真软件（如 PowerWorld、MATLAB 等）可以做到对电力系统可视化图形的显示和支持，但是这些系统采用各自不同的实现技术和方法，不同系统之间的图形和数据共享困难，并且对于不同的操作平台系统的移植和兼容性较差。国际电工技术委员会 IEC 所提议的 IEC 61970 和 IEC 61968 已成为电力企业进行应用集成时所采用的两大标准体系，它们分别描述了能量管理系统和配电管理系统的应用程序接口。两个系列标准共同定义了一种电力系统公共信息模型（Common Information Model，CIM），它主要定义了电力系统模型交换的数据标准。SVG 作为一种图形标准，采用一定的电网图形描述格式，可以将图形对象与 CIM 数据模型对象关联起来，实现图模一体的数据模型。

由于和数据模型对象直接对应，因此在用 SVG 图形表示的电网图形，如地理接线图、厂站一次接线图等，不再是以往 EMS（Energy Management System，能量管理系统）中的简单图形，而真正成为一种可扩展可移植的图形资源。在此基础上，利用各种电网可视化技术生成新的图形，如节点电压等高线、潮流图等，这些图像集中了大量数据信息，能够辅助系统人员更有效地处理和分析纷繁的电网数据，给系统运行人员提供更加直观的操作平台。

（2）可视化技术——GIS 在电网企业数据分析中的应用。GIS 是计算机、软件、地理数据及用来有效地获取、存储、修改、操作、分析和显示所有与地理有关信息的有机集合体。它是融计算机图形和数据库于一体的信息管理系统。而 GIS 可视化技术是以计算机技术、地图技术、认知技术和信息传输技术为基础，动态、直观和形象地解释地理空间信息，并发现其中的信息规律。利用 GIS 建立电力 GIS 管理系统，就是充分利用其空间表示及空间分析能力，对输、配电线路的资料及其相关的地理信息以各种专题形式进行管理、使用，为管理部门提供更加丰富、直观的信息资料和决策依据。

基于 GIS 的统计数据可视化的流程主要包括 12 个功能模块，即行政单元选择模块、指标查询模块、表格分析模块、空间插值模块、矢量化表示模块、表格显示模块、专题图显示模块、统计图显示模块、栅格显示模块、等值线展示模块、三维展示模块和文本描述模块，各个模块以数据表格为核心，实现各个功能模块之间的关联。

天津电力公司根据大数据平台构建指导意见及各部门对业务场景的需求分析，设计出了大数据平台架构。该大数据平台将为业务系统大数据应用开发、运行提供统一的平台支撑，其总体应用架构包括数据整合、数据存储、数据计算、数据分析、平台服务、安全管理、配置管理等模块，并提供各种形式的服务，对业务应用提供支撑。在此基础上，天津电力公司设计出了基于 GIS 的电力大数据可视化平台。这是建立在空间数据库、属性数据库和其他应用系统数据库之上的公共基础平台。由于 GIS 具有公共和基础的特性，因此在此平台能建立各类需要的图形、空间分析等功能的应用系统。从应用角度出发，该平台结构如图 5－11 所示。

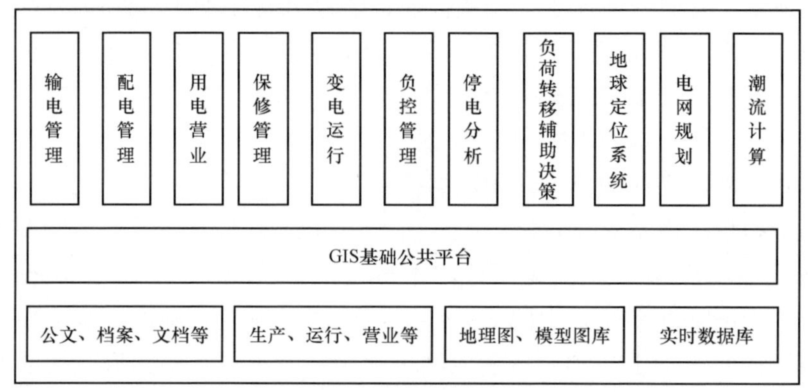

图 5－11　基于 GIS 的电力大数据可视化平台结构

（3）以 SCADA、EMS 为基础的可视化调度系统。北京电网可视化调度系统是以 SCADA、EMS 为基础的可视化调度系统，其软件结构主要包括分布内存库平台、可视化展示平台、EMS 计算服务（分为服务器端和本地端计算）、应用服务、可视化图形包（绘图包）、数据接口模块、历史数据服务、Web 数据提供、Web 内存平台、Web 数据接收、Web 实时数据服务、Web 服务器（Internet Information Service, IIS）、Web 客户界面、隔离收发模块（外部提供程序）等软件功能模块。其中，每个软件功能模块可包括多个程序模块，如分布内存库平台模块就包括历史数据存储、应用服务、EMS 计算服务、可视化显示、可视化图形包、数据接口模块等。

北京电网可视化调度系统将来源于 SCADA 的实时信息、EMS 的状态估计信息及 OMS 的管理信息进行重新整合，在北京电网主网接线图、地理接线图及母线接线图的基础上，以饼图、棒图、等高线色谱等形式动态描述电网潮流、母线电压、变压器负载、发电机有功（无功）出力及备用等电网运行数据，并在此基础上实现静态安全分析、灵敏度分析、历史数据回放、分区负荷云图等实时分析功能，为调度人员挖掘出那些对电网运行有重要影响的数据。系统能够对电网进行自由分区，并根据各区域电网实时运行状态和未来运行状态进行安全评估，进而提供辅助决策信息，是一个现代化、数字化、可视化的调度平台。该系统正式投运以来，系统运行稳定，在生产实践中发挥了积极的作用，提高了电网数据挖掘和分析水平。

第6章

电网企业项目管理数据分析

电网企业所管理的电网项目存在项目数量众多、同质性强的特点，具备典型的项目群管理特点。电网工程项目管理是指电网企业运用系统工程的观点、理论和方法对电网工程项目生命周期内的所有工作（包括项目可行性研究、项目决策、设计、采购、施工、验收、后评价等）进行计划、组织、指挥、协调和控制的过程，其核心任务是通过合理的控制实现项目的三大目标，即质量目标、造价目标和进度目标，最终实现项目的功能，以满足电网规划需要及用电需求。电网企业项目管理数据多而杂，对数据的收集整理、筛选是最基础也是最难的工作，对数据进行分析有利于企业加强质量、成本、进度等的管控力度。

6.1 配电网项目资金使用效率案例概况

配电网是由架空线路、电缆、杆塔、配电变压器、隔离开关、无功补偿器及一些附属设施等组成的，在电力网中起重要分配电能作用的网络。配电网投资及建设项目本身有多方面特点：① 投资回收期长，投资数额巨大，项目建设周期较长，资金回收是逐步进行的，相比其他建设项目而言投资效果相对滞后；② 投资转移替代性差，电网建设项目投资是在特定地点形成的固定资产，投资领域较窄，这给投资转移带来困难；③ 配电网建设项目的间接效益不容忽视，项目一旦建成，直接效益可能不明显，但其对项目所在地的社会经济发展有很大的促进作用。

近年来配电网投资不断加大，配电网建设继续保持快速发展，配电网规模不断增大。项目决策一旦失误，将无法保证配电网建设项目的有效投资回报，不仅浪费了有限的投资，还付出了机会成本的代价。配网项目点多面广，实施不确定因素多，导致实际成本难以掌控。为辅助配网项目“精准计划、精准投资、精准管理”，有必要对配电网项目资金使用情况进行统计分析，统筹各类资金使用，促进电网健康发展。

6.2　配电网项目资金使用效率数据分析

6.2.1　需求识别

配电网作为联系电力用户与发输电系统的重要枢纽，正处于快速发展的重要时期。近年来，电网企业持续投入巨大资金加快配电网建设和改造，配电网投资总体逐年递增。面对巨大的投资规模，配电网项目的资金使用效率成为电网企业重点关注的问题。然而，目前配电网投资方面仍然存在许多问题。一是配电网项目本身的建设周期长，投资大，资金回收慢，且涉及面广，投资决策复杂，在项目的实施过程中，存在大量不确定因素对项目成本造成影响，导致实际成本更加难以掌控；二是由于管理层面对配电网项目资金使用情况管控的不完备，导致目前省级电网企业普遍存在资金分配不合理、地市级电网企业投资均衡性差等问题，同时配网评价和比选领域缺乏明确的标准，从而导致配电网投资方向确定和投资项目安排等方面都存在问题，配电网项目资金使用效率存在很大的提升空间。

因此，如何最大限度地提高资金使用效率，对配电网项目进行“精准计划、精准投资、精准管理”成为电网公司亟须解决的重大问题。而要达成这一目标，其首要任务就是对当前配电网项目的资金使用情况进行梳理分析，即运用数据分析相关技术，从多个维度入手，研究公司配网项目资金的使用率，挖掘出资金异常项目存在的问题，以完善公司资金管理措施，辅助配电网投资和发展决策。

6.2.2　数据获取

本案例所使用的数据来源于电力企业的 ERP 系统。

ERP 是 21 世纪 90 年代美国一家 IT 公司根据当时计算机信息、IT 技术发展及企业对供应链管理的需求，预测在今后信息时代企业管理信息系统的发展趋势和即将发生变革所提出的一个概念。ERP 是针对物资资源管理（物流）、人力资源管理（人流）、财务资源管理（资金流）、信息资源管理（信息流）

集成一体化的企业管理软件。ERP 系统是一个在全公司范围内应用的、高度集成的系统，将原先分散在企业各角落的数据整合起来，数据在各业务系统之间高度共享，所有源数据只需在某一个系统中输入一次，保证了数据的一致性，提升了其精确性。在整合的环境下，企业内部所产生的信息透过系统将可在企业任一地方取得与应用。

在企业中，一般的管理主要包括 3 方面的内容：生产控制（计划、制造）、物流管理（分销、采购、库存管理）和财务管理（会计核算、财务管理）。这三大系统本身就是集成体，它们互相之间有相应的接口，能够很好地整合在一起来对企业进行管理。目前 ERP 系统包括以下主要功能：供应链管理、销售与市场、分销、客户服务、财务管理、制造管理、库存管理、工厂与设备维护、人力资源、报表、制造执行系统、工作流服务和企业信息系统等；此外，还包括金融投资管理、质量管理、运输管理、项目管理、法规与标准和过程控制等补充功能。

ERP 系统是将企业所有资源进行整合集成管理，简单来说，是将企业的三大流：物流、资金流、信息流进行全面一体化管理的管理信息系统。它的功能模块已不同于以往的 MRP 或 MRPII 的模块，它不仅可用于生产企业的管理，而且许多其他类型的企业如一些非生产、公益事业的企业也可导入 ERP 系统进行资源计划和管理。目前电网企业已经将 ERP 系统运用于企业日常管理当中，本案例的数据主要来源于公司 ERP 系统中的财务管理模块。

财务管理的功能主要是基于会计核算的数据，再加以分析，从而进行相应的预测、管理和控制活动。其中，财务计划是协调安排计划期内投资、筹资及财务成果，为财务管理确定具体量化的目标。财务分析是提供查询功能和通过用户定义的差异数据的图形显示进行财务绩效评估、账户分析等。财务决策是财务管理的核心部分，中心内容是做出有关资金的决策，包括资金筹集、投放及资金管理。

从 ERP 系统中抽取创建于 2009—2015 年的配网已关闭项目数据，共计项目 14 367 个，其中，计划投资数据完整项目 6576 个。对 6576 个项目进行数据分析发现，2009—2015 年公司配网项目累积下达计划投资 305.19 亿元，实际完成成本 181.63 亿元，结余资金 123.56 亿元。各年计划投资及实际完成成本如表 6－1 所示。

表 6-1　　各年计划投资与实际完成成本　　单位：亿元

年份	计划投资	实际完成成本	结余资金
2009	33.09	14.14	18.95
2010	50.41	34.41	16.00
2011	51.91	36.59	15.32
2012	44.76	26.83	17.93
2013	43.93	25.79	18.14
2014	43.80	25.63	18.17
2015	37.28	18.23	19.05
总计	305.19	181.62	123.56

项目资金使用效率用资金使用率表示，资金使用率为实际完成成本占计划投资的比例。各年的资金使用率变化情况如图 6-1 所示，2009—2015 年总资金使用率为 59.51%。总体来看，配网项目的资金使用率呈现先升高后下降的趋势，2011 年资金使用率最高，为 70.49%；2009 年资金使用率最低，为 42.72%。

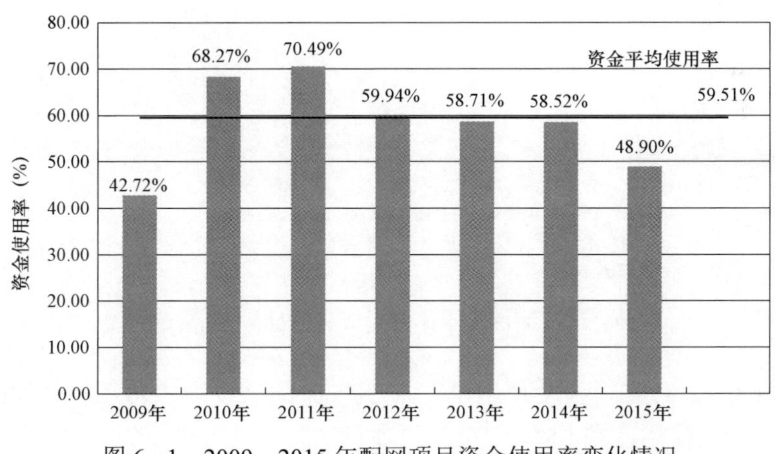

图 6-1　2009—2015 年配网项目资金使用率变化情况

6.2.3　数据处理

对数据完整的 6576 个项目进行处理，计算各个项目的资金使用率，并以 5%为跨度，对资金使用率进行划分。

由于配网项目涉及面广，投资较大，资金管理容易受公司内外因素的影响，项目的资金使用率可能存在某些异常值，因此需要对项目进行进一步处理，即数据清洗。根据资金使用率这一数据的特点，在这里选用业务判别法这一数据清洗方法。运用业务判别法识别异常值时，是根据人们对客观事物、业务等已有的认识，定义业务判别规则，识别由于外界干扰、人为误差等原因引起的异常数据。

根据企业资金管理的规则，资金使用率的取值范围为不小于 0。因此，资金使用率小于 0 时，该项目在财务管理上可能出现了人为错误，如将成本误录为负值等，因而判别该项目为资金管理异常项目；资金使用率等于 0 时，表明项目实际成本为 0，该项目并未按计划进行投资，判别为异常项目。配网项目的综合税率为 5%～6%，而 ERP 系统中项目成本不含税，因此资金使用率超过 95%的项目的最终成本已经超过计划投资，也判别为异常项目。不同资金使用率下的项目数分布情况如图 6－2 所示。

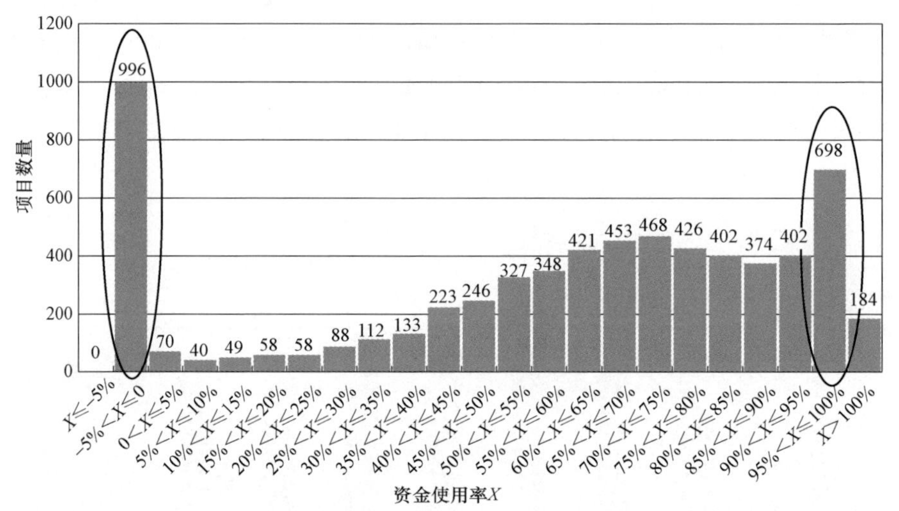

图 6－2　不同资金使用率下的项目数分布情况

由图 6－2 可知，资金使用率在－5%～0 的项目为 996 个，约占总数的 15.15%；资金使用率在 95%～100%的项目次之，为 698 个，占比约 10.61%；资金使用率超过 100%的项目有 184 个，占比约 2.80%。根据前文设定的判别规则，上述项目均为资金管理异常项目。

完成数据清洗，即剔除这些项目后，项目数量为 4698 个，2009—2015 年累计下达计划投资 214.40 亿元，实际完成成本 132.58 亿元，资金平均使用率为 61.84%。对这些项目进行进一步分析，发现资金使用率在 60%～80%的项目达 1768 个，占比约 37.63%，且资金使用率在 70%左右达到峰值，如图 6－3

所示。

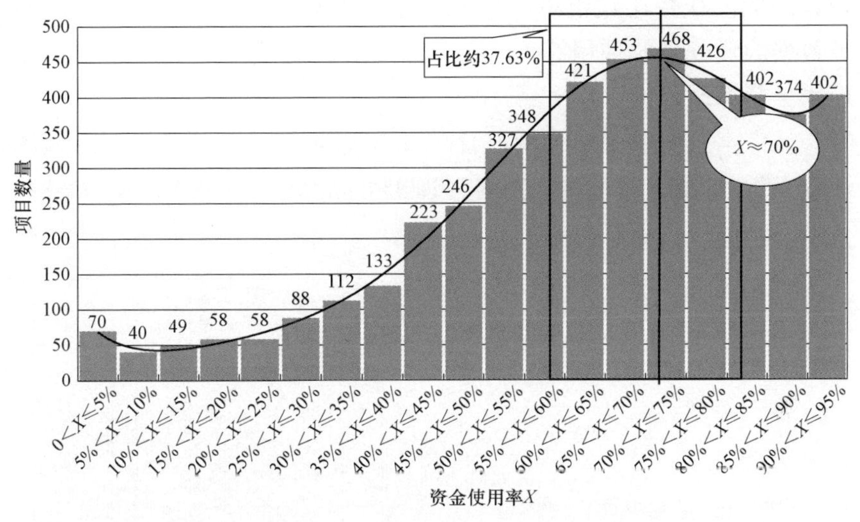

图 6－3　资金使用率峰值分析

6.2.4　数据分析

Excel 是一种基础的数据统计工具，其具有数据透视功能、统计分析功能、图表功能、自动汇总功能及拥有丰富的计算公式等优点，属于开发单机版、访问量与开发维护量都不是很大、对数据有分析建模功能的应用程序。但是大而复杂的数据和分析并不适用于使用 Excel 处理，专业性不强。Excel 中的统计分析功能包括算术平均数、加权平均数、方差、标准差、协方差、相关系数、统计图形、随机抽样、参数点估计、区间估计、假设检验、方差分析、移动平均、指数平滑、回归分析等。

在本案例中，数据量较小，且只需要对代表值进行数据分析，故选用众数法进行统计分析。使用 Excel 工具画出不同维度下资金使用效率的柱状图，并进行数据分析。

众数是指一组数据中出现次数最多的那个数据，一组数据可以有多个众数，也可以没有众数。从分布角度看，众数是具有明显集中趋势的数值。

统计上把在一组数据中出现次数最多的变量值称为众数，用 M_0 表示。它主要用于定类（品质标志）数据的集中趋势，当然也适用于作为定序（品质标志）数据以及定距和定比（数量标志）数据集中趋势的测度值。

众数是以它在所有标志值中所处的位置确定的全体单位标志值的代表

值，它不受分布数列的极大或极小值的影响，从而增强了众数对分布数列的代表性。因此，众数比较粗糙，但可在数据缺陷较大或需要快速而粗略地寻求一组数据的代表值时使用。

1. 非异常数据分析

（1）从市本级和县公司维度来看：市本级项目有 1410 个，资金使用率在 60%～80%的项目达 597 个，占比约 42.34%，如图 6－4 所示。

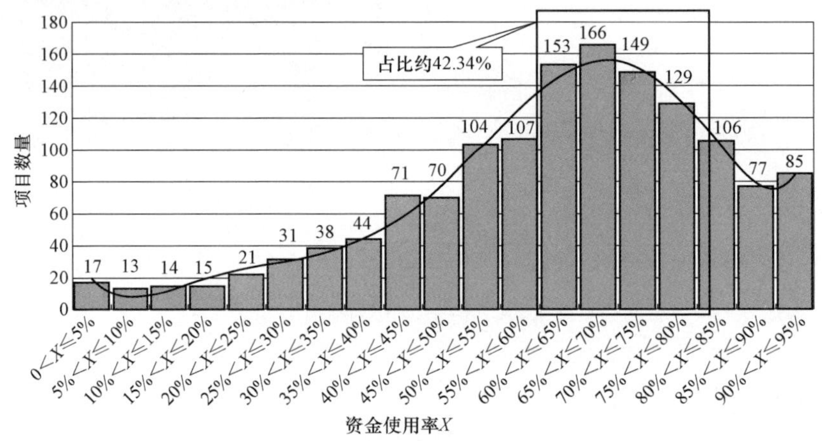

图 6－4　在市本级维度下项目的分布规律

县公司项目总数 3288 个，资金使用率在 60%～80%的项目达 1171 个，占比约 35.61%，如图 6－5 所示。

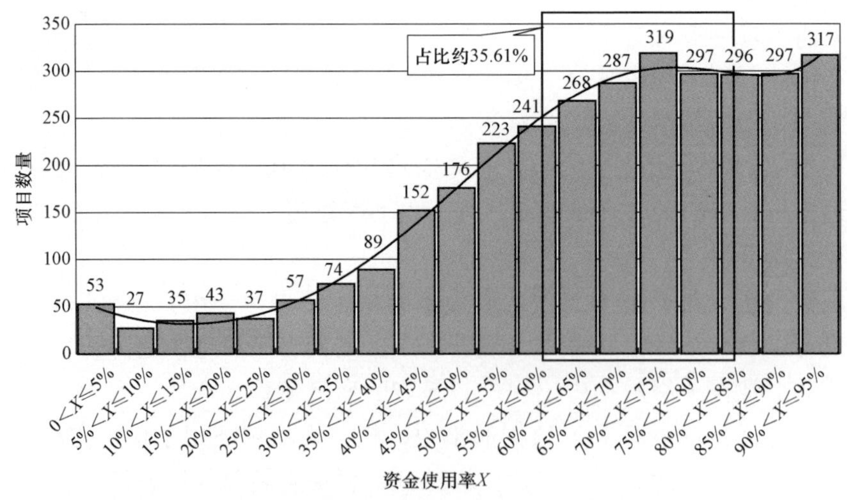

图 6－5　在县公司维度下项目的分布规律

（2）从单体和打捆两个维度来看：单体项目有 3320 个，资金使用率在 60%～80%的项目达 1262 个，占比约 38.01%，如图 6－6 所示。

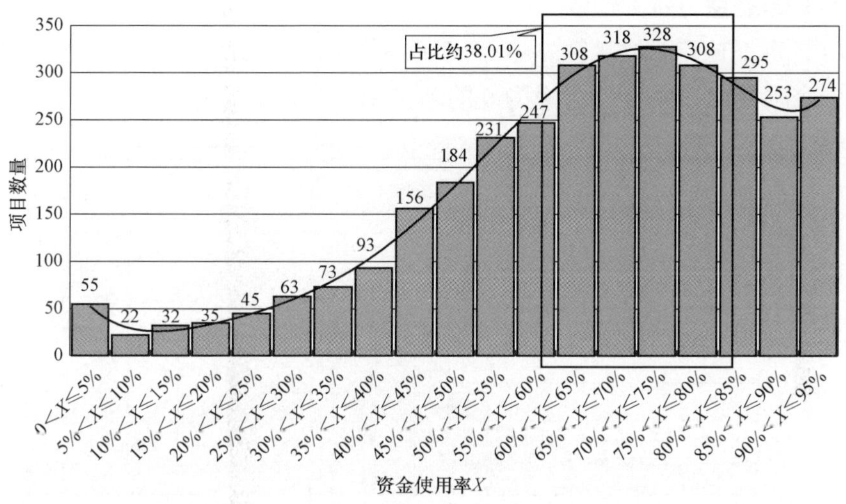

图 6－6　在单体维度下项目的分布规律

打捆项目总数 1305 个，资金使用率在 60%～80%的项目达 487 个，占比约 37.32%，如图 6－7 所示。

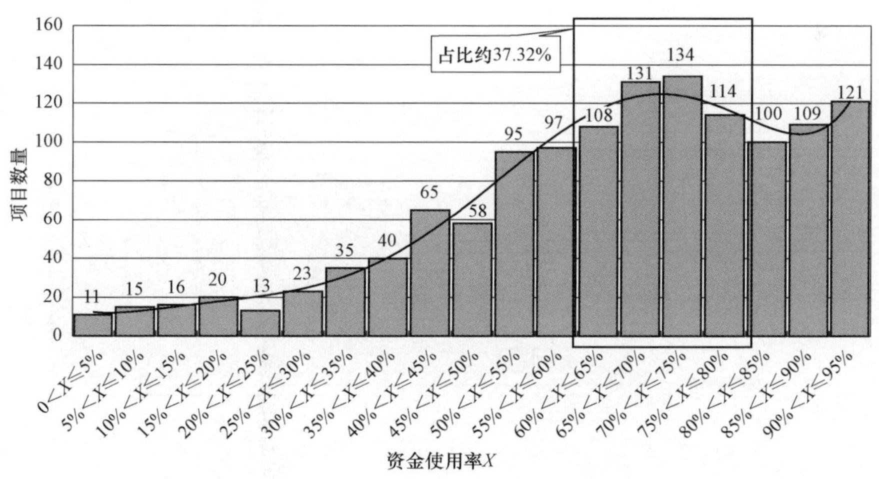

图 6－7　在打捆维度下项目的分布规律

（3）从不同年份维度来看：2013 年项目有 1519 个，资金使用率在 60%～80%的项目达 529 个，占比约 34.83%；2014 年项目总数 681 个，资金使用率在 60%～80%的项目达 242 个，占比约 35.54%；2015 年项目总数 310 个，资金使用率在 60%～80%的项目达 135 个，占比 43.55%，如图 6-8 所示。

2. 异常数据分析

（1）资金使用率在-5%～0 的项目的数据分析。资金使用率在-5%～0 的 996 个项目中，资金使用率为 0 的项目 987 个，小于 0 的项目 9 个。

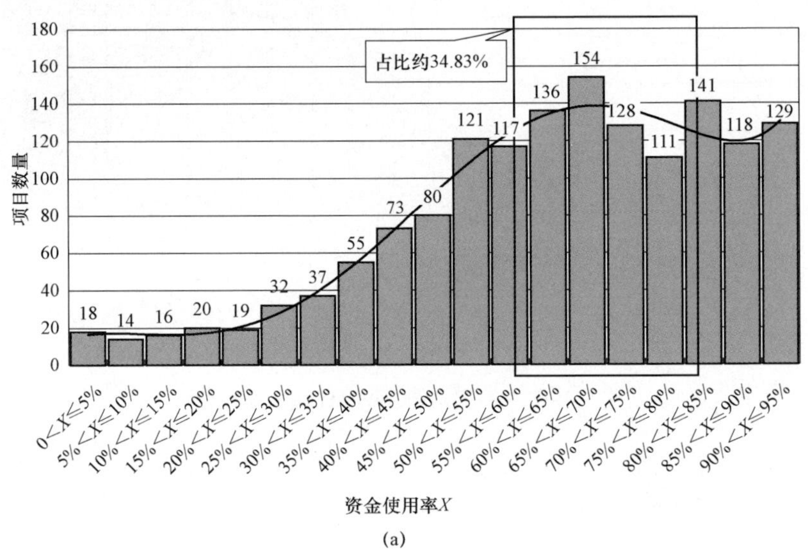

(a)

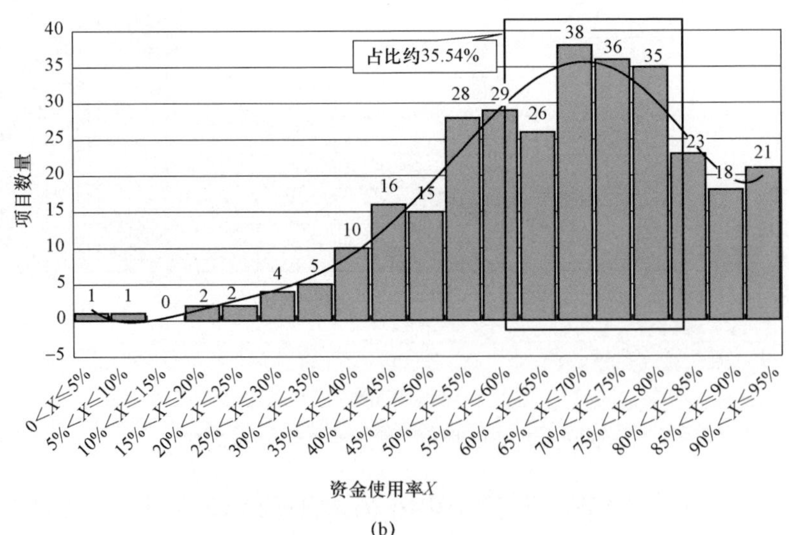

(b)

图 6-8 在年份维度下项目的分布规律（一）

（a）2013 年；（b）2014 年

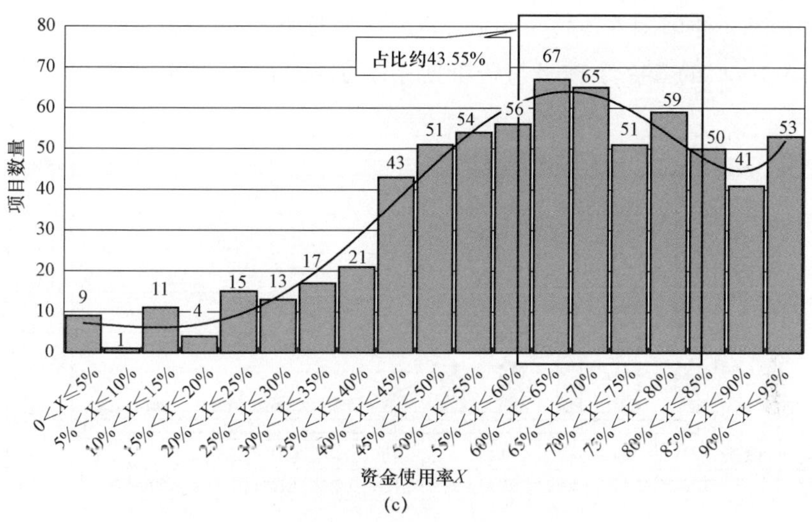

(c)

图 6-8　在年份维度下项目的分布规律（二）

（c）2015 年

按市公司本级和县公司维度对资金使用率在 -5%～0 的项目进行分析（图 6-9）：

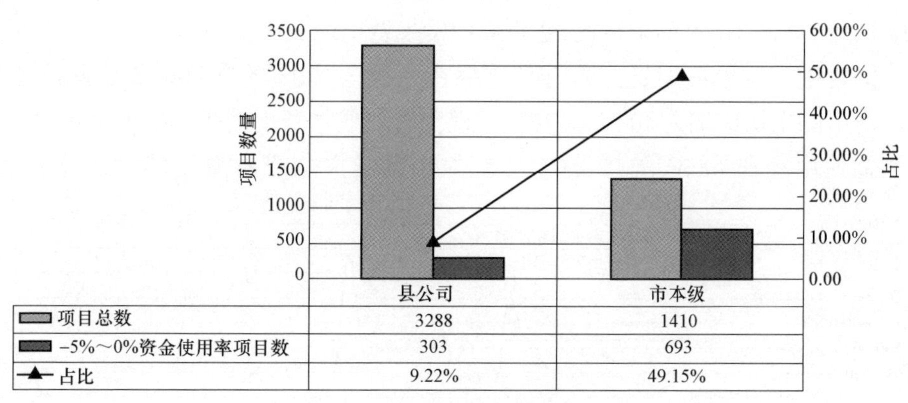

	县公司	市本级
项目总数	3288	1410
-5%～0%资金使用率项目数	303	693
占比	9.22%	49.15%

图 6-9　市本级和县公司资金使用率在 -5%～0 的项目数量对比情况

市公司本级资金使用率在 -5%～0 的项目 693 个，约占市公司本级项目总数的 49.15%；其中项目数量排名前三位的单位为××、××和××，分别为 317 个、133 个和 75 个，如图 6-10 所示。

县公司资金使用率在－5%～0 的项目 303 个，约占县公司项目总数的 9.22%，占比明显少于市公司。

（2）资金使用率在 95%～100%的项目的数据分析。对比分析资金使用率在 95%～100%的 698 个项目与资金使用率在 68%～71%的项目。

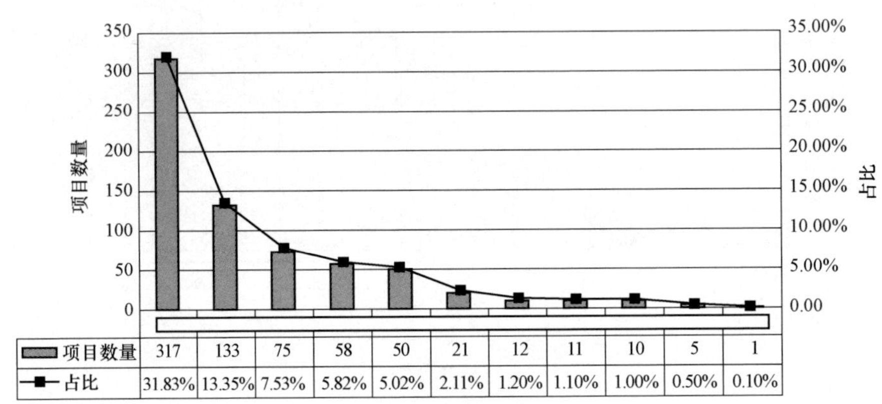

项目数量	317	133	75	58	50	21	12	11	10	5	1
占比	31.83%	13.35%	7.53%	5.82%	5.02%	2.11%	1.20%	1.10%	1.00%	0.50%	0.10%

图 6－10　市本级资金使用率在－5%～0 的项目数量分布情况

按时间维度对比，资金使用率在 95%～100%的项目发生在 12 月的成本是当年其他月份的 2.5～3 倍；而资金使用率在 68%～71%的项目，发生在 12 月的成本尽管较当年其他月份也有增加，但增加幅度相对较小，如图 6－11 所示。资金使用率在 95%～100%的项目在 12 月集中发生费用现象更加明显。

按费用类别维度对比，资金使用率在 95%～100%的项目设备购置费占总成本费用的平均比例为40.68%，安装工程费占总成本费用的平均比例为49.32%；而资金使用率在 68%～71%的项目设备购置费占总成本费用的平均比例为

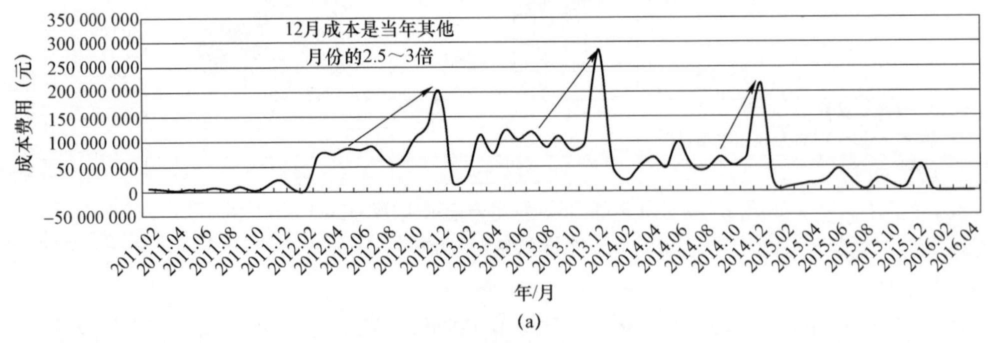

(a)

图 6－11　不同资金使用率下成本发生时间情况对比（一）

（a）资金使用率在 95%～100%的项目

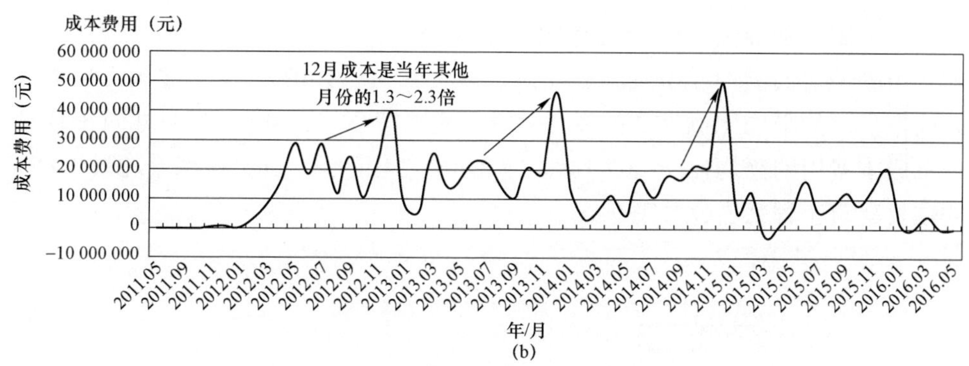

图 6－11　不同资金使用率下成本发生时间情况对比（二）

（b）资金使用率在 68%～71%的项目

54.67%，安装工程费占总成本费用的平均比例为 35.77%，如图 6－12 所示。两者成本中主要费用组成存在明显差异。

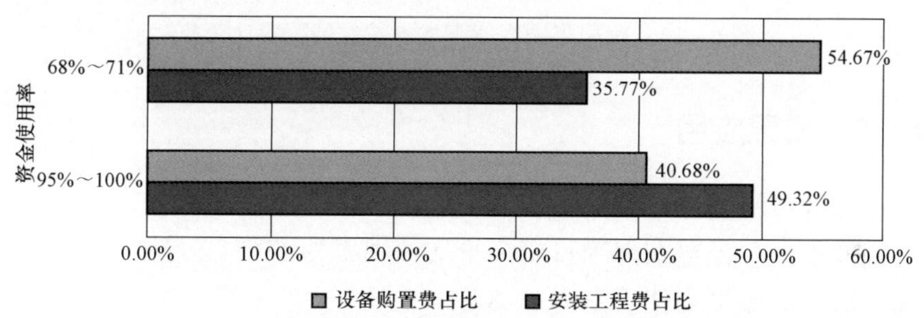

图 6－12　费用类别维度下成本发生情况对比分析

（3）资金使用率超过 100%项目的数据分析。从时间维度来看，资金使用率超过 100%的项目，2012 年大部分月份发生成本明显偏高于其他年度同期水平，2012 年 12 月尤为明显，如图 6－13 所示。

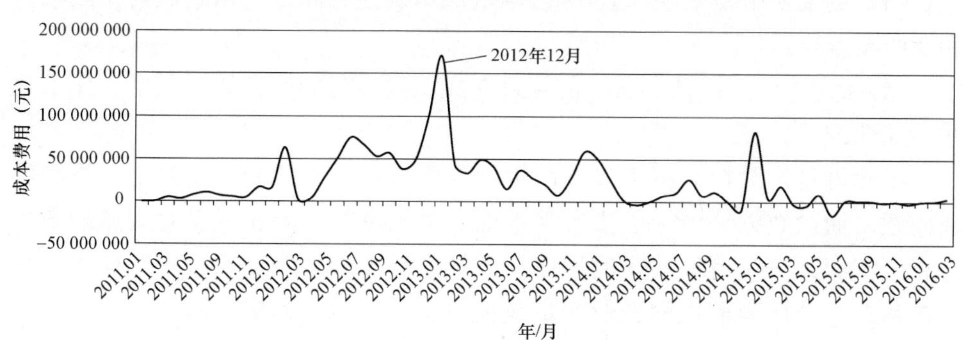

图 6－13　资金使用率超过 100%的项目成本发生时间情况

按费用类别维度对比，资金使用率在68%～71%的项目建筑工程费占总成本费用的平均比例为1.66%，资金使用率在95%～100%的项目建筑工程费占总成本费用的平均比例为2.92%，而资金使用率超过100%的项目建筑工程费占总成本费用的平均比例为7.18%，如图6－14所示。资金使用率超过100%的项目建筑工程费占比显著偏高。

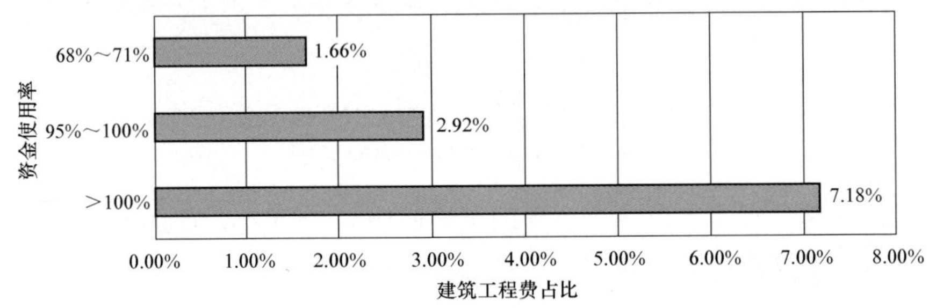

图6－14　费用类别维度下成本发生情况对比分析

6.2.5　成果应用

通过对公司配网项目资金使用效率的分析，得出以下结论：

（1）近年来，公司配网项目资金平均使用率为59.51%，剔除疑似管理异常的项目后，资金平均使用率为61.84%。

（2）剔除疑似管理异常的项目后，资金使用率在60%～80%的项目分布最多，典型值约为70%。

（3）资金使用率在－5%～0的项目，归属于市公司本级的项目数量较多，且占比远高于县公司。

（4）资金使用率95%～100%的项目成本发生时间及费用组成与一般项目存在明显差异。

（5）资金使用率超过100%的项目在成本发生时间和建筑工程费占比上存在特殊性。

由此可见，数据分析不仅是简单的分析数据，而是为了更好地分析和解决问题。通过数据分析，以事实为基础，按照事物的内在联系对大量的数据进行分析和计算，遵循科学的程序，进行逻辑推理，发现项目资金使用中存在的问题，分析当前电网企业产生现有问题的原因，为解决问题提供具体的方向。例如，要减少资金使用率在－5%～0的项目的数量，工作重心就应当放在市公司本级的项目中。此外，通过对历史数据的分析及内外部环境的研究判断，可以有效预测未来项目的资金使用率的高低，以此为依据，各级电力公司可进一步优化资源配置，提高关键环节决策的科学性和规范性，以提高资金使用率。

电网企业生产运行业务数据分析

电网企业生产运行业务主要有调度、输电、运行、维护、检修和技术改造等，其中电力调度的运行管理工作至关重要。随着我国经济的快速发展，电力需求量迅速提升，电力系统的安全稳定运行也日益重要。而在实际运行过程中，电网企业仍然面临着一些问题，如突发系统故障、电能质量问题等。进行有效的数据分析可以帮助解决生产运行中的问题，常用的数据分析方法有数据的描述性分析、线性回归分析、方差分析、主成分分析和典型相关分析、判别分析、聚类分析、Bayes 统计分析等，选择适当的数据分析方法可以描述数据的偏度、峰度、离散趋势、集中趋势，研究数据之间是否存在依存关系，对具有依存关系的数据探讨相关方向及相关程度。

7.1 特殊电力用户评估案例概况

社会数字化、信息化的高速发展，对电能质量提出了更高的要求。与此同时，电力系统中存在着大量非线性、冲击性和波动性负荷，这些负荷造成电网发生波形畸变（谐波）、电压波动、闪变、三相不平衡、非对称性，严重影响电能质量。

通过分析污染源产生的机理，典型电能质量干扰源设备可归纳为 3 类：

（1）非线性负荷类（冲击负荷类），造成功率急剧变化（冲击特性），引起谐波及电压波动等。

（2）大容量电力电子设备类，开关元器件的高频投切，引起谐波（无冲击特性），集中在几类特殊行业。

（3）大容量电力电子设备，同时又存在冲击特性（可归到冲击负荷类）。

7.2　特殊电力用户评估数据分析

首先，本案例通过 DBSCAN 聚类分析和标准差处理筛选出负荷冲击类用户；其次，将上述筛选出来的标准差大于 30%的冲击类用户根据信息特征，建立对比模型，筛选出中频炉用户；最后，将光伏总容量超过配变容量 25%的台区列为重点监测光伏用户。

7.2.1　需求识别

随着国民经济的发展，用电负荷日趋复杂化和多样化，大量具有非线性、波动性、冲击性和不平衡性负荷的广泛使用，导致电能质量日益下降；同时，现代工商业大量使用的计算机系统、快速发展的高新技术产业对电能质量的要求越来越高，尤其是一些电能质量敏感企业一旦发生问题，会产生很大的经济损失。电能质量涉及国民经济各行各业和人民生活用电，优质的电力可以提高用电设备效率，增加使用寿命，减少电能损耗和生产损失。电能质量关系到电力可持续发展，也关系到国民经济总体效益，是实现节约型社会的必要条件之一。

本案例旨在通过建立识别模型，利用系统中已有的历史数据，采用聚类分析等数据分析方法，识别出电网中对电能质量造成影响的上述特殊电力用户，并实现特殊电力用户监控全覆盖，为下一步电能质量治理打下良好的基础。

7.2.2　数据获取

本案例以 A 地区电网为分析对象，提取电力营销管理系统、电能质量监测与分析系统中的明细数据进行分析。

电力营销管理系统是一个综合性的管理系统，电力营销管理信息系统包括客户服务、业扩报装管理、日常营业管理、电能计量管理、电量电费管理、用电检查管理、电力市场需求管理、综合分析决策管理等内容，设立相应的数据库和应用服务器，承担供电公司电力营销业务。电力营销管理系统的数据处理单元能够进行数据合理性检查、数据计算、分析和一体化数据存储管理。

电能质量监测与分析系统通过计算机技术、数据库技术、网络通信技术将电网中各个监测点结合，构建成一个完整的电能质量监测网络系统，目的在于实现对电网各项电能质量指标的在线监测和统计分析。整个系统软件从功能上可以分为监测单元、通信服务、数据库、监测与分析平台等多个子系统。

从电力营销管理系统数据库中获取481户容量超过500kVA的大工业用户一年内日负荷特征数据，并从电能质量监测与分析系统中获取冲击特性明显的电力用户 30 户、非冲击负荷类电力用户 30 户，作为下列数据分析过程的基础数据。

7.2.3 数据处理

1. 数据筛选

电能质量在空间和时间上均处于动态变化之中，宜用概率统计结果来衡量，国家标准中普遍采用 95%概率大值作为衡量是否超标的依据。若要更好地了解电能质量状况，应安装电能质量监测装置长时间监测评估。由于电网中电力用户众多，全面铺开难以实现且没有必要，所以本节通过 DBSCAN 聚类分析方法对电网中对电能质量造成影响的特殊电力用户进行筛选，作为数据分析的对象。

聚类方法主要有分层聚类、划分聚类、密度聚类、网络聚类和模型聚类等。绝大部分划分方法是基于对象之间的距离进行聚类，这样的方法只能发现球状的簇，而不能发现其他形状的簇。而 DBSCAN 是一个典型的基于密度聚类的方法，它根据一个密度阈值来控制簇的增长，只要邻近区域的密度（对象或数据点的数目）超过某个阈值，就继续聚类。也就是说，对给定类中的每个数据点，在一个给定范围的区域中必须至少包含某个数目的点。这样密度聚类方法在处理空间数据时具有快速、有效处理噪声点和发现任意形状的聚类等优点。

将获取到的481户500kVA以上大工业用户一年内日负荷特征数据通过平均负荷、最大负荷这两个纬度进行 DBSCAN 聚类，从而剔除差异较大的时日，具体操作如下：

（1）选取一年内日负荷特征数据的平均负荷作为 X 轴，最大负荷作为 Y 轴，构造数组（X，Y），作为 MATLAB 的输入值；

（2）输入搜索半径 Eps、密度搜索参数 Minpts。

用户日负荷特征聚类结果如图 7－1 所示。

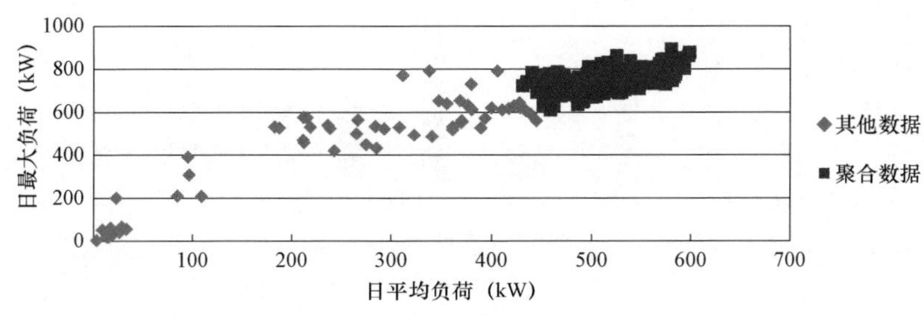

图 7－1　用户日负荷特征聚类结果

2. 数据清洗

对容量超过 500kVA 的大工业用户一年内的负荷数据（包括日期、有功功率、无功功率、电流数据等）进行处理，进一步通过负荷数据的标准差判定冲击负荷特性。

该厂区内运行设备固定，采样点太少，反映不出实际特征，因此该厂区就采用用电特性随机采样的方法，对多日的负荷数据进行筛选、处理。但由于采集系统传输的数据为 15min 一次，将该负荷数据拟合成曲线后，该类特征已不明显，无法区分是否存在冲击特性。根据大工业客户一年内的负荷数据的特征（包括日期、平均负荷、最大负荷、最大负荷发生时间等），在这里将一年内日负荷特征数据通过平均负荷、最大负荷这两个纬度进行 DBSCAN 聚类，剔除数据异常、差异较大的时日，筛选出数量最多的一类作为用户正常运行的时日。

7.2.4　数据分析

1. 冲击负荷类用户

将数据处理中筛选出的数量最多的一类作为用户正常运行的时日（一般 150～200 日的数据），并提取正常运行日期负荷最高点前后半个小时内的负荷数据（n，800～1000 个离散数据）。按其日最大负荷归一处理后，计算这些数据的标准差（标准差能反映一个数据集的离散程度），公式如下：

$$\delta=\sqrt{\frac{\sum_{i=1}^{n}(x_i-\overline{x})^2}{n-1}} \tag{7-1}$$

对选取的 30 户冲击特性明显的电力用户和 30 户非冲击负荷类电力用户，采用上述算法计算标准差。标准差计算值统计如图 7－2 所示。

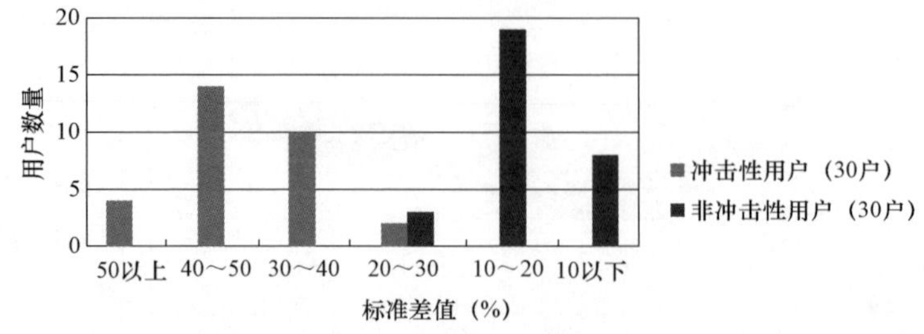

图 7－2　标准差计算值统计

根据统计结果，评估标准为如下：

＞30%：Ⅰ类冲击负荷类用户；

20%～30%：Ⅱ类冲击负荷类用户；

＜20%：非冲击负荷类用户；

——Ⅰ类、Ⅱ类表示对可能性的分级。

2. 中频炉用户

中频炉是一种将工频 50Hz 交流电转变为中频（300Hz 以上至 1000Hz）的电源装置（大容量电力电子设备），且由于其容量大，负荷变化快，存在冲击特性，对电网影响很大，需进行单独识别监管。这里对Ⅰ类冲击负荷类用户进行进一步筛选，根据特征信息，建立比对模型，筛选出中频炉用户。

（1）取数规则。筛选谷电价时段运行的用户，筛选规则如下：

提取每日 9:00—17:00 的负荷数据，若平均负荷＜配变容量 20%，则判定白天无负荷。90 日内白天无负荷天数大于 60%，则判断为晚上运行用户。

（2）中频炉用户判定方法。中频炉用户的用电特征如下：

1）中频炉负荷占配电变压器容量 80%以上；

2）基本为晚上满负荷运行；

3）启动后，电流快速上升，满负荷或过负荷运行（波动明显）；

4）一个晚上由若干个运行周期组成。

将（1）中筛选出的晚上运行用户典型日的负荷数据拟合成负荷曲线，然后再比对中频炉用户的几个特征，筛选出中频炉用户。

3. 重点监测用户

电力电子设备主要集中在电车、地铁、轻轨、电动汽车充电桩、高压直流换流站、风电场及光伏电站等。A 地区以光伏电站为主，其他用户较少。因此，这里以 A 地区重点监测光伏用户为例进行分析。

分布式光伏电站大量采用逆变器等电力电子设备，且发电容量波动大，影响的电能质量主要指标有谐波、闪变。重点监测的对象包括：

（1）并网容量较大的企业光伏用户（10kV 接入分布式光伏用户）；

（2）户用光伏并网容量较大的台区。

此处以台区为单位，在电力营销管理系统中导出已并网的光伏用户，统计各台区并网总容量，当总容量超过该台区配电变压器容量的 25%时，列为重点监测对象。重点监测光伏用户统计表（部分）如表 7－1 所示。

表 7－1　　重点监测光伏用户统计表（部分）

序号	台区	运行容量（kVA）	光伏容量（kWp）	占比（%）
1	A 村 1 号变压器	400	189.26	47.3
2	B 村 1 号变压器	630	165.32	26.2
3	C 村 3 号变压器	400	154.33	37.6
4	D 村 1 号变压器	400	151.14	37.8
5	E 村 1 号变压器	315	132.22	42.0
6	F 村 2 号变压器	400	130.02	32.5
7	G 村 1 号变压器	315	127.87	40.6
8	H 村 2 号变压器	630	133.56	21.2
9	I 村 1 号变压器	630	180.18	27.6
10	J 村 1 号变压器	400	133.6	33.4
11	K 村 3 号变压器	400	170	42.5
12	L 村 1 号变压器	315	115.29	36.6
13	M 村 2 号变压器	400	152.4	37.1
⋮	⋮	⋮	⋮	⋮
2914	N 村 1 号变压器	400	79.6	19.9
2915	O 村 1 号变压器	630	167.84	26.8
2916	P 村 1 号变压器	630	154.98	24.6
2917	Q 村 2 号变压器	315	117.18	37.2
2918	R 村 1 号变压器	400	164.8	41.2
2919	S 村 3 号变压器	400	100.4	25.1
2920	T 村 1 号变压器	315	120.96	37.4
2921	U 村 1 号变压器	630	147.68	23.6
2922	V 村 2 号变压器	315	115.29	36.6
2923	W 村 1 号变压器	400	118	29.5
2924	X 村 1 号变压器	630	156.87	24.9

对 A 地区的 2924 户居民光伏用户统计分析后，得到重点监测台区 34 个。

随着 A 地区分布式光伏的大量接入，农村电网的运行方式发生了重大改变，对相关指标进行重点监测，有助于防范运行风险，及时做出应对措施。

7.2.5 成果应用

通过数据获取、数据处理和数据分析的步骤，可以得到有效的数据成果，有助于做出科学合理的建议和决策。本小节运用前文得到的数据成果，结合描述性分析的方法，对 A 地区用户做总体统计，了解总体情况，提出针对性的建议。

根据评估原则，可筛选出 A 地区 I 类冲击负荷类用户 147 户（其中中频炉用户 85 户，冲击负荷类用户 62 户），重点监测台区 34 个；经现场核实，确定中频炉用户 77 户（识别准确率 90.6%），冲击负荷类用户 47 户（识别准确率 75.8%）。对已核实的中频炉用户及冲击负荷类用户的标准差值进行统计，如图 7－3 所示。

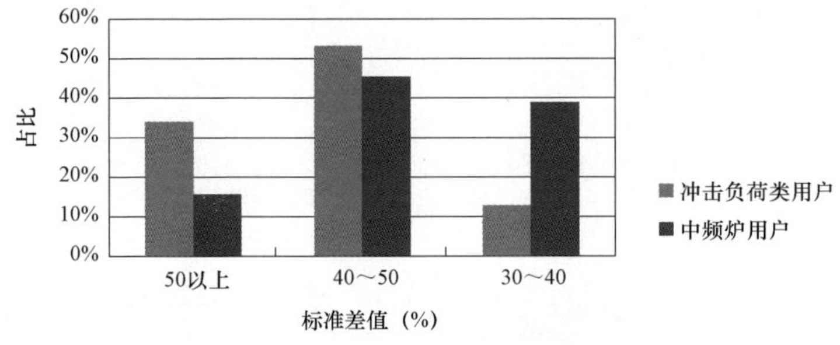

图 7－3 特殊电力用户标准差值统计表

分析得到，冲击负荷类用户标准差值多集中于 40%以上，而中频炉用户主要集中在 30%～50%。

1. 特殊电力用户监测全覆盖

在特殊电力用户监测全覆盖方面，可通过统计监测用户数量以确定是否实现特殊电力用户全覆盖。通过现场加装电能质量在线监测装置，确定是否需要长时间监测。

根据数据成果统计，电能质量监测系统中监测用户 62 户，其中 10kV 光伏接入用户 12 户，冲击负荷类用户 10 户，中频炉用户 40 户，并未实现特殊电力用户全覆盖。从筛选出的特殊电力用户中随机挑选出 4 户（冲击负荷类 2 户，中频炉 2 户），现场加装电能质量在线监测装置，测量其各项电能质量指标。新增监测用户测量结果如表 7－2 所示。

表 7－2　　新增监测用户测量结果

测点名称	电压谐波情况	电流谐波情况
××球墨铸造厂（中频炉）	11 次、13 次不合格	合格
×××机械厂（中频炉）	合格	5 次、7 次不合格
×××机械厂（冲击负荷类）	16 次、18 次不合格	15 次、16 次、18 次不合格
××五金厂（冲击负荷类）	合格	合格

根据测量结果，××球墨铸造厂（中频炉）电压谐波情况 11 次、13 次不合格，电流谐波情况合格；×××机械厂（中频炉）电压谐波情况合格，电流谐波情况 5 次、7 次不合格；×××机械厂（冲击负荷类）电压谐波情况 16 次、18 次不合格，电流谐波情况 15 次、16 次、18 次不合格；××五金厂（冲击负荷类）电压谐波情况合格，电流谐波情况合格。筛选出的几类电力用户谐波超标的概率很高，因此需进行长时间监测（在线监测）。

2. 台区电能质量问题识别

在台区电能质量问题识别方面，通过对某条变电线路晴天及阴雨天的三相电流曲线作对比，识别电能质量问题。

根据数据成果统计，A 地区居民光伏用户共计 2924 户，分析得到重点监控台区 34 个；并网户数最多的为 A 村 1 号变压器，共计 25 户，其并网总容量 189.26kWp，占比为 47.3%。重点监测光伏用户统计情况如表 7–3 所示。

表 7－3　　重点监测光伏用户统计表（部分）

序号	台区	运行容量（kVA）	光伏容量（kWp）	占比（%）	供电线路
1	A 村 1 号变压器	400	189.26	47.3	A 线支线
2	B 村 1 号变压器	630	165.32	26.2	B 线支线
3	C 村 3 号变压器	400	154.33	37.6	C 线支线
4	D 村 1 号变压器	400	151.14	37.8	D 线支线
5	E 村 1 号变压器	315	132.22	42.0	E 线支线
6	F 村 2 号变压器	400	130.02	32.5	F 线支线
7	G 村 1 号变压器	315	127.87	40.6	G 线支线

经现场核实，A 村 1 号变压器，各相接入容量统计如表 7－4 所示。

表 7-4　　　　A 村 1 号变压器各相接入容量统计

台区	总容量（kWp）	A 相接入（kWp）	B 相接入（kWp）	C 相接入（kWp）	三相接入（kWp）
A 村 1 号变压器	189.26	106.575	32.35	30.335	20

分别选取晴天及阴雨天的 A 村 1 号变压器的三相电流曲线作对比，如图 7-4 和图 7-5 所示。

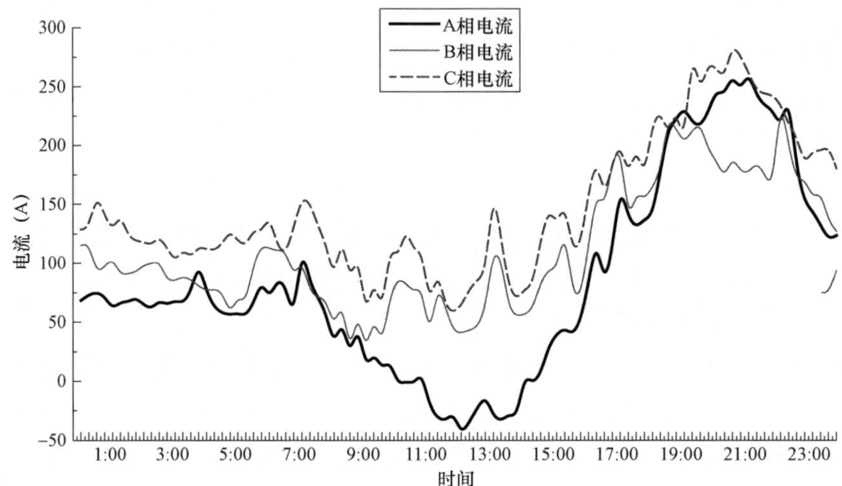

图 7-4　三相电流曲线图（晴天）

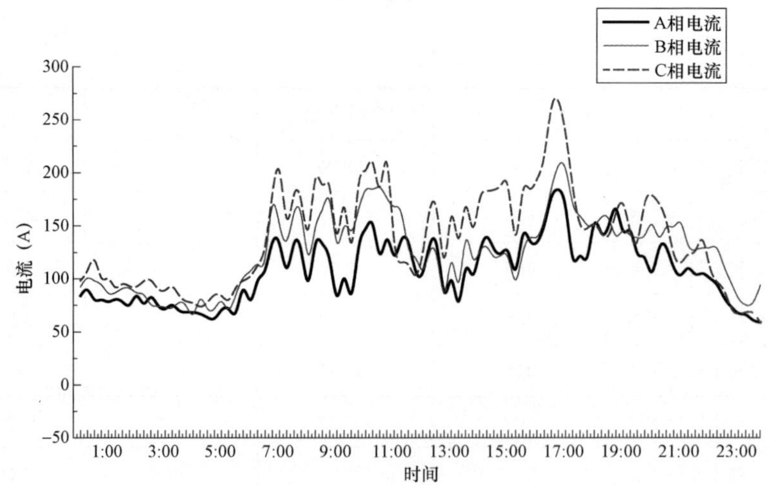

图 7-5　三相电流曲线图（阴雨天）

根据对比结果，光伏接入后，加剧了台区三相不平衡。因此，对筛选出的台区，应重点关注三相不平衡指标。

3. 重点监控区域图

在重点监控区域图方面，通过绘制用户地理位置信息图及用户热力图，可以清晰地反映出重点监控区域。

PMS 2.0 系统中增加应用功能，添加特殊电力用户标签，将便于运行管理。其具体操作方法为在电力营销业务应用系统“客户信息统一视图”中添加特殊电力用户标签。在用户地理位置信息图中，用不同颜色的定位点在地区地图上标注特殊电力用户所在位置，能够清晰地反映出该地区电网重点监控区域；在用户热力图中，可以用特殊高亮的形式表示出不同地区的用户用电情况。

4. 重点监控线路

在重点监控线路方面，通过统计分析确定特殊电力用户接入情况，形成重点监控线路，通过记录线路故障次数，筛选出重点监控线路。

案例中，根据对冲击负荷类用户、中频炉用户所接线路的统计分析，冲击负荷类用户接入分散，而中频炉用户接入的线路较为集中，各污染源之间交互影响，对线路的运行产生重大影响；统计得到特殊电力用户接入较多的线路 8 条（接入总容量 4000kVA 以上的 8 条，其余线路接入户数均不超过 3 户），形成重点监控线路清单。重点监控线路（部分）如表 7－5 所示。

表 7－5　　重点监控线路（部分）

重点监控线路名称	中频炉用户户数	容量	冲击负荷类用户户数	容量
A 线	7	5340kVA	0	0
B 线	5	4310kVA	1	800kVA
C 线	5	4120kVA	0	0
D 线	2	1340kVA	3	4050kVA

对 2016 年 8 月—2017 年 8 月配网运行日志汇总表及继电保护及自动装置动作记录中线路故障次数进行统计，得到线路故障统计表，如表 7－6 所示。

表 7－6　2016 年 8 月—2017 年 8 月重点监控线路故障统计表（部分）

线路名称	继电保护动作次数	线路故障次数
A 线	6 次	15 次
B 线	3 次	18 次
C 线	2 次	11 次
D 线	5 次	12 次

根据统计结果，A 线继电保护动作次数为 6 次，线路故障次数为 15 次；B 线继电保护动作次数为 3 次，线路故障次数为 18 次；C 线继电保护动作次数为 2 次，线路故障次数为 11 次；D 线继电保护动作次数为 5 次，线路故障次数为 12 次。重点监控线路均为故障次数较多的线路（前 20%），因此需对这些线路进行重点监控，且应重点关注谐波等电能质量问题对线路安全运行造成的影响。

第 8 章 电网企业经营业务数据分析

在新一轮电力体制改革中，电力市场环境的变化对电网企业的经营管理水平提出了更高要求，且在市场经济快速发展和企业社会责任不断增强的背景下，降低企业生产成本和管理成本，提高企业经营效益是打造电网企业国际品牌，树立行业典范的重要手段。因此，本章选取电网企业经营业务的典型案例进行数据分析，分析电网企业生产经营的特点，识别经营业务指标管控的关键与重点，辅助电网企业提高经营效率。

8.1　电网企业经营业务案例概况

电网企业的经营业务主要包括：从事电力购销业务，负责所辖各区域电网之间的电力交易和调度；参与投资、建设和经营相关的跨区域输变电和联网工程；根据国家有关规定，经有关部门批准，从事国内外投融资业务；经国家批准，自主开展外贸流通经营、国际合作、对外工程承包和对外劳务合作等业务；从事与电力供应有关的科学研究、技术开发、电力生产调度信息通信、咨询服务等业务；经营国家批准或允许的其他业务。

随着电力市场化改革的不断推进，电网企业经营效益受众多因素的影响不断复杂化，如何从众多的影响因素中挖掘关键信息，如何利用这些信息为电网企业效益和风险进行预测分析及经营问题改进已经成为电网企业管理的重点。

8.2 基于数据挖掘技术的经营业务数据分析

8.2.1 需求识别

按照电力体制改革要求，电网企业将转变输配电价核定方式，按照“准许成本加合理收益”的原则进行收费，这将加强对电网企业投资行为、成本及生产经营效率的监管。未来电网企业将面临现金流缩减、投资能力减弱、电网投资受政府管控的局面。电网企业具有数量庞大、种类繁多的输电、变电、配电等电网实物资产，面临电网建设、技术改造、检修运维的资金投入体量大，管理复杂等生产经营问题。为解决当前存在的问题，更好地迎接即将面临的挑战，需对电网企业经营业务进行分析，找出生产经营过程中存在的问题，并制定科学、合理的经营策略，促进电网企业可持续发展。

8.2.2 数据获取

某地区各市县公司在2015—2017年度的经营过程中，随着电网建设规模的扩大，运维成本不断增加，各公司盈利水平受到很大影响。这部分经营业务具有一定的代表性，故选取其作为电网企业经营业务的案例进行分析。

根据案例分析需要，收集所选地区各市县公司2015—2017年度在经营管理过程中产生的业务数据，包括人员组织、财务、物资、项目、资产、客户等核心业务数据。数据收集工作主要从两方面展开。首先，从所选地区电网企业管理平台获取每月推送的部门月度数据，作为案例分析的基础数据；其次，通过征求专业部门的意见，选取部分重要指标作为补充数据。通过以上两种途径，共收集包含了人资、财务、物资、调控、发策、营销、运检、基建等各专业的522组，共56 335个数据。

8.2.3 数据处理

1. 数据筛选

首先，利用数据筛选软件，进行数据重复筛选、数据唯一筛选及数据彼此相消减，获得数据交集，进行数据对应，完成数据初步筛选；其次，利用SPSS软件，采用分类方法进行数据筛选，选择合适的指标作为数据分析样本，并根据数据分析过程中数据分析的需要，从选取的数据样本中按一定的比例随机抽取数据用于模型训练、模型验证和模型测试进行样本划分。

经过数据筛选，获得的经营业务数据主要包括该地区 1 个市级公司和 7 个县级公司的主营业务利润率、单位电量运行维护成本、售电量、电网资产运维成本、检修运维成本及这些指标的同比增减率。

2. 数据清洗

将经过筛选后的数据导入数据库，进行数据清洗。第一步，进行缺失值清理，对每个字段都进行其缺失值比例计算，明确缺失比例和字段重要性，去除缺失比例大且不重要的数据。第二步，进行逻辑错误清洗，修正矛盾内容，通过去掉一些使用简单逻辑推理就可以直接发现问题的数据，防止分析结果走偏。利用箱形图除去不合理值，如除去售电量为负的数据。第三步，进行非需求数据清洗，根据案例分析需求，将分析过程中不会用到的数据进行删除，减小数据分析操作难度。第四步，使用统计和机器学习等方法对数据进行分析，发现有质量问题和错误的数据，然后综合利用业务知识、经验推测、同一指标的计算结果（均值、中位数、众数等）及预测填充方法对遗漏值进行处理，综合使用聚类法识别异常值与统计分析法识别异常值两种方法对异常数据进行处理，完成数据清洗工作。

经过以上数据准备工作，收集数据 191 组，共计 12 224 个有效数据。

8.2.4　数据分析

1. 经营业务指标关联分析

通过研究指标关联算法及模型，根据电网企业对经营业务指标监控的需求，对跨部门、跨专业的指标进行关联分析。从关联性强度拓扑的角度分析经营业务指标的群簇与密度特征，深入挖掘指标关联因素，对关联指标数据进行穿透分析，有利于电网企业监测分析人员有效识别经营业务指标管控的关键与重点，提高工作效率，为电网企业经营决策提供参考依据。

（1）关联分析。关联分析是衡量变量之间线性相关程度的强弱，研究变量间密切程度的常用统计方法，一般分为线性相关分析、偏相关分析和距离相关分析 3 类。变量关联关系阈值参考如表 8 – 1 所示。

表 8 – 1　变量关联关系阈值参考

关系阈值	变量关联程度
$0.9<\lvert r\rvert<1$	强相关
$0.7<\lvert r\rvert\leqslant 0.9$	高度相关
$\lvert r\rvert\leqslant 0.7$	弱相关

1）线性相关分析：用相关系数描述变量间线性相关的程度和方向，相关系数包括皮尔逊相关系数（Pearson）、斯皮尔曼相关系数（Spearman）和秩相关系数（Kendall）3 种形式。变量间线性相关的算法如下：

皮尔逊相关系数：计算两项或多项指标间的线性相关性，定义为这两变量的协方差与二者标准差积的商，如下：

$$r=\frac{\sum_{i=1}^{n}\left(X_i-\overline{X}\right)\left(Y_i-\overline{Y}\right)}{\sqrt{\sum_{i=1}^{n}\left(X_i-\overline{X}\right)^2}\sqrt{\sum_{i=1}^{n}\left(Y_i-\overline{Y}\right)^2}} \tag{8-1}$$

斯皮尔曼相关系数：计算两个非线性指标间的关联关系，根据变量原始数据的排序位置求解。其计算公式如下：

$$r=1-\frac{\sigma\sum d_i^2}{n\left(n^2-1\right)} \tag{8-2}$$

秩相关系数：将统计对象按特定属性顺序排序，同序对与异序对之差与总对数的比值。秩相关系数在不同条件下计算方法不同，在此不具体展开。

2）偏相关分析：在多变量的关联分析过程中，由于变量间相关关系复杂，因此必须在剔除其他变量的情况下才能确定两个变量间的关联程度，即在其他变量固定不变时计算两个变量的相关系数。

3）距离相关分析：适用于同一变量内部以分析不同取值间的相互接近程度，也适用于不同变量间分析预测值对实际值的拟合程度，在实际关联分析中应用较少。

（2）分析方法。通过 SPSS 软件实现对电网企业经营业务指标的关联分析，本节选择对两两指标进行双变量相关分析。当指标数据符合正态分布时，选择皮尔逊相关系数；当指标样本不符合正态分布时，选择斯皮尔曼或秩相关系数。

SPSS 软件进行双变量相关分析的步骤如下：

Step01　将电网企业经营业务指标数据导入 SPSS 软件，建立关联分析数据文件。

Step02　选择“菜单”→“分析”→“相关”→“双变量”命令，在弹出的“双变量相关分析”对话框中，选取指标两两放入“变量”框中，根据指标数据的分布趋势选择相应的相关系数（一般选择皮尔逊相关系数），其余默认设置。

Step03　输出相关分析结果。

根据SPSS软件输出结果分析指标间的关联程度，根据相关系数的绝对值判断两指标相关程度，并参考关联关系阈值划分指标的关联等级；根据相关系数的符号判断两指标间的正、负相关方向。

（3）分析结果。以某地区电网企业“主营业务利润率”和“单位电量运行维护成本”指标为例进行关联分析。选取该地区2015—2016年指标月度数据作为关联分析样本，由图8－1和图8－2可知两指标数据大致符合正态分布，由SPSS软件进行双变量相关分析，选取皮尔逊相关系数，输出结果显示为“主营业务利润率”与“单位电量运行维护成本”指标间的皮尔逊相关系数为－0.884。参考表8－1关联关系阈值划分可知，“主营业务利润率”与“单位电量运行维护成本”两指标间呈高度负相关。

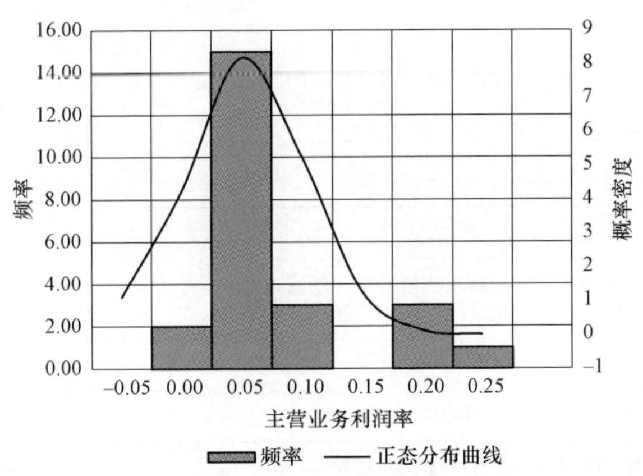

图8－1　某地区电网企业“主营业务利润率”指标频率直方图

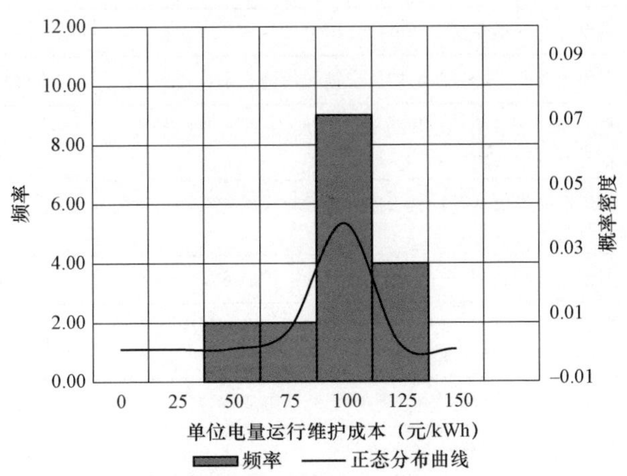

图8－2　某地区电网企业“单位电量运行维护成本”指标频率直方图

以浙江省运监数据中心指标管理平台中每月推送的部门月度数据为基础，并征求专业部门意见补充选取部分重要指标，最终选取包含人资、财务、物资、调控、发策、营销、运检、基建等各专业在内共计 191 组，12 224 个有效数据。通过 SPSS 软件开展指标关联挖掘与识别，最终分析得强相关 281 对、高度相关 539 对、弱相关 4811 对，构建"电网企业经营业务指标关联关系表"，为电网企业运监中心构建分析知识库打下良好基础。

电网企业经营业务部分指标关联关系如表 8－2 所示。

表 8－2　　电网企业经营业务部分指标关联关系

关联等级	关联指标	相关系数	关联方向
强相关	固定资产投资——业扩新装、增容完成容量（用电类别：大工业）	0.980	正
	网供电量——新装增容申请户数（用电类别：居民生活）	0.980	正
	调度最高网供负荷——售电量	0.905	正
	电网检修运维成本——售电量	0.974	正
	电网投资——月发行电费	0.963	正
	集中采购物资金额（物资类别：低压电器）——业扩新装、增容完成容量（用电类别：商业）	0.947	正
	用户欠费——当年电费回收率	－0.940	负
	固定资产投资——网供电量	0.935	正
	购电成本——电网检修运维成本	0.933	正
	电网系统可靠率——线路在建规模	－0.900	负
高度相关	调度最高网供负荷——全社会用电量	0.894	正
	网供电量——集中采购物资金额（物资类别：合计）	0.881	正
	电网系统可靠率（电压等级：110kV）——业扩新装、增容完成容量（用电类别：商业）	0.884	正
	固定资产投资——新装增容申请户数（用电类别：居民生活）	0.852	正
	主营业务利润率——单位电量运行维护成本	－0.866	负
	电网系统可靠率（电压等级：110kV）——集中采购物资金额（物资类别：信息设备）	0.805	正
	农网综合电压合格率——电网检修运维成本	－0.703	负
	输电回路可靠率——客户满意率	0.716	正
	固定资产投资（县公司合计）——电网系统可靠率（电压等级名称：合计）	0.788	正

2. 经营业务指标关联因素分析

基于指标数据相关性分析结果开展经营业务指标的关联因素分析，通过对经营数据的深入挖掘，分析关联因素变动对指标的影响，提出相关建议辅助电网企业决策分析。对电网企业经营业务指标进行关联因素分析，首先需要基于指标关联强度与关联方向识别具有分析价值的关联指标对，然后基于指标计算公式深入分析指标关联因素。

以某地区电网企业"主营业务利润率"和"单位电量运行维护成本"指标为例进行关联因素分析，选取该地区 2015—2016 年指标月度数据作为关联因素分析样本，将样本作散点图，反映两指标大致关联程度，如图 8–3 所示。

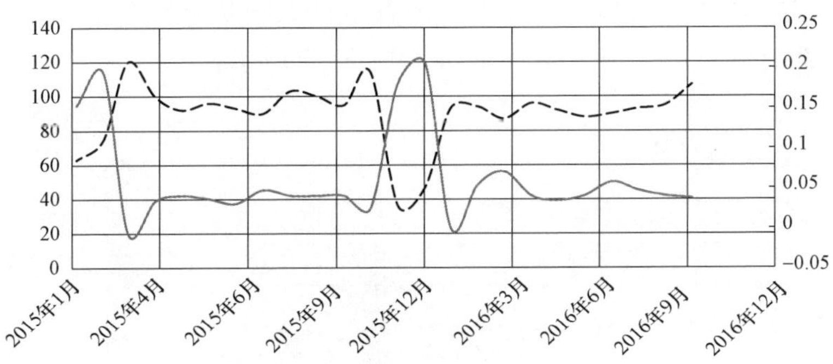

图 8–3　某地区电网企业"主营业务利润率"与"单位电量运行维护成本"指标关联图

由图 8–3 可知，"主营业务利润率"与"单位电量运行维护成本"两指标大致呈现高度反向关联性，由上述 SPSS 软件作指标关联分析结果得两指标皮尔逊相关系数为 –0.866，为高度负相关，可进一步分析指标关联因素。

设主营业务利润为 P，主营业务收入净额为 NI，主营业务成本为 C，主营业务税金及附加为 TS，购销差价为 D，售电量为 S，电网资产运维成本为 c，折旧摊销为 d，则"主营业务利润率"指标的计算公式如下：

$$\mathrm{OPE} = P / \mathrm{NI} \tag{8-3}$$

$$P = \mathrm{NI} - C - \mathrm{TS} \tag{8-4}$$

$$\mathrm{NI} - C = DS - c - d \tag{8-5}$$

设输配电成本为 C_{td}，折旧及无形资产摊销为 d_i，长期待摊费用摊销为 A，则"单位电量运行维护成本"指标的计算公式如下：

$$\mathrm{UC} = c / \mathrm{S} \tag{8-6}$$

$$c = C_{\mathrm{td}} - d_i - A \tag{8-7}$$

由两指标的具体计算公式可知，“主营业务利润率”和“单位电量运行维护成本”两个指标的主要关联因素是售电量和电网资产运维成本。

3. 经营业务指标数据穿透分析

经营业务指标数据穿透分析是通过数据穿透经营业务本质，依据指标关联性，从变动幅度较大或变动异常的数据入手，透过指标关联因素分析变动原因，有效辅助电网企业的经营业务管理。

以某地区各市县级电网公司“主营业务利润率”和“单位电量运行维护成本”指标为例进行数据穿透分析，选取该地区各市县单位截至 2017 年 8 月底的节点数据作为分析样本。该节点下各市县电网公司的主营业务利润率和单位电量运行维护成本情况如图 8－4 和图 8－5 所示。

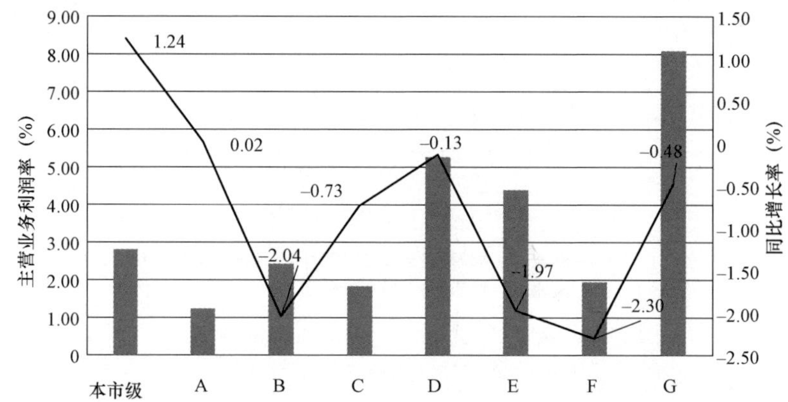

图 8－4 截至 2017 年 8 月底各市县电网公司主营业务利润率及同比增减率

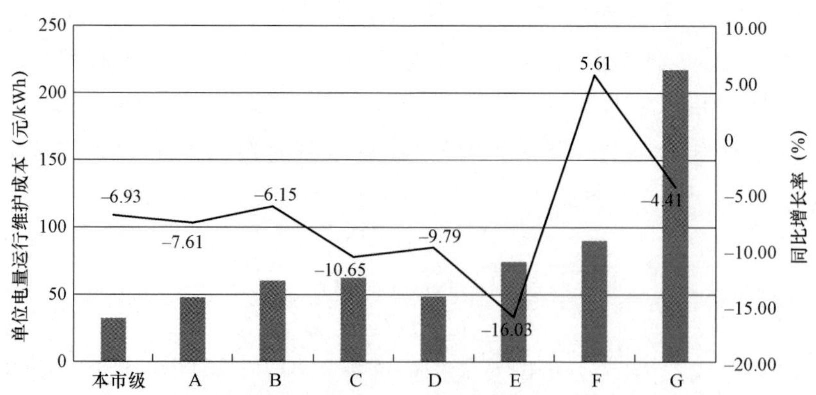

图 8－5 截至 2017 年 8 月底各市县电网公司单位电量运行维护成本及同比增减率

由图 8－4 和图 8－5 可知，截至 2017 年 8 月底，县级 F 公司的主营业务利润率同比下降较大，同比增减率为－2.30%；同时该公司的单位电量运行维护成本同比上升较明显，同比增减率为 5.61%。因此，针对该公司两指标数据的变动情况，需对指标数据进行穿透，基于指标关联因素分析变动原因，引导单位制定合理的经营决策。

经指标关联因素分析可知，“主营业务利润率”与“单位电量运行维护成本”两指标的关联因素为售电量与电网资产运维成本。该节点下各市县电网公司的售电量与电网资产运维成本情况如图 8－6 和图 8－7 所示。

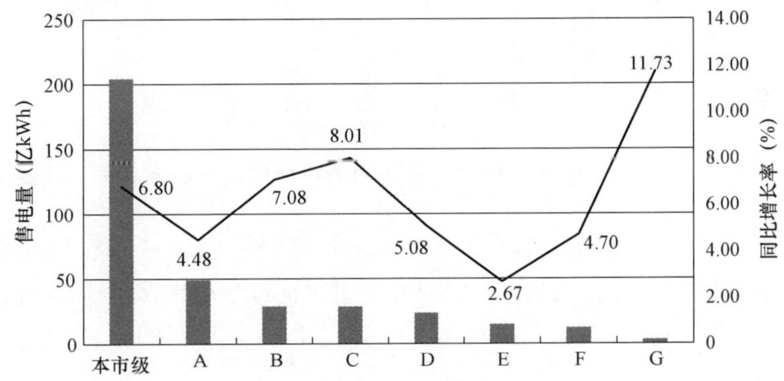

图 8－6　截至 2017 年 8 月底各市县电网公司售电量及同比增减率

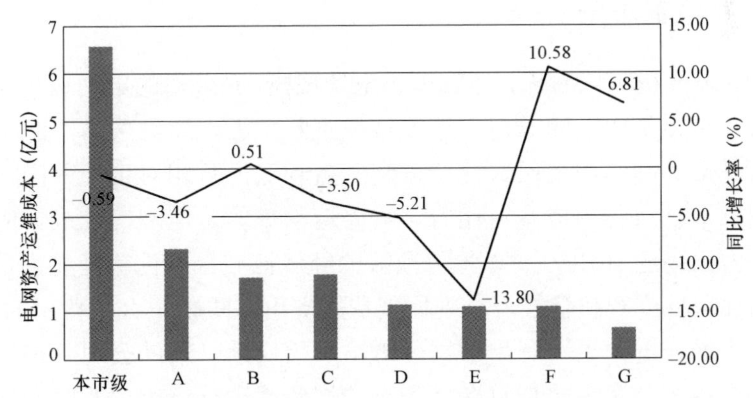

图 8－7　截至 2017 年 8 月底各市县电网公司电网资产运维成本及同比增减率

由图 8－6 和图 8－7 可知，截至 2017 年 8 月底，F 公司的售电量同比增长 4.70%；同时其电网资产运维成本同比增长 10.58%，在各县级公司中增长率最高。由此可知，电网资产运维成本的大幅增加是造成该公司单位电量运维成本增长、主营业务利润率下降的主要原因。

对“电网资产运维成本”指标数据进行进一步穿透分析可知，电网资产运维成本主要由检修运维成本、工资社保及其他可控费用构成。截至 2017 年 8 月底，各市县电网公司检修运维成本情况如图 8－8 所示。

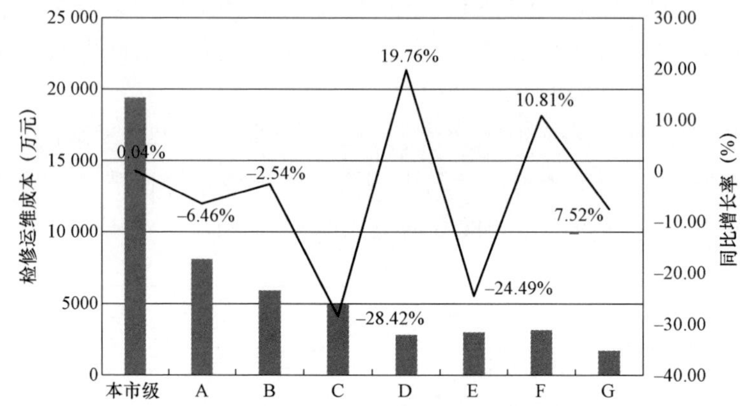

图 8－8　截至 2017 年 8 月底各市县电网公司检修运维成本及同比增减率

由图 8－8 可知，截至 2017 年 8 月底，F 公司电网检修运维成本同比增长 10.81%，增长幅度较大；且由各项成本在电网资产运维成本中的占比和增长率可得，F 公司电网资产运维成本同比增幅较大的主要原因是检修运维成本同比增长率较大。

8.2.5　成果应用

综合上述分析可以看出，相较于售电量规模，F 公司的电网运行维护成本相对偏大，主要是由于随着电网建设规模不断扩大，运维成本不断增长。由于售电量受市场制约因素较大，所以制约盈利能力且相对可控的因素为电网运行维护成本。从各项成本占比看，检修运维成本是电网运维成本的主要组成部分，占比接近 40%，所以检修项目的经济性和合规性管理尤为重要，应进一步加强项目审查和管控，合理控制费用支出，防止不合规费用的列支。

根据数据分析结果，利用数据分析结果的反馈，辅助公司管理提升。公司应重点对各县公司大修项目费用列支的规范性进行审查，及时发现部分单位可能存在的资本性支出和成本性支出混淆、物资领用窜项、项目名称不规范等情况，要求相关单位予以整改，推动项目规范化管理，进而促进电网发展，提高公司盈利能力与经营管理水平。

第 9 章 电网企业客户服务业务数据分析

电网企业作为国有重点企业，关系到国家能源安全、国民经济命脉和人民生活稳定。随着我国电力体制改革的不断推进，售电市场逐步放开，供电企业将面对逐渐显现的竞争压力，同时用电客户对服务体验的要求也在不断提高。电网企业要不断提升客户服务质量，更好地满足客户需求，提高企业的社会竞争力。电网企业提供给用户的服务按所处的阶段可分为售前服务和售后服务两类。售前服务主要接受电力用户接入电网前的用电咨询、供电方案制定及答复、检验客户受电工程并送电等；电力售后服务主要针对已接入电网用户开展的业务变更、表计故障、有序用电、电费回收、能效服务等。2015 年，“青岛天价虾”事件因为客户诉求未被给予足够重视，被媒体曝光后对青岛市乃至山东省的形象产生较大负面影响，抵消了山东省旅游局几个亿的广告效果。客户投诉作为客户反映诉求重要的渠道之一，电网企业需要及时应对并进行深入研究。

9.1 基于投诉数据挖掘的服务提升分析案例概况

随着信息技术的飞速发展和广泛应用，电力客户对电力产品和服务的期望值也在不断攀升，对供电服务提出了更高的标准和要求，客户投诉管理面临新的挑战。其具体表现如下。

（1）存在较大潜在投诉风险。从 95598 来电分析，大量客户虽未直接投诉，但是通过咨询、意见和建议等表达对供电服务的不满，若处理不当或不及时，可能升级为客户投诉。

（2）客户投诉有可能通过网络新媒体的快速传播而引发舆情事件。随着网络媒体的不断发展，通过微信、微博、网络论坛等快速传播负面舆情的事件不断增多，供电服务过程中的不规范问题极易引起客户投诉，一旦处理不当或者不够及时，有可能引发群体性的舆情事件，严重影响企业的形象和声誉。

（3）部分特殊客户的投诉处理存在一定难度。随着经济社会的不断发展和分化，人群的价值观念趋于多元化。部分客户对垄断企业持有成见，供电服务过程的小瑕疵即有可能引发其明显不满导致投诉，带有个人情绪的投诉处理给供电企业带来了一定的服务压力。

现从多种视角对某省客户投诉的历史数据进行挖掘，探索客户投诉的规律及相关指标的关联关系，以便发现供电服务需要重点关注的薄弱环节，减小供用电双方的感知偏差，降低投诉风险，提升服务体验。

9.2　基于投诉数据挖掘的服务提升数据分析

9.2.1　需求识别

随着社会的不断进步和发展，各行各业都开始走服务化的发展道路，越来越重视客户服务质量的提升。中国服务质量发展现状报告显示，随着服务业在我国经济结构中所占比例的增大，发展空间也迅速扩大。在我国服务行业当中，如何提升客户服务质量一直受到特别的关注，同时也是服务业发展的重要目标，服务行业的客户服务创新水平最高；同时，为了适应时代发展的要求，制造业、金融业、电力行业等其他行业也开始向服务化的模式转变，开始追求客户服务质量的提高，以提升客户满意度作为行业竞争的标准。

客户的服务质量是客户对整个服务过程的“感知”，是企业在向客户提供产品（或服务）的最终表现满足客户潜在需求特征的程度，简单来说，即是否与客户对产品的欲望、要求等各方面都吻合。客户服务质量的好坏只有客户才能给出，当客户的需求未被很好地满足时，客户会通过投诉等行为表现出来，严重时会造成客户的流失和企业整体形象的降低，甚至导致企业的信任危机。对于企业来说，客户是基础，谁赢得了客户，谁就赢得了市场，企业才能持续发展；而良好的客户服务质量是赢得客户的根本。

提高客户服务质量有利于提高客户忠诚度。如果企业能够拥有一定量的客户群，并且这些客户对企业产品都有相对较高的忠诚度，就可以促进客户重复购买企业产品。因此，企业通过维护良好的客户关系，有利于客户购买企业的产品，同时还可以帮助企业找到适合的营销方针。对于企业来说，客户的忠诚才是最重要的，企业通过充分掌握客户资料，有效地为客户提供个性化的服务，从而大大提高顾客的忠诚度，使对手不易模仿，提高对手挖走客户的时间和成本，进而建立起商业壁垒，从而占领市场。

提高客户服务质量有助于企业塑造良好形象，提高市场竞争力。提高企业的客户服务质量，有助于满足顾客的要求，帮助企业树立良好的形象。在产品质量、价格等相差不多的情况下，在服务方面做得好的企业容易取得明显的竞争优势。

面对激烈的市场竞争，企业应不断强化自身的服务意识，将提升客户服务质量作为企业发展战略，通过不断提高产品售前、售中、售后服务质量，提升产品的附加值，提高企业的核心竞争力。通过提高客户服务质量，加强客户关系管理，可以有效提高顾客的满意度和忠诚度，从而扩大客户群体，对于提高企业的经济效益和综合竞争力具有积极的推动作用。

9.2.2　数据获取

电力企业的投诉内容主要包括：营业厅人员、抄催人员、服务热线人员、装表人员、用电检查人员、勘测人员等的服务态度差；对营业厅、网站等服务渠道不满意；业扩报装超时限、环节处理不当；用地变更业务办理超时限、环节处理不当；抄表、催费、欠费停复电；针对电费、电价的投诉；对电能计量装置、表计线路接错、验表、户表改造的投诉；收费标准、项目；停送电信息公告内容；停送电及抢修相关问题；供电电压、频率质量问题；输电、配电、供电设施；电力施工现场及人员投诉。

电网企业投诉事件的受理渠道主要有以下几种：通过 95598 服务热线或 12398 投诉举报电话；营业场所设置客户意见箱和意见簿；信函；客户来访。

电网企业投诉业务流程如图 9－1 所示。

从电网企业营销管理系统、95598 系统等数据库中提取客户投诉单，获得该省电网企业客户投诉数据。该省于 2015 年共受理 6372 起客户投诉，同比上涨 115.2%，投诉数量出现大幅上涨。

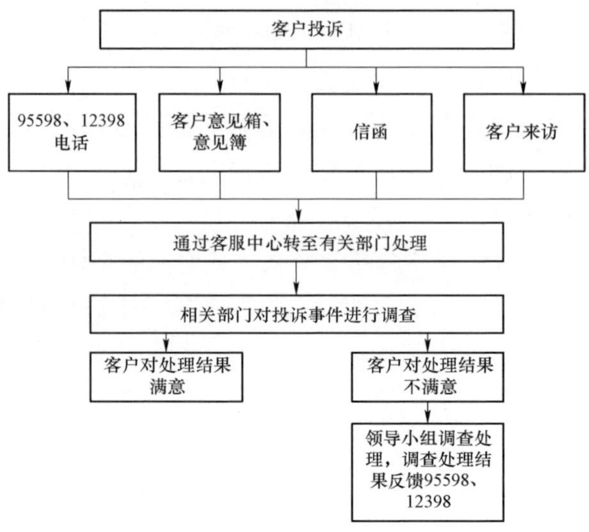

图 9－1　电网企业投诉业务流程

9.2.3　数据处理

2015 年，某省全渠道投诉工单 6372 笔，剔除 95588 已撤销工单 392 笔，剔除表扬工单 144 笔，有效投诉工单共计 5836 笔。考虑排除各地区电力客户基数对统计结果的影响，画出该省各地区每百万客户投诉分布情况图，如图 9－2 所示。从全省分布情况来看，A 和 E 地区的每百万户投诉数相对较多，分别为 3.89 个/每百万户和 2.53 个/每百万户。从近两年的变化趋势来看，B 和 I 地区的每百万户投诉数增幅相对较高。

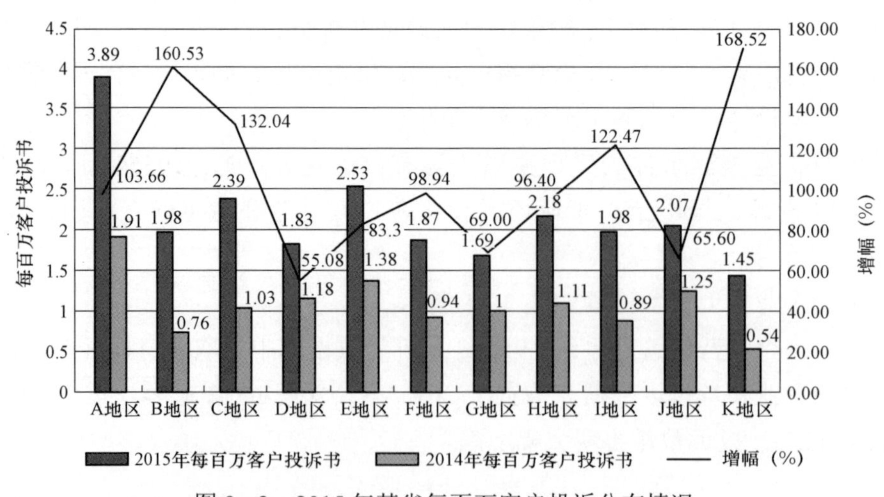

图 9－2　2015 年某省每百万客户投诉分布情况

将投诉工单按投诉类型按一级、二级、三级进行分类，如表 9－1 所示。

表 9－1　　　　　　　　电网企业客户服务投诉分类

<table>
<tr><th>一级分类</th><th>二级分类</th><th>三级分类</th></tr>
<tr><td rowspan="16">服务投诉</td><td rowspan="14">服务行为</td><td>营业厅人员服务态度</td></tr>
<tr><td>营业厅人员服务规范</td></tr>
<tr><td>服务热线人员服务态度</td></tr>
<tr><td>服务热线人员服务规范</td></tr>
<tr><td>抄催人员服务态度</td></tr>
<tr><td>抄催人员服务规范</td></tr>
<tr><td>装表人员服务态度</td></tr>
<tr><td>装表人员服务规范</td></tr>
<tr><td>用电检查人员服务态度</td></tr>
<tr><td>用电检查人员服务规范</td></tr>
<tr><td>勘测人员服务态度</td></tr>
<tr><td>勘测人员服务规范</td></tr>
<tr><td>其他人员服务态度</td></tr>
<tr><td>其他人员服务规范</td></tr>
<tr><td rowspan="2">服务渠道</td><td>营业厅服务</td></tr>
<tr><td>网站服务</td></tr>
<tr><td rowspan="15">营业投诉</td><td rowspan="2">业扩报装</td><td>业扩报装超时限</td></tr>
<tr><td>环节处理不当</td></tr>
<tr><td>用电变更</td><td>业务办理超时限</td></tr>
<tr><td>用电变更</td><td>环节处理问题</td></tr>
<tr><td rowspan="3">抄表催费</td><td>抄表</td></tr>
<tr><td>催缴费</td></tr>
<tr><td>欠费停复电</td></tr>
<tr><td rowspan="2">电价电费</td><td>电费</td></tr>
<tr><td>电价</td></tr>
<tr><td rowspan="4">电能计量</td><td>计量装置</td></tr>
<tr><td>表计线路接错</td></tr>
<tr><td>验表</td></tr>
<tr><td>轮换、户表改造</td></tr>
<tr><td rowspan="2">业务收费</td><td>收费标准</td></tr>
<tr><td>收费项目</td></tr>
</table>

续表

一级分类	二级分类	三级分类
停送电投诉	停送电信息公告	停送电信息报送及时性
		停送电信息公告准确性
	停电问题	无故停电
	停电问题	未按停电计划停送电
	抢修服务	超时限
		抢修质量
		抢修人员服务态度
		抢修人员服务规范
	增值服务	有偿服务
供电质量	电压质量	电压质量长时间异常
	供电频率	供电频率长时间异常
	供电可靠性	频繁停电
电网建设	供电设施	输电设施
		配电设施
		供电能力
		农网改造
	电力施工	施工人员服务态度
		施工人员服务规范
		施工现场恢复

对投诉工单进行分解，得图 9－3，可以看出在一级分类中营业投诉较多，为 2702 个，占比为 45.63%。同时也可以发现除供电质量和服务投诉外，其他类型投诉均较同期有所上升，其中营业投诉增幅最大。

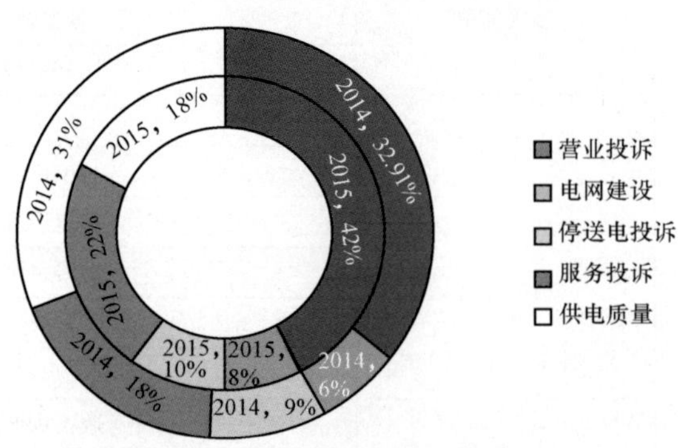

图 9－3　客户投诉一级分类情况

将投诉工单按类型进一步分解（图 9－4），从二级分类构成来看，占比最高的为抄表催费投诉，为 19.63%；其次为供电可靠性和服务行为投诉，分别为 18.59%和 15.71%。其中抄表催费投诉为营业投诉的二级分类，占营业投诉的 43%。

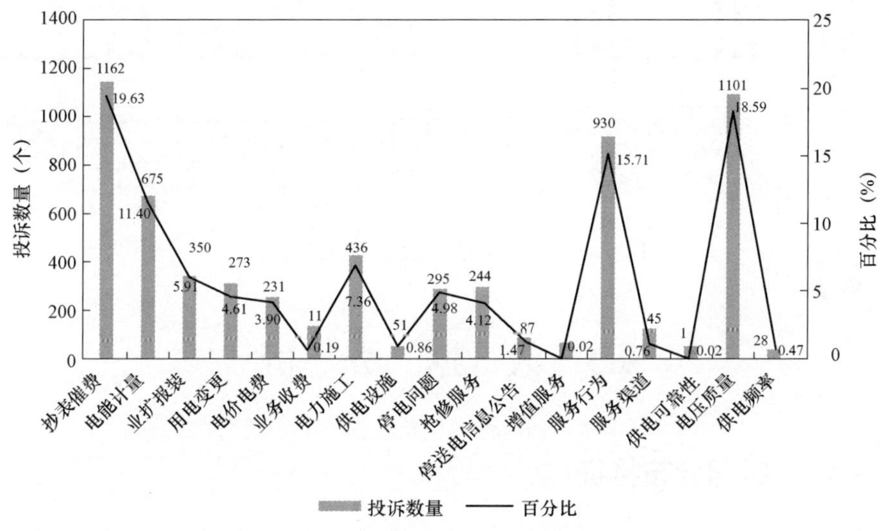

图 9－4　客户投诉二级分类分布情况

从客户投诉三级分类分布情况（图 9－5）来看，频繁停电和催缴费投诉数较多，分别为 1101 个和 717 个，分别占全年总投诉数的 18.59%和 12.11%。

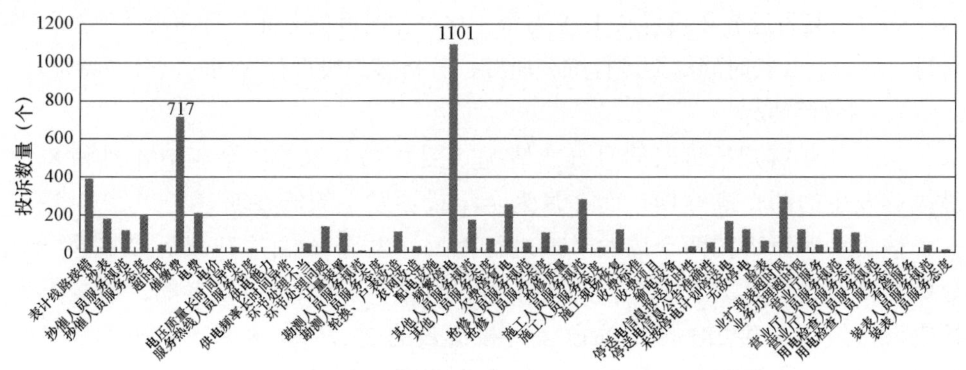

图 9－5　客户投诉三级分类情况

将各类投诉数量与同期进行对比（图 9－6），发现施工人员、电价和电费投诉数增幅较为明显，分别为 22.8 倍、20 倍和 18.1 倍。这几类投诉是 2015 年投诉增幅较大的主要因素。

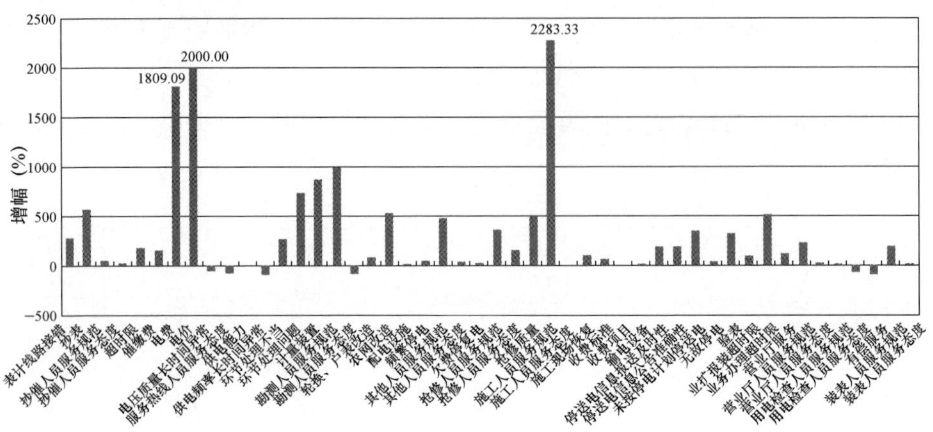

图 9-6　客户投诉三级分类同比情况

9.3 数 据 分 析

9.3.1 时间分布特征

数据挖掘中常使用聚类算法，以发现有意义的类从而进行特征统计，其主要依据是把相似的样本划分为一类，而把差异大的样本区分开来，这样所生成的簇是一组数据对象的集合，这些对象与同一簇中的对象彼此相似，而与其他簇的对象彼此相异。

通过对某省近 3 年投诉共 1.15 万个工单产生时间的分布进行聚类统计，分别对月、周、日 3 类时间周期进行细分研究，分析客户投诉行为的时间分布特征。

1. 月分布情况

从近 3 年客户投诉时间月分布情况（图 9-7）来看，全年中 4 月和 8 月是投诉发生的两个高峰期，而 2 月为全年投诉发生的低谷期。

按类型对投诉的两个高发时期进行挖掘，发现 4 月客户投诉最多的一级分类是营业投诉，共 511 个，约占 4 月投诉数的 43.20%；最多的二级分类为抄表催费投诉，共 281 个，约占 4 月投诉数的 23.75%。8 月客户投诉最多的一级分类为供电质量，共 471 个，约占 8 月投诉数的 38.08%；最多的二级分类为供电可靠性（频繁停电），共 443 个，约占 8 月投诉数的 35.81%。

2. 周分布情况

从近 3 年客户投诉周分布情况（图 9-8）来看，发现周二是一周中投诉发生相对较多的一天。周末投诉数量下降较为明显，并且周日是一周中投诉发生最少的一天。

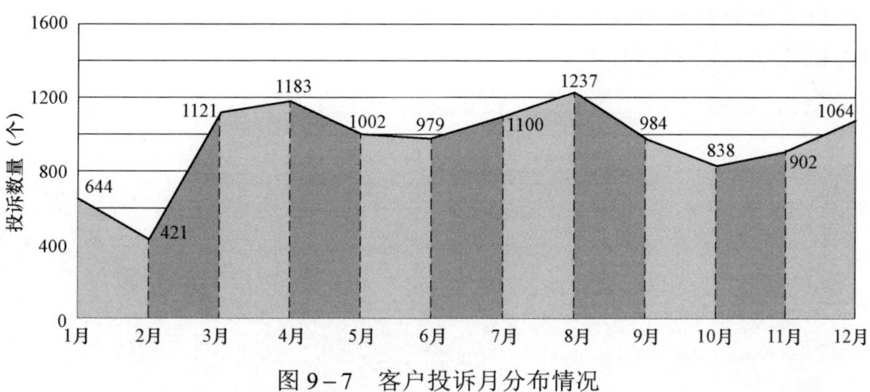

图 9－7　客户投诉月分布情况

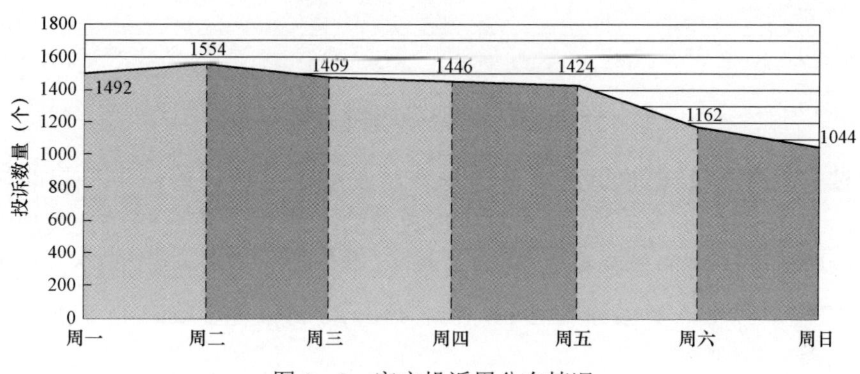

图 9－8　客户投诉周分布情况

按类型对周二的投诉工单进行挖掘，发现主要为频繁停电引起的投诉（图 9－9），共 168 个，约占周二工单数的 10.81%。

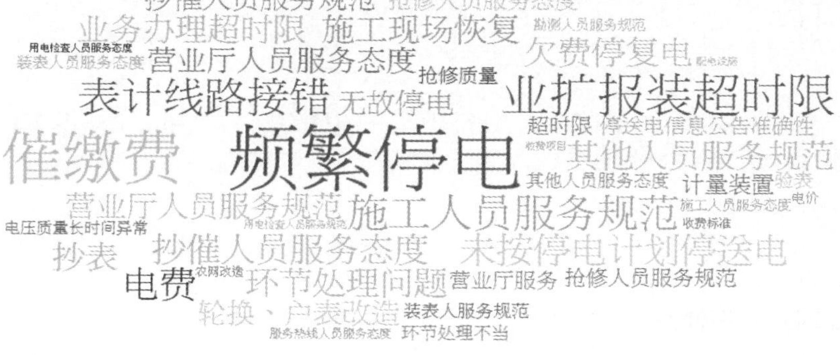

图 9－9　周二客户投诉词云

3. 日分布情况

从近 3 年客户投诉日分布情况（图 9－10）来看，每月中下旬开始呈上升趋势并在 30 日达到峰值。

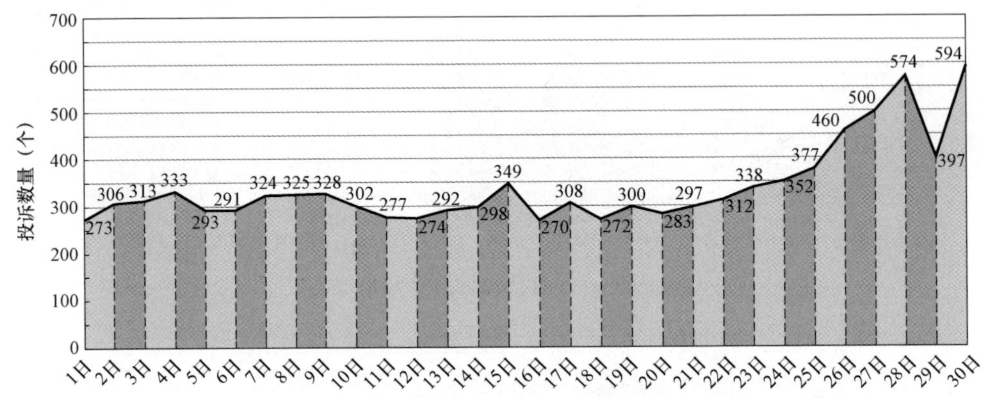

图 9－10　客户投诉日分布情况

按类型对 28 日的投诉工单进行挖掘，发现主要为频繁停电引起的投诉（图 9－11），共 60 个，约占 28 日投诉总数的 10.45%。同时经统计发现，与电费催缴相关的投诉共有 89 个（催缴费 32 个，抄催人员态度 27 个，欠费停复电 17 个，抄催人员服务规范 13 个），约占 28 日投诉总数的 15.51%。

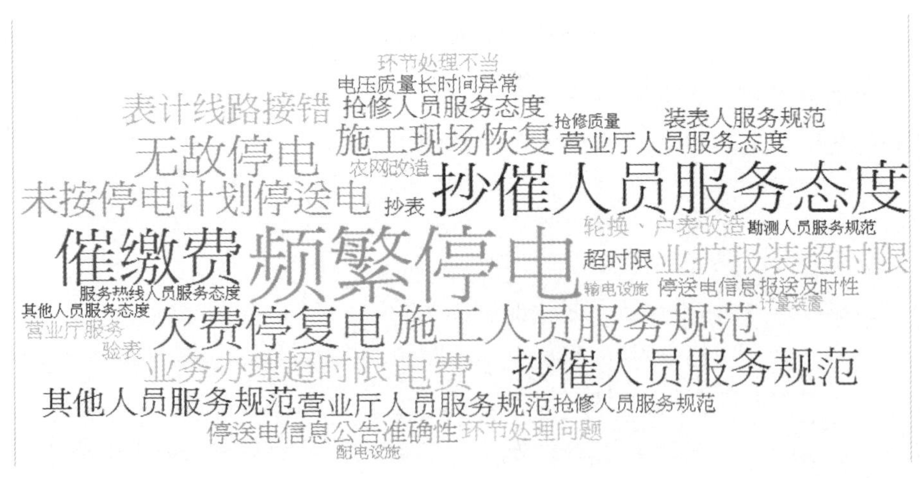

图 9－11　客户投诉日分布词云

4. 时段分布情况

从近 3 年客户投诉时段分布情况（图 9－12）来看，上午 7 点开始呈明显上升趋势并在 10 点达到峰值。12～19 点投诉数量相对平稳，而 19 点以后则呈明显下降趋势。

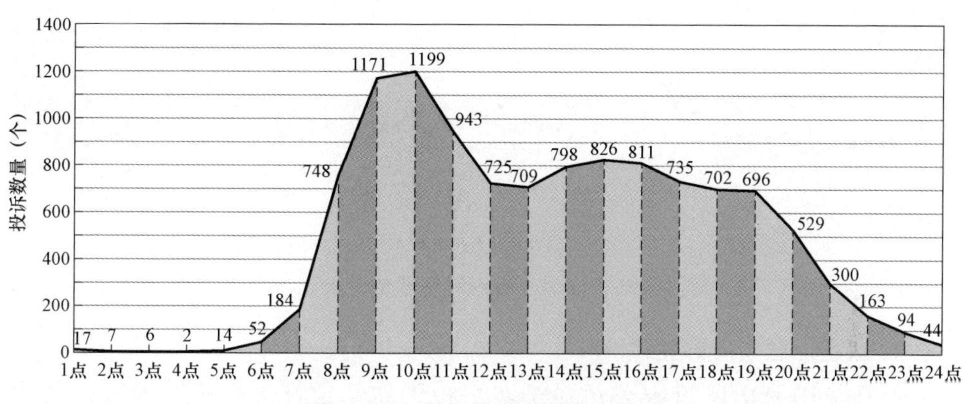

图 9－12　客户投诉时段分布情况

按类型对全天时段的投诉工单进行挖掘，发现主要投诉内容为频繁停电和催缴费两类，同时在 19 点之前两者比例相对均衡，为 759:631；但 19～24 点之间两者比例发生较大变化，为 342:86，即 19 点之后投诉下降的主要因素为催缴费投诉的减少。

9.3.2　投诉关联分析

客户投诉是受多方面的因素综合影响而产生的，案例中通过拟合或相关系数法对历史数据进行相关性分析，从多个视角统计、分析并挖掘历史投诉工单所能提供的数据信息价值，研究投诉产生的关联原因，以及各关联因素的具体影响。

1. 咨询与投诉关联情况

2015 年全省共收到 6.19 万起咨询，将投诉来电与咨询来电号码进行匹配，发现其中有 323 起投诉来电与咨询来电为同一号码，相同率为 0.52%。从两者产生前后时间差来看（按 7 天为一段），有 243 起投诉发生在咨询之后，占比为 75.23%；80 起投诉发生在咨询之前，占比为 24.77%。从时间差分布（图 9－13）来看，在咨询后 3 周左右产生客户投诉的数量较多，特别是咨询后一周投诉数量最多；客户投诉后两周客户咨询数量较多，特别是投诉后一周咨询数量最多。

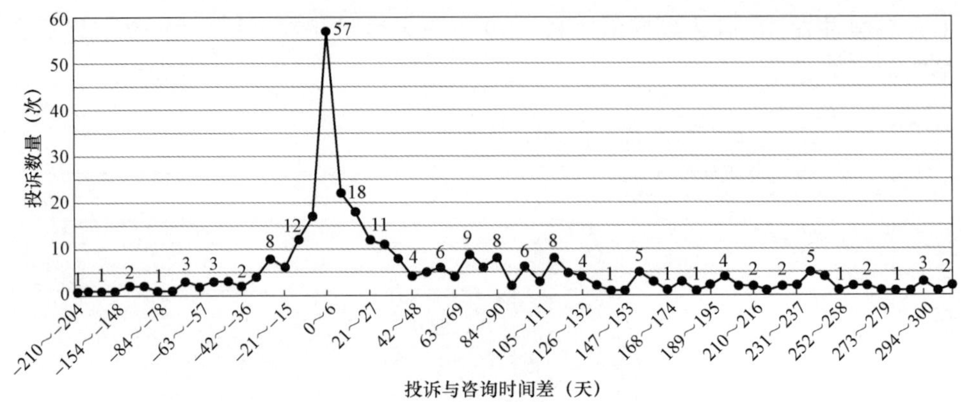

图 9－13　投诉与咨询时间差的分布情况

2. 认定标准与投诉关联情况

近几年国家电网有限公司对于客户投诉的认定标准在不断调整，其中主要两次调整发生在 2013 年 10 月（投诉业务由××公司上收总部客服中心）和 2015 年 2 月。两次调整发生前后期间的投诉数量趋势如图 9－14 所示，可以看出，自 2013 年 1 月至 2015 年 11 月，在两次主要调整后投诉数量出现了一定程度的上升。

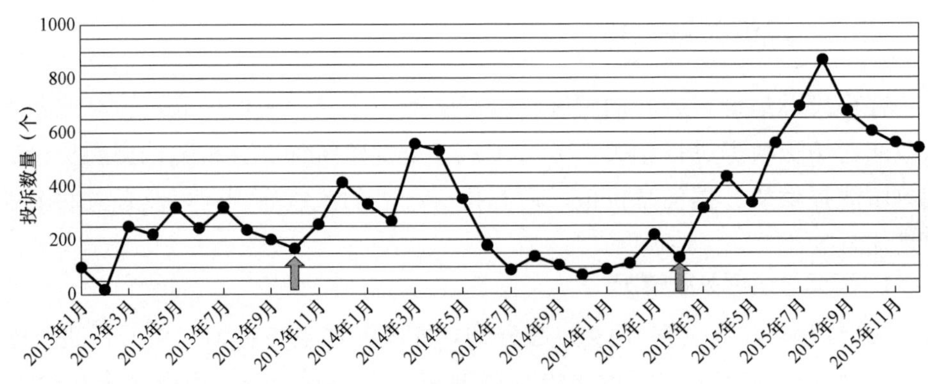

图 9－14　近 3 年投诉认定调整与投诉数量关联情况

3. 投诉与人员离职关联情况

经统计发现，近几年全省供电企业正式在册离职人员数量呈逐渐上升趋势，特别是以生产、营销人员居多。从近 3 年投诉数与离职人员数量月度关联情况（图 9－15）可以看出，客户投诉数与离职人员数量呈正相关趋势。

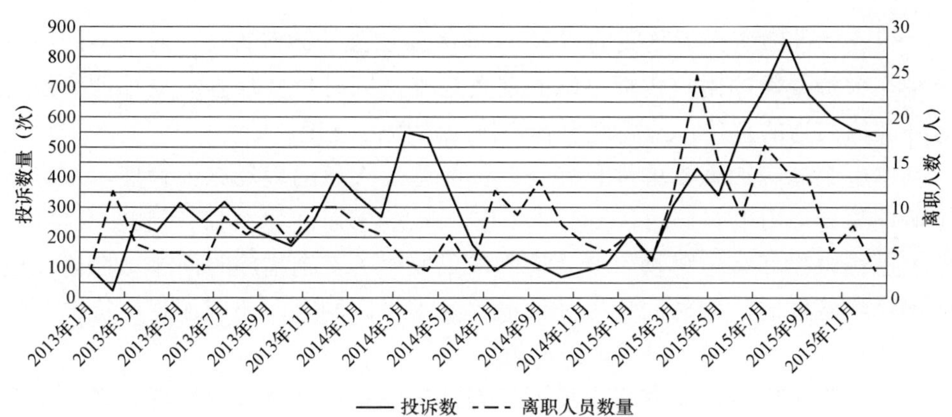

图 9－15　近 3 年投诉数与离职人员数量月度关联情况

9.4 成果应用

9.4.1 主要结论

近 3 年频繁停电和催缴费相关投诉占全省客户投诉总数的 15.84%，为投诉两大主要类型。电价、电费和施工人员服务规范投诉呈快速增长趋势。供电企业投诉认定标准调整和人员离职也对投诉数量趋势变化产生了一定的影响。

客户投诉存在一定的时间规律，高峰时间主要集中在一年中的 4 月和 8 月，2 月则较少；一个月中月末几天的投诉相对较多；一周中工作日投诉较多，周末较少；一天中投诉主要分布在 7～22 点，其中上午 9～11 点相对较多。同时，发现存在一定数量的客户投诉与咨询来电号码相同的情况，这些客户在来电一周内情绪较为焦躁。通过将客户投诉和售电量两者的增速进行对比，可以发现部分地区的投诉情况与当地的发展水平不相符合。

9.4.2 相关建议

对于降低客户投诉，建议从以下几方面着手：

（1）逐层挖掘，重点降低主要类型投诉。频繁停电投诉引起的主要原因为电力设备故障和农村地区总保频繁跳闸，建议如频繁停电投诉高发的 A 和 I 地区采取分散频繁跳闸台区负荷，加装分支保护，进一步加强对配电线路及设备的巡视、维护等，提高供电可靠性。

建议如催缴费投诉高发的 C 和 H 地区要加强催缴费管理，对于不同用电类型、欠费金额的用户实行不同的催费策略，同时也要加强对央行征信系统等外部约束力的宣传，提高用电客户按时缴费的意识。

供电企业应加强本单位和外委单位的施工人员的现场施工管理，做好施工前期与周边用电客户的宣传沟通工作，避免出现工具、材料等物质乱堆放、施工过程中损坏客户财物、公共场所未采取相关安全措施等问题，在建设电网保障经济发展的同时同步提升供电服务水平。同时，还应加强电价电费政策调整的宣传，降低客户投诉的风险。

（2）积极应对，研究客户投诉行为。供电企业针对客户投诉呈现的类型和时间分布等特征，对历史投诉处理情况，如 J 和 E 地区应定期梳理咨询和投诉号码相同的案例形成典型案例库，并提供给话务中心，以便话务人员在投诉高发期可以高效应对类似的客户诉求。同时，可以科学合理调配话务人员，在投诉高发期间安排有较强沟通技巧的话务人员接听来电，为客户提供合理解释并平复其情绪，从而疏导并降低客户投诉意愿。

（3）关联对比，为投诉管控提供参考。及时掌握投诉认定的最新标准，防止因企业内部标准调整而出现投诉较大波动。研究控制员工流失对策，探索这些人员的晋升通道及薪酬待遇调整空间，建立更为科学的人力资源激励机制以控制企业员工流失，降低对优质服务产生的影响。

第 10 章 电网企业新兴业务数据分析

10.1　太阳能发电运行数据模型案例概况

光伏发电是清洁能源开发利用的主要形式之一，其特征在于利用太阳能资源不断降低发电成本，提高发电综合效率；具备更友好电网适应性能，实现柔性接入，减少对电网运行的影响。

A 电网以建设智慧光伏为最高目标，从保障电网安全、推进光伏技术发展两个视角出发，依次对发展现状、发电效率分析预测、对负荷曲线的影响、组件发电效率、逆变器故障率、电能质量开展监测分析，有效揭示 A 电网光伏发展态势，掌握光伏发电效率随天气、温度、季节的变化规律；获取影响光伏发展的技术因素（包括发电效率衰减因素、故障因素、电能质量因素），为科学合理规划光伏产业，降低光伏大量接入对电网产生的影响，推进光伏产业进步，提供辅助分析和决策参考。

10.2　基于数据挖掘技术的太阳能发电运行数据模型数据分析

10.2.1　需求识别

在我国对发电产业的大力投入和强力支持下，光伏电站并网运行已经在国内得到广泛发展和商业化运作，并网仍然是未来发展趋势。然而，光伏电站接入公共电网，会给电网的电能质量等指标带来巨大影响。当今流行的数据挖掘技术能够充分调动太阳能发电运行的数据价值性，提高太阳能发电运行研究的深度及准确性，因此，结合数据挖掘技术对太阳能发电运行进行研究是十分重要的。

本案例所提出的基于数据挖掘技术的太阳能发电运行数据模型主要从光伏接入总体情况、最大发电效率分析及预测、对负荷曲线的影响分析、光伏组件衰减率分析、逆变器电能质量及故障情况 5 个角度进行。

通过研究光伏接入总体情况，能够了解 A 电网光伏发展的宏观态势，了解光伏分布情况、光伏发展与政策导向的关联关系，能对光伏发展的政策趋势做出一定程度的预测。

最大发电效率分析及预测需要对发电效率影响因素进行剖析，监测光伏出力的波动情况，能够掌握波动规律，对光伏出力进行预测，了解光伏发电效率随天气、温度、季节的变化规律。

对负荷曲线的影响分析需要对光伏接入后的电网负荷曲线进行监测分析，一方面，研究光伏接入在降低网供负荷需求，改变网供负荷特性，延缓电网投资方面的作用；另一方面，研究典型日、节假日、春节等日期光伏最大出力和渗透率，为电网规划与运行提供一定的决策参考。

光伏组件衰减率分析需根据分布式光伏的最大出力，得到光伏组件衰减率变化情况，并关联相应厂商进行综合评价，能反映光伏组件发电能力随时间变化的特征，对电网运行人员、光伏设备制造商和光伏投资者有参考价值。

逆变器电能质量及故障情况需对该地区展开电能质量问题、逆变器故障监测等研究，并结合对应厂商开展关联分析，能有效降低电能质量敏感型设备和用户的异常停电、损耗增加、设备损坏等问题的发生。

10.2.2 数据获取

太阳能发电运行数据模型的构建与分析主要从 5 个方面进行，分别为光伏接入总体情况、最大发电效率分析及预测、对负荷曲线的影响分析、光伏组件衰减率分析、逆变器电能质量及故障情况分析。

在分析光伏接入总体情况时，对分布式光伏整体接入情况进行监测分析，获取装机数量、装机容量、发电量的数据，并统计装机容量与发电量的关联关系。光伏接入统计数据（部分）如表 10－1 所示。

表 10－1　　光伏接入统计数据（部分）

时间	总接入数	累计容量（MW）	时间	总接入数	累计容量（MW）
2013 年 2 月	2	2.3	2015 年 2 月	185	315.9
2013 年 3 月	3	2.4	2015 年 3 月	250	342.0

续表

时间	总接入数	累计容量（MW）	时间	总接入数	累计容量（MW）
⋮	⋮	⋮	⋮	⋮	⋮
2014 年 9 月	32	77.2	2016 年 6 月	1679	793.7
2014 年 10 月	35	90.8	2016 年 7 月	1918	798.0
2014 年 11 月	45	100.3	2016 年 8 月	2521	813.6
2014 年 12 月	71	163.9	2016 年 9 月	3119	832.4
2015 年 1 月	133	268.7	2016 年 10 月	3778	834.1

在进行最大发电效率分析及预测时，选取分布式光伏、集中式光伏电站的整点出力数据，进行功率合并，得到分布式光伏、集中式光伏及全体光伏每天的出力曲线；选取光伏最大发电功率与季节、天气变化的相关数据，分析其周期性规律。

在进行对负荷曲线的影响分析时，从 OPEN3000 系统获取网供负荷数据和渗透率详细监测数据，部分数据如表 10－2 和表 10－3 所示。

表 10－2　还原前后负荷曲线的最大值、最小负荷最大差值及真实网供负荷最小时刻点（部分）

时间	还原后网供最大负荷	真实网供最大负荷	真实网供负荷最小时刻点	最小负荷最大差值
2015 年 2 月 1 日	340.4	341.9	0.02	4
2015 年 3 月 1 日	507.3	508.4	0.02	5
2015 年 4 月 1 日	513.1	510.6	0.02	4
⋮	⋮	⋮	⋮	⋮
2016 年 6 月 1 日	515.8	512.7	0.09	12
2016 年 7 月 1 日	604.1	606.8	0.16	5
2016 年 8 月 1 日	720.5	714.6	0.10	5
2016 年 9 月 1 日	540.1	538.9	6.3	7

表 10－3　渗透率详细监测结果

渗透率	国庆节	春节	一般节假日	周末	正常
合计渗透率最大值	0.175 6	0.389 7	0.232 6	0.293 5	0.268 4
渗透率平均值	0.133 0	0.358 6	0.148 0	0.127 1	0.117 9
渗透率最小值	0.109 9	0.312 4	0.006 82	0.060 6	0.058 8

在进行光伏组件衰减率分析时，从 A 电网处获得分布式光伏的最大出力数据。

在进行逆变器电能质量及故障情况分析时，通过 A 地区电能质量问题、逆变器故障监测获取电压闪变、谐波、三相不平衡的相关指标数据，部分数据如表 10－4 所示。

表 10－4　　光伏逆变器输出电能质量问题统计

指标	谐波	三相不平衡	电压闪变
指标最大值	7949	4411	1.283
标准值	7377	2000	0.600
超标率	28.04%	120.54%	113.83%

10.2.3　数据处理

1. 数据筛选

所选数据应满足以下特性：

（1）相关性：数据内容涉及主题及能满足需要的程度。

（2）客观性：数据内容能保持客观态度，不掺杂个人喜好及立场。

（3）准确性：数据中文字信息是否逻辑清晰，图表描述是否适合准确。

（4）时效性：数据发布的时间较近。

（5）可证实性：数据来源准确及可靠，研究方法和结论可被科学证实。

根据以上特性对已有数据集进行筛选，所选数据来源于电网系统，满足相关性、客观性、准确性和可证实性的要求。根据时效性的要求并考虑实际的数据的可获取性，对光伏接入总体情况，选择 2013 年 2 月—2016 年 10 月的分布式光伏月度接入趋势分析等指标数据；对最大发电效率分析及预测，选择 2015 年 3 月 1 日—2016 年 9 月 30 日的分布式光伏、集中式光伏电站的整点出力数据；对负荷曲线的影响分析，从 OPEN3000 系统获取 2015 年 3 月 1 日—2016 年 9 月 30 日网供负荷数据，提取整点值，通过叠加网供负荷数据与光伏出力数据；对光伏组件衰减率分析，选取 2013—2016 年分布式光伏的最大出力，并进行统计得到投运 1～4 年光伏组件衰减率变化情况；对逆变器电能质量及故障情况分析，通过该地区电能质量问题、逆变器故障监测，选取谐波、三相不平衡、闪变指标的最大值、标准值、超标率。

2. 数据清洗

数据清洗包括以下 5 部分内容：

（1）缺失值清洗。缺失值是最常见的数据问题，数据清洗的第一步就是要对缺失值进行处理。利用人工选择并结合 Excel 工具，删除数据中的空白项，以去除缺失值对数据处理的影响。

（2）格式内容清洗。若数据由系统日志生成而来，则在格式与内容上可以与元数据对应。但若数据是由人工收集而来，则需要在格式上做出调整，因此数据清洗第二步需要对格式内容进行清洗。该步骤同样采用人工选择并结合 Excel 工具进行处理。

（3）逻辑错误清洗。该步骤对采用简单推理就可以发现问题的数据进行排除，防止分析结果出现偏差，主要包括去重、去除不合理值、修正矛盾内容。

（4）非需求数据清洗。对数据处理中不需要的数据进行清洗，减小数据处理的工作量，该步骤主要依靠人工排查。

（5）关联性验证。该步骤主要对多来源的数据进行数据关联整合，减少分析过程中可能出现的矛盾，可以通过人工手段和数据库完成。

根据以上内容，对于缺失值，使用附近点的中位数法对缺失值补齐，中位数法的计算公式为

$$x_k = \frac{1}{2}\left(x_{k-1} + x_{k+1}\right) \tag{10-1}$$

式中，x_k 为缺失数据；x_{k-1} 和 x_{k+1} 分别为缺失数据的前一个数据和后一个数据。

通过散点图，发现数据中明显过高或过低的异常值数据并剔除，使用附近点的均值法补齐数据，保证数据在时间上的连贯性。

对数据进行清洗后，根据需求不同，选择合适的方法对数据进行处理，可选用的方法如下。

（1）统计分析。

1）描述性统计分析：包括均值、方差、变异系数等数据特征值的计算，用于判断变量的波动水平和平均水平，结合频数分布分析可以判断变量的分布状况，将其与正态分布对比得到统计分析的支撑。

2）箱体图（Box Plots）统计分析：采用统计图形描述定量资料分布和差异，适用于多组资料的比较。箱体图选用了 5 个数值，即最大值、最小值、P75、P25 及中位数（P50）进行直观比较分析。在本课题中箱体图主要用于发电效率影响因素分析，直观显示光伏发电效率随天气、季节等的变化规律。

（2）方差分析。方差分析用于两个及两个以上样本均数差别的显著性检验。由于各种因素的影响，研究所得的数据呈现波动状。造成波动的原因可分成两类，一是不可控的随机因素，二是研究中施加对结果形成影响的可控因素。方差分析从观测变量的方差入手，研究诸多控制变量中哪些变量是对观测变量有显著影响的变量。

（3）回归分析。回归是指用属性的历史数据预测未来趋势。回归首先假设一些已知类型的函数可以拟合目标数据，然后利用误差分析确定一个与目标数据拟合程度最好的函数。在本课题中回归分析应用于最大发电效率预测，建立发电效率预测模型。其具体步骤如下。

1）确定变量。明确预测的具体目标，也就确定了因变量。预测目标为最大发电效率，即因变量；影响因素包括分布式光伏、集中式光伏电站的整点出力情况、天气类型、温度、季节，即自变量。

2）建立预测模型。依据自变量和因变量的历史数据资料进行计算，在此基础上建立回归分析方程，即回归分析预测模型。

3）进行相关分析。回归分析是对具有因果关系的影响因素（自变量）和预测对象（因变量）所进行的数理统计分析处理。只有当自变量与因变量确实存在某种关系时，建立的回归方程才有意义。进行相关分析，求出最大发电效率与自变量的相关关系，以相关系数的大小来判断自变量和因变量的相关的程度。

4）计算预测误差。回归预测模型是否可用于实际预测，取决于对回归预测模型的检验和对预测误差的计算。对回归方程进行各种检验，预测误差较小的回归方程可作为预测模型进行预测。

5）确定预测值。利用回归预测模型计算最大发电效率预测值，并对预测值进行综合分析，确定最后的最大发电效率预测值。

（4）K－means 聚类分析。聚类将数据划分或分割成相交或者不相交的群组，通过确定数据之间在预先指定的属性上的相似性，完成聚类任务。K－means 算法是一种得到最广泛应用的经典聚类算法，它将各个聚类子集内的所有数据样本的均值作为该类的代表点，通过迭代过程把数据集划分为不同的类别，使得评价聚类性能的准则函数达到最优，从而使同一个聚类中的对象相似度较高。在本案例中 K－means 聚类分析应用于最大发电效率预测，建立发电效率预测模型。

10.2.4　数据分析

1. 光伏接入总体情况

（1）装机数量、装机容量、发电量。

对分布式光伏整体接入情况进行监测分析，统计装机容量与发电量的关联关系，研究光伏发展与政策导向的关联关系。

（2）“十三五”光伏发展态势。

根据 A 省光伏发展现状，结合《A 省太阳能发展“十三五”规划》方案，对 2016—2020 年 A 电网光伏发展态势进行分析。

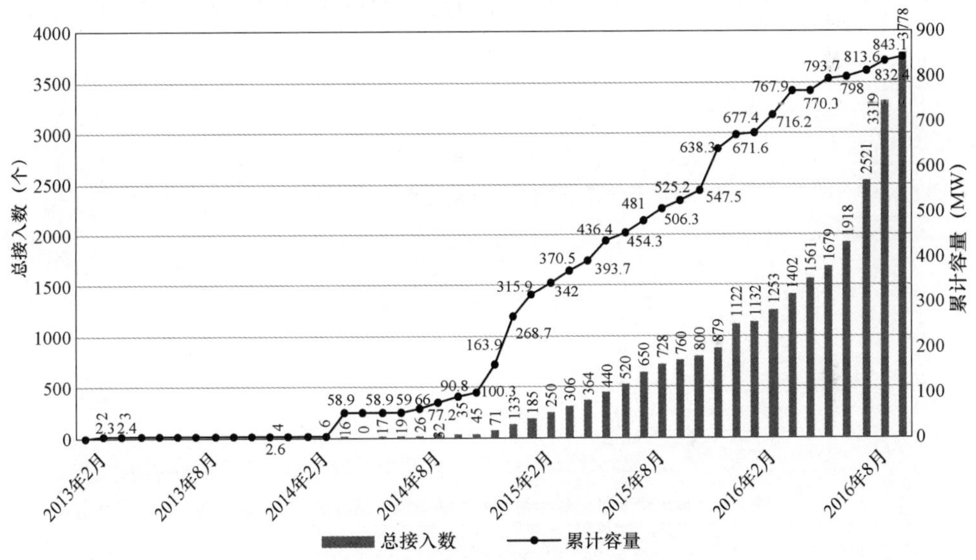

图 10－1　分布式光伏月度接入趋势分析

通过发展规划及发电量测算公式，预先掌握“十三五”期间每年光伏发展情况。2016—2020 年 A 省光伏发电态势测算结果如表 10－5 所示。

表 10－5　　　2016—2020 年 A 省光伏发电态势测算结果

（电量单位：亿 kWh，容量单位：MW）

年份	总容量	总电量	分布式容量	分布式电量	电站容量	电站电量
2016	1131.92	9.3	909.51	8.2	222.41	1.1
2017	1351.45	12.6	1039.63	9.9	310.81	2.7
2018	1510.96	14.5	1169.76	10.2	341.21	3.3
2019	1670.48	16.1	1299.88	12.5	370.60	3.6
2020	1736	17.2	1336	13.3	400	3.9

2. 最大发电效率分析及预测

光伏发电效率一方面反映光伏设备的光电转换效率和光伏设备生产制造水平；另外，光伏发电效率受太阳辐射度、天气、温度等自然因素影响，具有较大的波动性。通过监测光伏出力的波动情况，掌握波动规律，对光伏出力进行预测。

（1）发电效率影响因素分析。

选取 2015 年 2 月—2016 年 8 月的分布式光伏、集中式光伏电站的整点出力数据，进行功率合并，得到分布式光伏、集中式光伏及全部光伏每天的出力曲线。选取出力日曲线的最大值，计算最大值与光伏容量的比值，得到分布式光伏、集中式光伏与全部光伏的最大发电效率，如图 10－2 和图 10-3 所示。

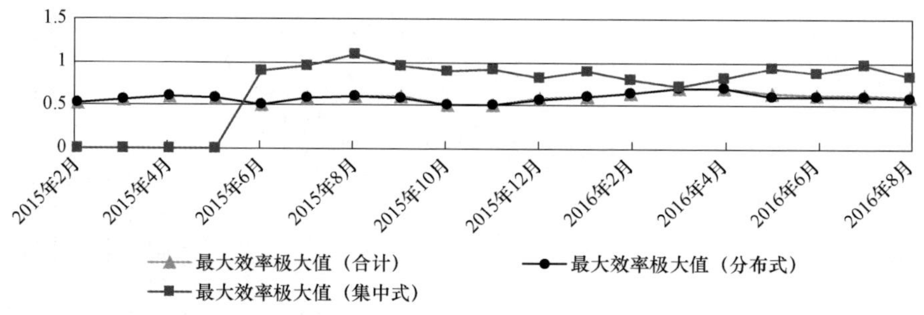

图 10－2　光伏最大发电效率监测结果

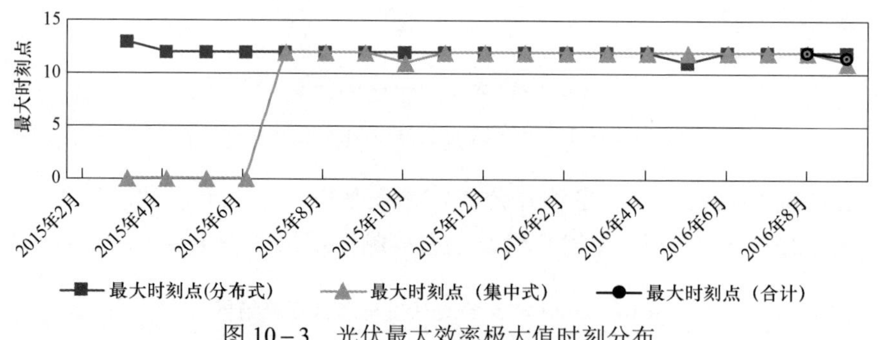

图 10－3　光伏最大效率极大值时刻分布

（2）最大发电效率随季节（天气）变化规律监测。

光伏最大发电效率随季节、天气变化产生相应波动，具有一定的周期性规律。掌握光伏最大发电效率随季节、天气的变化规律，可加强分布式光伏出力的预测能力。

天气为晴时，分布式光伏、集中式光伏与全部光伏的最大发电效率最高。

最大发电效率上限值按晴、多云、阴、雨的顺序依次降低。

3. 对负荷曲线的影响分析

对光伏接入后的电网负荷曲线进行监测分析，一方面，研究光伏接入在降低网供负荷需求、改变网供负荷特性、延缓电网投资方面的作用；另一方面，研究典型日、节假日、春节等日期光伏最大出力和渗透率，为电网规划与运行提供一定的决策参考。

（1）光伏接入对负荷曲线的影响分析。从 OPEN3000 系统获取 2015 年 3 月 1 日—2016 年 9 月 30 日网供负荷数据，提取整点值，通过叠加网供负荷数据与光伏出力数据，得到 A 电网还原光伏发电影响后的负荷曲线。

计算还原前后负荷曲线的最大值、最小负荷最大差值及真实网供负荷最小时刻点，如图 10－4 和图 10－5 所示，分析光伏对网供负荷的影响情况。同时，根据最小负荷最大差值及真实网供负荷最小时刻点计算结果，得到偏差较大的日期列表。根据统计结果，光伏接入主要对负荷曲线的最大值产生影响，在特殊日期（如春节、夏季等），负荷曲线出现最低负荷发生在光伏出力较大的时刻（7～15 点），此时，光伏对网供负荷的最小值也有较大影响，降低了网供负荷的低谷值。总体上来说，光伏接入可以有效降低网供负荷的峰谷差。

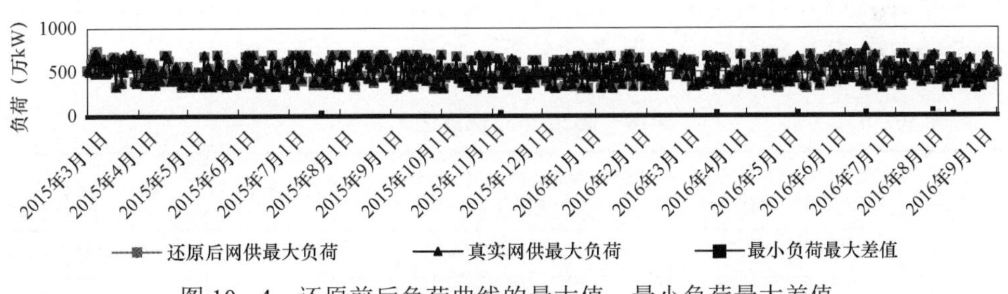

图 10－4　还原前后负荷曲线的最大值、最小负荷最大差值

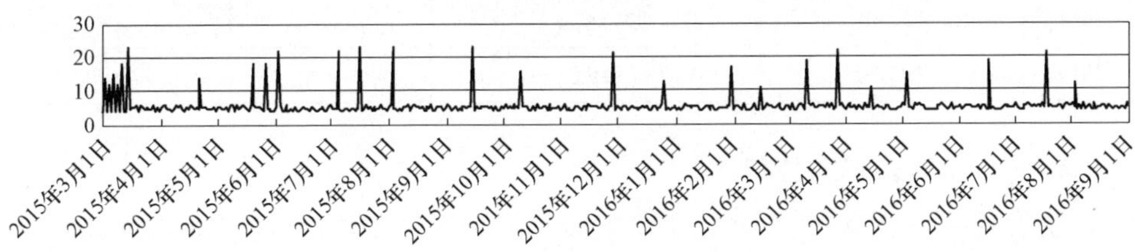

图 10－5　真实网供负荷最小时刻点

（2）渗透率监测分析。光伏渗透率反映光伏接入容量与网供负荷的占比。渗透率较高时，易出现功率倒送、保护误动、线损增加等情况，需加以重

视。分析一般日、节假日等不同时段的渗透率情况，按日期类型的监测结果如图 10－6 所示。A 地区春节期间渗透率已达到 39%，需引起重视，提高电网主动消纳能力，制定合理的运行方式和应急管理预案，保障电网安全、稳定、经济运行。

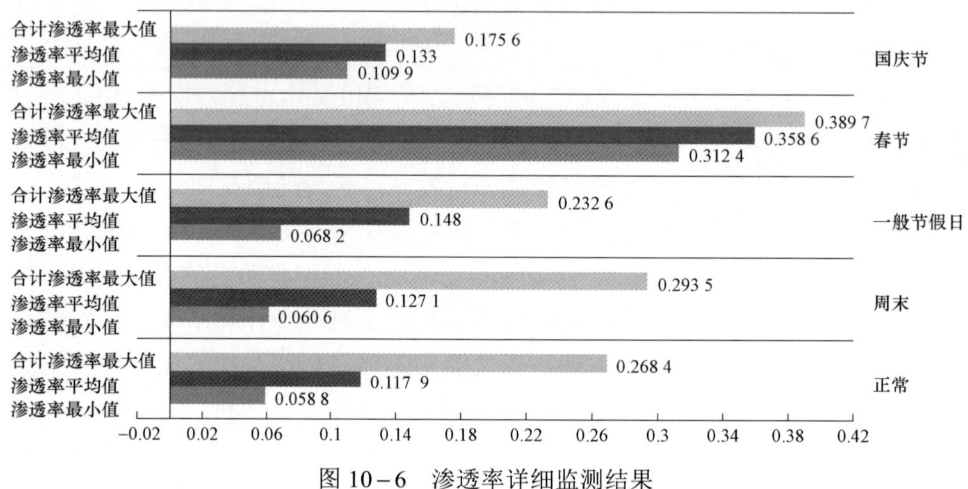

图 10－6　渗透率详细监测结果

（3）2016—2020 年光伏发展影响分析。根据 2016—2020 年光伏发展态势，结合全社会最大负荷预测结果对“十三五”期间光伏对社会最大负荷峰值及春节等时段渗透率的影响情况进行分析，如表 10－6 所示。

表 10－6　　2016—2020 年光伏渗透率趋势

年份	预测全社会最大负荷（夏季）（MW）	社会最大负荷折算值（春节）（MW）	夏季渗透率	春节渗透率
2016	7310	1862.50	10.89%	38.97%
2017	10 045	2559.35	12.91%	52.80%
2018	10 748	2738.46	13.55%	55.18%
2019	11 339	2889.04	14.25%	57.82%

4. 光伏组件衰减率分析

光伏衰减率反映了光伏组件发电能力随时间变化的特征，对电网运行人员、光伏设备制造商和光伏投资者有参考价值。对 2013—2016 年分布式光伏的最大出力进行统计，得到投运 1～4 年光伏组件衰减率变化情况，并关联相应厂商进行综合评价。

5. 逆变器电能质量及故障情况分析

光伏通过逆变器将直流电流转换为交流电流，实现并网发电。光伏并网时，将引入电压闪变、谐波、三相不平衡等问题，如果不引起重视，可能造成电能质量敏感型设备和用户的异常停电、损耗增加、设备损坏等问题。通过 A 地区电能质量问题、逆变器故障监测，结合对应厂商开展关联分析。光伏逆变器输出电能质量问题统计如图 10－7 所示。

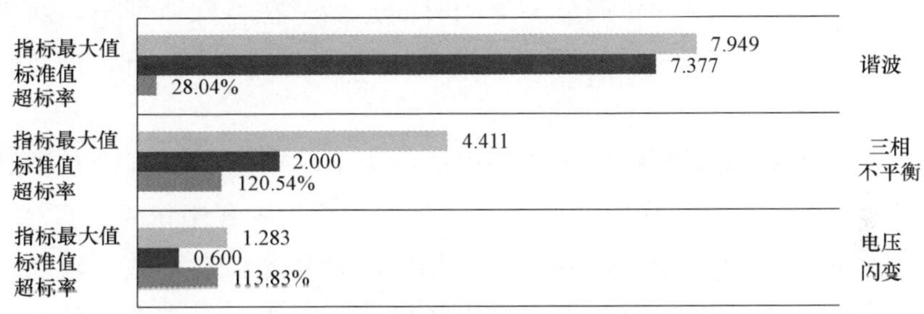

图 10－7　光伏逆变器输出电能质量问题统计

10.2.5　成果应用

1. 对光伏产业的反馈作用

（1）光伏发展现状与未来预测。近 5 年，A 地区分布式光伏电源的装机数量和装机容量增长较快，约占全省光伏装机容量的一半。其中，2014 年 11 月是分布式光伏发展的分水岭。2014 年 11 月前，分布式光伏装机数量和容量增长较平缓；之后呈现显著增长。而 2014 年 11 月恰好是分布式光伏地方财政补贴政策密集出台的窗口期。由此可见，分布式光伏的发展与扶持政策密切相关，政策扶持力度大，光伏发展相对较快。根据规划情况及我省“百万家庭屋顶光伏工程”的开展，未来 5 年，A 地区光伏接入以民用发电为主，装机容量 40 万 kW 以上。

（2）集中式与分布式光伏特点分析。集中式光伏发电效率整体高于分布式，但因分布式光伏并网容量占比大，因此整体光伏发电效率特征跟随分布式光伏。整体光伏最大发电效率月最高值在 51.29%～71.31%，日最大效率月平均值在 24.13%～53.82%。集中式发电效率整体高于分布式光伏。集中式日最大发电效率比分布式光伏高出 16.64%，日最大发电效率月平均值比分布式光伏高出 10.37%。

（3）光伏接入对配网运行的影响。光伏电源的接入改变了配网潮流单向辐射的方式，引起配网潮流双向流动，使线路（设备）停电检修的模式相应发生改变。尤其当线路上接入多个光伏电源时，需逐个确认光伏电源工作状态，因此停电作业前的现场踏勘、安全措施尤为重要。

（4）光伏接入对电网负荷的影响。光伏接入可以有效降低网供负荷的峰谷差。夏季峰谷差下降最明显，春秋季负荷峰值也有所削弱，但是用电负荷高峰时段与光伏出力效率最大时段不完全重叠，因此削峰作用不明显。受光伏影响，上午时段出现网供负荷最高值的时间提前，尤其在 2～4 月期间比较明显；下午时段出现网供负荷最高值的时间延后。在特殊典型日，网供负荷最小值时刻发生在 7～15 点，网供负荷最小值被光伏大大拉低，严重时可能引起倒送的情况。

（5）光伏发电效率分析。光伏发电的最大效率受天气、温度和季节影响较大。以日为单位分析，最大效率发生的时刻主要集中在中午 12 点，受季节、天气和温度影响略有浮动。以季为单位分析，春季光伏发电效率较高，秋季光伏发电效率较低，夏、秋、冬日最大效率差距不大，最大发电效率出现在春季，但最大效率平均值仍是夏季最高。以天气类型视角分析，天气为晴时光伏最大发电效率最高，最大发电效率上限值按晴、多云、阴、雨的顺序依次降低。

（6）光伏功率渗透率的影响。春节期间光伏渗透率最高，平均渗透率达 35.9%；一般节假日（各类小长假）期间光伏渗透率次之，平均渗透率为 23.3%；国庆节再次之，平均渗透率为 13.3%；周末与正常工作日的平均渗透率差别不大，分别为 12.7%和 10.8%，但周末和正常工作日光伏渗透率波动范围较大。所有节假日中，春节期间 A 地区企业放假率和居民出游率均高于国庆期间，导致用电量大幅减少，而且 2016 年春节期间日照条件明显好于 2015 年国庆节，因此春节期间最大光伏渗透率高于国庆期间的最大光伏渗透率。

（7）光伏组件质量分析。光伏组件发电衰减率是反映光伏组件质量的主要指标，对并网运行光伏电源的组件衰减情况进行统计分析，10kV 并网项目光伏组件的首年最大衰减率达 15%，380V 并网项目光伏组件的首年最大衰减率达 18%。光伏组件质量按品牌排名依次为晶科、昱辉、阿斯特、协鑫、芯能、亿晶、中节能、向日葵。

2. 对电网企业的反馈作用

（1）加快电网规划研究与建设。加快开展 A 电网规划研究与建设，积极应对分布式电源大规模接入的新形势。根据分析结果，当前 A 电网光伏平均渗透率在 12%左右，特殊情况下（如春节期间）渗透率高达 39%。需加强对高渗透率光伏接入的规划方法、高渗透率接入后对电能质量影响分析和治理等课题的研究，针对高渗透率光伏制定合理的调度运行方式，不断提高系统运行效率，降低光伏发电成本，减少光伏大面积接入对电网运行的影响。

“十三五”时期，A 电网光伏发展优先方向是屋顶分布式光伏，合理管控集中式光伏电站建设。到 2020 年 A 市光伏装机容量 1300MW，2025 年 A 市光伏装机容量 1800MM。需要进一步规范 A 太阳能发电的应用规模，大力发展分布式光伏，有序发展集中式光伏，提高太阳能应用的整体经济性及社会效益，进一步满足经济社会转型发展的能源需求。同时，推动互联网与光伏融合，加快智慧光伏电站、能源互联网、云计算、大数据、信息安全等领域建设。

（2）加强电网运行监控与管理。光伏电源大量接入，改变了电网原有的电网负荷规律，主要表现在网供负荷峰谷差缩小，日负荷峰值出现时间提前或延后，光伏出力的波动性导致负荷预测难度加大等。因此，需要综合历史电网数据、气象预报参数等因素加强光伏功率预测和负荷预测，提升预测的准确率。在春节、小长假等典型日，加强电网运行监视，及时采取调压手段和电网运行方式调整，防止光伏功率倒送引起的电网越限情况发生。对于光伏渗透率超 30%的区域和时段，要积累电网运行数据，通过历史数据和预测模型分析，提出保障电网安全运行的措施。开展分布式电源群控策略研究，当电网因大量分布式电源功率波动引起系统电网不稳定时，能及时、准确地对分布式电源进行群体控制，确保电网安全稳定。

（3）加强电网运维风险管控。

1）做好“两本账”管理。一是光伏电源文本台账，台账信息包括项目名称、项目所属区域、消纳方式、接入公网线路名称、装机容量、并网点电压等级、并网点位置等，做到台账信息统一管理，及时更新；二是光伏电源接线图，在 GIS 或台区单线图中标注光伏电源，确保每个光伏电源在接线图上标注及时、准确。

2）加强安全标识管理，保证安全技术措施。检修单位在现场勘察前，应从电网接线图上查看停电检修区域是否存在分布式光伏电源，及其接入位置等信息。检修单位开展现场勘察时，应掌握分布式光伏电源接入电网的现场信息，包括停电检修影响的分布式光伏电源、上级公共电网对应的设备与区域，并制定安全措施。同时，春节、国庆节期间需加强对光伏出力的预测和电网的监控，制定合理的风险管控和安全预警方案。

（4）促进光伏设备质量提升。光伏设备属于用户资产，由用户自行采购，电网企业对光伏设备质量控制缺少有效抓手。当前，由于光伏设备市场准入机制不健全，导致部分入网的光伏设备质量较差，突出表现在电能质量超标、孤岛保护不灵敏等，影响了电网安全运行。基于光伏大数据，分析光伏设备质量情况与运行情况，并在一定范围内公开发布分析结论，能促进设备制造商不断改进光伏设备质量，引导光伏投资商选择质量可靠的设备，从而提高电网接纳新能源能力和安全运行水平。通过光伏设备大数据分析，主要对光伏组件、光伏逆变器两类设备质量按不同品牌开展评价，并对评价结果进行发布。关于发布方式，初期，在 A 公司内部发布，应用于光伏系统接入方案制定、并网调试验收、运维检修等工作；后期，由内部发布转向社会发布。

第 11 章 电网企业数据分析呈现

11.1 数据分析报告撰写

11.1.1 数据分析报告主要类型

由于数据分析报告的对象、内容、时间和方法等情况不同，因此存在不同形式的报告类型。常见的几种数据分析报告有专题分析报告、综合分析报告和日常数据通报等，各自的特点如表 11－1 所示。

表 11－1 数据分析报告主要类型

类　型	特　　点
专题分析报告	对某一现象的某一方面进行专门研究，具有专一性和深入性
综合分析报告	全面评价一个地区、单位、部门业务等事物的发展情况，具有全面性和联系性
日常数据通报	定期反映计划执行情况，并分析其影响和形成原因，一般按照日、月、季、年等时间阶段定期发布，具有进度性、规范性、时效性

1. 专题分析报告

专题分析报告是对社会经济现象的某一方面或某一个问题进行专门研究的一种数据分析报告，它的主要作用是为决策者制定某项政策、解决某个问题提供决策参考和依据。专题分析报告有以下两个特点：

（1）单一性。专题分析不要求反映事务的全貌，主要针对某一方面或者某一问题进行分析，如用户流失分析、提升用户转化率等分析。

（2）深入性。由于内容单一，重点突出，因此要集中精力解决主要问题，包括对问题的具体描述、原因分析和提出可行的解决办法。这需要对公司业务有深入的认识，切记泛泛而谈。

2. 综合分析报告

综合分析报告是全面评价一个地区、单位、部门业务或其他方面发展情况的一种数据分析报告，如世界人口发展报告、某企业运营分析报告等。综合分析报告有以下两个特点：

（1）全面性。综合分析报告反映的对象，无论是一个地区、一个部门还是一个单位，都必须以这个地区、部门或者单位为分析总体，站在全局高度反映总体特征，做出总体评价。例如，在分析一个公司的整体运营时，可以用常用的4P分析法，从产品（Product）、价格（Price）、渠道（Place）和促销（Promotion）这4个角度进行分析。

（2）联系性。综合分析报告要把互相关联的一些现象、问题综合其他进行系统的分析。这种分析不是对全部资料的简单罗列，而是在系统地分析指标体系的基础上，考察现象之间的内部联系和外部联系。这种联系的重点是比例和平衡关系，分析研究它们的发展是否协调，是否适应。因此，从宏观角度反映指标之间关系的数据分析报告一般属于综合分析报告。

3. 日常数据通报

日常数据通报是以定期数据分析报告为依据，反映计划执行情况，并分析其影响和原因的一种分析报告。它一般是按日、周、月、季等时间阶段定期进行的，因此也称定期分析报告。日常数据通报包含以下3个特点：

（1）进度性。由于日常数据通报主要反映计划的执行情况，因此必须把执行进度和时间的进展结合分析，观察比较两者是否一致，从而判断计划完成的好坏。为此，需要进行一些必要的计算，通过对一些绝对数（一定条件下总规模、总水平的综合指标，如10天）和相对数（两个有联系的指标经过计算而得到的数据，如6倍）指标来突出进度。

（2）规范性。日常数据通报基本成了相关部门的例行报告，定时向决策者提供，所以这种分析报告形成了比较规范的结构形式。日常数据通报一般包括以下几个基本部分：

1）反映计划执行的基本情况；

2）分析完成和未完成的原因；

3）总结计划执行中的成绩和经验，找出存在的问题；

4）提出措施和建议。

这种分析报告的标题也比较规范，一般变化不大，有时为了保持连续性，标题只变动了一下时间，如《××月××日业务发展通报》。

（3）时效性。日常数据通报的性质和任务决定了其是时效性最强的一种分析报告。只有及时提供业务发展过程中的各种信息，才能帮助决策者掌握企业的最新动态，否则将贻误工作。

11.1.2 数据分析报告撰写流程

数据分析报告的撰写首先要明确分析需求，在获取相应数据并进行处理之后，对其进行分析评价，最后形成报告。数据分析报告撰写流程如图 11－1 所示。

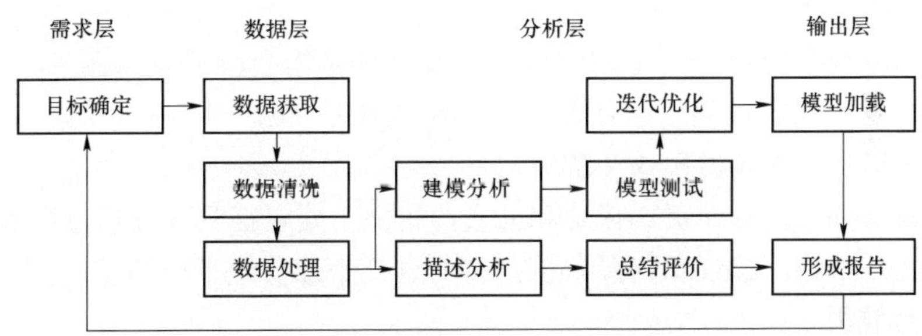

图 11－1 数据分析报告撰写流程

1. 需求层：目标确定

一份成熟的报告首先要根据拟分析的方向确定清晰具体的数据分析目标。选择目标时，应注意以下几点。

（1）确定一个领域/行业：保证报告能够真正触及事情的本质，而不是就数字论数字。

（2）选择该领域/行业内的某个细分领域/细分行业作为切入点：保证报告有一条清晰的主线，而非单纯堆砌数据。

（3）确定这个领域/行业可以获取的数据：保证报告具有可供分析的数据基础支撑。

2. 数据层：数据准备及处理

上述第一步工作完成之后，报告需要哪些数据就基本明确了。接下来需要获取相应数据，并对其进行筛选、清洗及处理工作，具体方法请参见第 4 章电网企业数据准备及处理。

3. 分析层：描述分析及评价

数据处理完成后，我们将进行报告的核心部分——数据描述与分析工作，有些数据还需建立模型并进行测试优化，具体分析方法请参见第 5 章电网企业数据分析算法及模型。在对数据进行分析和总结之后，得出主要评价结论，并对评价结论进行解释和分析。

4. 输出层：形成报告

完成上述工作之后，一份数据分析报告已经初具雏形。将以上内容整合形成报告，包括报告背景、报告目的、数据来源及数量等基本情况，分页图表内容及本页结论、各部分小结及最终总结等部分，在编写过程中要注意保证数据报告内容的完整性。

11.1.3 数据分析报告结构要素

数据分析报告会有一定的结构，但是这种结构会根据公司业务、需求的变化而产生一定的调整。但是最经典的结构还是“总—分—总”结构，它主要包括开篇、正文和结尾 3 个部分。

开篇部分包括标题页、目录和前言，正文主要包括具体分析过程和结果，结尾主要是结论、建议和附录。下面将对这几个部分进行介绍。

1. 标题页

标题页需要写明报告的题目，要精简干练，根据版面的要求在一两行内完成。起好标题很重要，好的标题不仅可以表现数据分析的主题，而且能够引起读者的阅读兴趣。下面介绍下几种常用的标题类型。

（1）解释基本观点。这类标题往往用观点句来表示，点名数据分析报告的基本观点，如《不可忽视高净值客户的保有》《直播业务是公司发展的重要支柱》等。

（2）概括主要内容。这类标题重用数据说话，让读者抓住中心，如《我公司销售额比去年增长 30%》等。

（3）交代分析主题。这类标题反映分析的对象、范围、时间和内容等情况，并不点名分析师的看法和主张，如《拓展公司业务的渠道》《2018 年运营分析》等。

（4）提出疑问。这类标题以设问的方式提出报告所要分析的问题，引起读者的注意和思考，如《客户流失到哪儿了》《1500 万的利润怎样获得》等。

2. 目录

目录可以帮助读者快速地找到所需内容，因此要在目录中列出报告主要章节的名称。如果是在 Word 中展现，还要在章节名称后加上对应的页码，对于比较重要的二级目录也可以将其列出来。

由于一份完整的报告通常具有较大的内容量，对于一些读者来说，可能更关注其中以图表展示的分析结论。因此，当书面报告中有大量的图表时，可以考虑将图表单独制作成目录，便于呈现分析结果。

3. 前言

前言是分析报告的重要组成部分，主要有分析背景、分析目的和分析思路。前言的写作一定要经过深思熟虑，前言内容是否正确，对最终报告是否能解决业务问题，能否给决策者提供有效依据起决定性的作用。

（1）分析背景。对数据分析背景进行说明主要是为了让报告阅读者对整体的分析研究有所了解，该部分一般需阐述此项分析的主要原因、分析的意义及其他相关信息，如行业发展现状。

（2）分析目的。阐述目的可以让读者知道这次分析能带来何种效果，可以解决什么问题，也可将研究背景和目的的意义合二为一。

（3）分析思路。分析思路是对这份报告整个分析过程的总体说明，包括分析内容、指标、方法和流程等。需要注意的是，目的越明确，针对性就越强，也就越有指导意义，否则数据报告将言之无物，体现不出研究价值。

4. 正文

正文是数据分析报告的核心部分，它将系统全面地表达分析过程和结果。通过展开论题，对论点进行分析论证，表达撰写报告者的见解和研究成果的核心。

一篇报告只有想法和主张是不行的，必须经过科学严密的论证才能确保观点的合理性和真实性，从而使人信服。报告正文有以下几个特点：

（1）是报告最长的主体部分；

（2）包含所有数据分析的事实和观点；

（3）通过数据图表和相关的文字结合分析；

（4）正文各个部分具有逻辑关系。

5. 结论与建议

报告的结尾是对整个报告的综合与总结，是得出结论、提出建议、解决矛盾的关键。好的结尾可以帮助读者加深认识，明确主旨，引起思考。

结论是以数据分析结果为依据得出的分析结果，它不是简单的重复，而是结合公司的业务，经过综合分析、逻辑推理形成的总体论点。结论应该首尾呼应，措辞严谨、准确。

建议是根据结论对企业或者业务问题提出的解决方法，建议主要关注在保持优势和改进劣势等方面。同时，它也应该是一个可行的建议，因为在分析时它结合了业务实际。

6. 附录

除了上述数据分析报告的基本结构之外，还有一个部分不可忽视，它就是报告的附录。

附录是分析报告的一个重要组成部分，一般来说，附录提供正文中涉及而未阐述的有关资料，有时也含有正文中提及的资料，从而向读者提供一条深入数据分析报告的途径。附录主要包括报告中设计的专业名词解释、计算方法、重要原始数据、地图等内容，附录是报告的补充，并不是必需的，所以附录可以结合实际来确定是否要加上。

11.2 常用图表类型

11.2.1 数据类图表类型

1. 散点系列图

散点图也称为相关图，是一种将两个变量分布在纵轴和横轴上，在它们的交叉位置绘制出点的图表，主要用于表示两个变量的相关关系。散点图的 X 和 Y 轴都是与两个变量数值大小分别对应的数值轴。通过曲线或折线两种类型将散点数据连接起来，可以表示 X 轴变量随 Y 轴变量数值的变化趋势。

气泡图是散点图的变换类型，是一种通过改变各个数据标记大小来表现第 3 个变量数值大小的图表。由于视觉难以分辨数据标记大小的差异，因此一般会在数据标记上添加第 3 个变量的数值作为数据标签。

散点图和气泡图如图 11-2 所示。

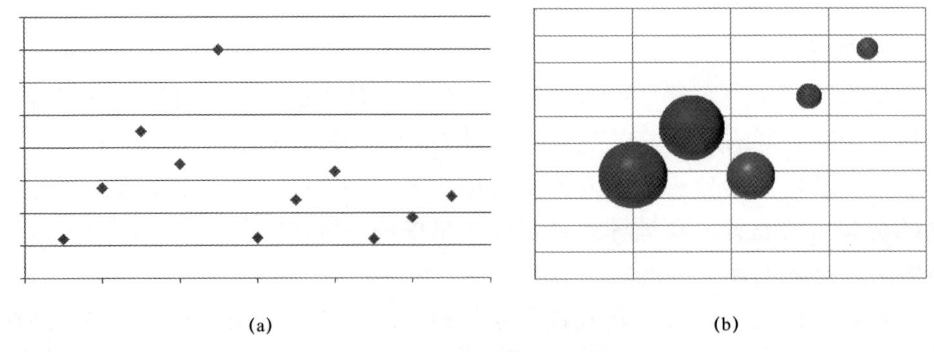

(a) (b)

图 11－2　散点图和气泡图

（a）散点图；（b）气泡图

2. 柱形图

柱形图是使用柱形高度表示第二个变量数值的图表，主要用于数值大小比较和时间序列数据的推移。*X* 轴为第一个变量的文本格式，*Y* 轴为第二个变量的数值格式。柱形图系列还包括可以反映累加效果的堆积柱形图、反映比例的百分比堆积柱形图、反映多数据系列的三维柱形图等。

条形图其实是柱形图的旋转图表，主要用于数值大小与比例的比较。对于第一个变量的文本名称较长时，通常会采用条形图，但是时序数据一一般不会采用条形图。直方图、排列图（帕累托图）、瀑布图、漏斗图等图表以柱形或条形表示数据，这里也将它们归类于柱形图表系列。

柱形图和条形图如图 11-3 所示。

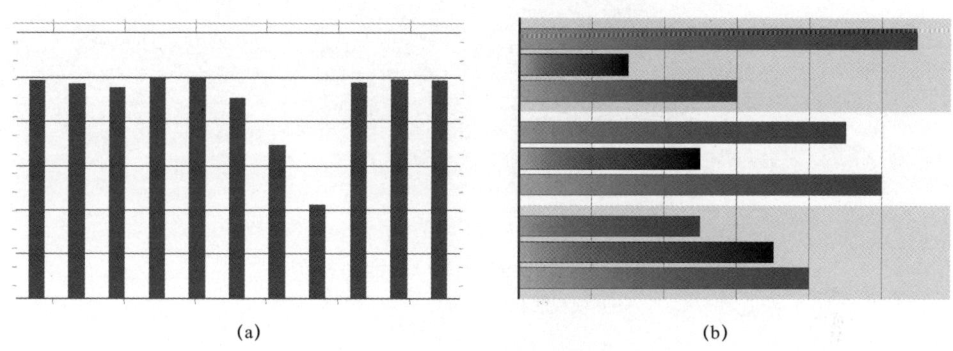

(a)　　(b)

图 11－3　柱形图和条形图

（a）柱形图；（b）条形图

3. 面积图

面积图是将折线图中折线数据系列下方部分颜色填充的图表，主要用于表示时序数据的大小与推移变化。面积图还包括可以反映累加效果的堆积面积图、反映比例的百分比堆积面积图、反映多数据系列的三维面积图等。

折线图可以看成面积图的面积填充部分设定为无的图表，主要表达时序数据的推移变化。两者的 *X* 轴都为第一个变量的文本格式，*Y* 轴为第二个变量的数值格式。对于多数据系列的数据一般采用折线图表示，因为多系列面积图存在遮掩的缺陷。

折线图和面积图如图 11-4 所示。

常见面积图有堆积面积图和三维面积图，如图 11－5 所示。

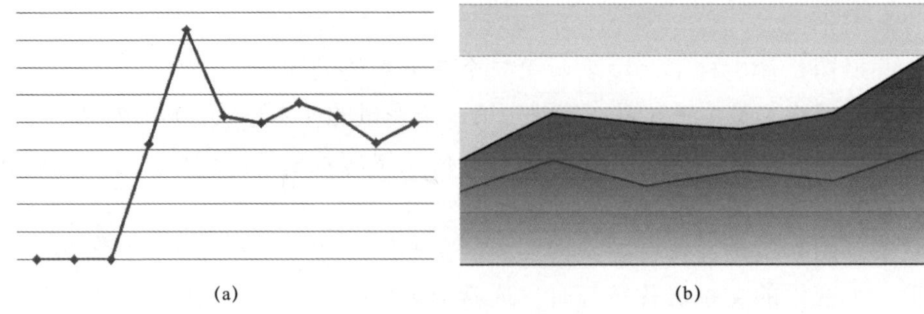

(a) (b)

图 11－4　折现图和面积图

（a）折线图；（b）面积图

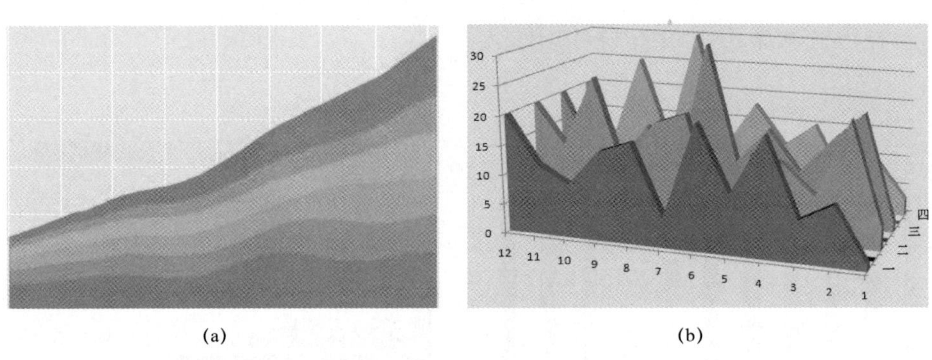

(a) (b)

图 11－5　堆积面积图和三维面积图

（a）堆积面积图；（b）三维面积图

4. 饼图

饼图是一种用于表示各个项目比例的基础性图表，主要用于展示数据系列的组成结构，或部分在整体中的比例。平时常用的饼图类型包括二维和三维饼图、圆环图、旭日图（图 11-6）。饼图只适用于一组数据系列，圆环图可以适用于多组数据系列的比例关系绘制。

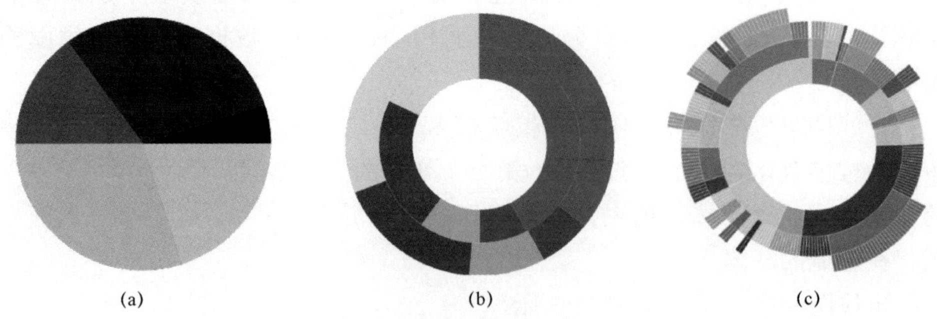

(a) (b) (c)

图 11－6　饼图、圆环图和旭日图

（a）饼图；（b）圆环图；（c）旭日图

旭日图也称太阳图，是一种圆环镶接图，每一个圆环就代表了同一级别的比例数据，离原点越近的圆环级别越高，最内层的圆表示层次结构的顶级。除了圆环外，旭日图还有若干从原点放射出去的"射线"，这些"射线"展示出了不同级别数据间的脉络关系。旭日图可以表达清晰的层级和归属关系，用于展现有父子层级维度的比例构成情况。

5. 雷达图

雷达图（图 11－7）是用来比较每个数据相对中心的数值变化，将多个数据的特点以"蜘蛛网"的形式呈现的图表，多用于倾向分析与重点把握；可以绘制数据的时间、季节等的变化特性。

在雷达图的基础上，可以实现极坐标图的绘制。图表一般是基于直角坐标系，而极坐标图是基于极坐标系。极坐标图可以用于周期时序数据的表示，能较好地展示数据变化规律。

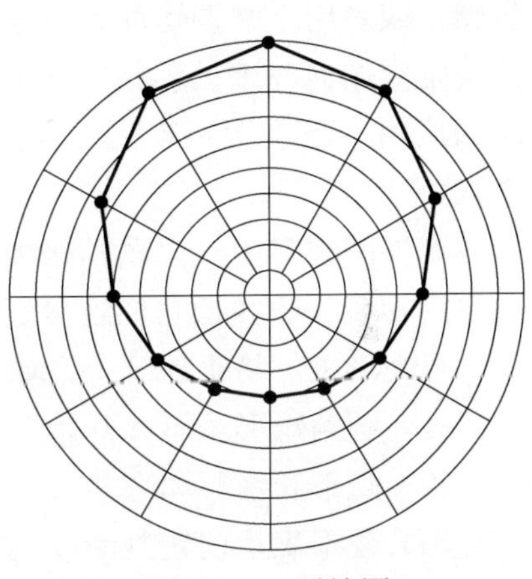

图 11－7　雷达图

6. 漏斗图

漏斗图（图 11－8）适用于业务流程比较规范、周期长、环节多的流程分析，通过漏斗各环节业务数据的比较，能够直观地发现和说明问题所在。漏斗图的每个阶段代表总数的百分比，因此，在大多数情况下，漏斗图的形状类似于一个漏斗——第一阶段为最大值，每个后一阶段的值都小于其前一阶段的值。在分析中，漏斗图通常用于转化率比较，它不仅能展示从最初到最终所有步骤的转化率，还可以展示每个步骤的转化率。但是单一漏斗图无法评价某个关键流程中各步骤转化率的好坏。

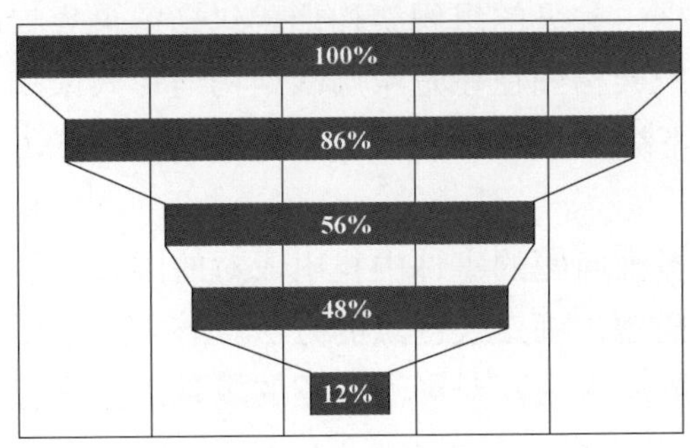

图 11－8　漏斗图

11.2.2 非数据类图表类型

1. 流程图

流程图是对过程、算法、流程的一种图像表示，有时也被称为输入–输出图，流程图往往用于显示行进、日程表，或者任务、流程或工作流中的顺序步骤，或者用于强调运动或方向。流程图对准确了解事情是如何进行的，以及决定应如何改进过程极有帮助，通常在技术设计、交流及商业等领域有广泛的应用。流程图可以用于整个企业，以便直观地跟踪和图解企业的运作方式。

流程图通常用一些图框来表示各种类型的操作，在框内写出各个步骤，然后用带箭头的线把它们连接起来，以表示执行的先后顺序。用图形表示算法，直观形象，易于理解。为便于识别，绘制流程图的习惯做法如下：

（1）圆角矩形表示“开始”与“结束”；

（2）矩形表示行动方案、普通工作环节；

（3）菱形表示问题判断或判定（审核/审批/评审）环节；

（4）用平行四边形表示输入/输出；

（5）箭头代表工作流方向。

2. 组织架构图

组织架构图是组织架构的直观反映，是最常见的表现雇员、职称和群体关系的一种图表，它形象地反映了组织内各机构、岗位上下左右相互之间的关系。组织架构图是从上至下、可自动增加垂直方向层次的组织单元、图标列表形式展现的架构图，以图形形式直观地表现了组织单元之间的相互关联，并可通过组织架构图直接查看组织单元的详细信息，还可以查看与组织架构关联的职位、人员信息。组织架构是企业的流程运转、部门设置及职能规划等最基本的结构依据，常见的组织架构形式包括中央集权制、分权制、直线式及矩阵式等。组织架构图往往是用层次结构的形式来表示，用于显示组织中的分层信息或上下级关系。

3. 矩阵图

矩阵图就是从多维问题的事件中找出成对的因素，排列成矩阵图，然后根据矩阵图来分析问题，确定关键点的方法。该方法利用矩阵图识别行与列的相关性或相关性程度大小，对影响问题的多种因素进行综合考量，是探索问题的有效方法。

矩阵图特点如下。

（1）通过矩阵图的制作与使用，可以累积众人的经验，在短时间内整理出问题的头绪或决策的重点。

（2）各要素之间的关系明确，能够使我们掌握到全体要素之间的关系。

（3）矩阵图依行、列要素分析，可避免一边表现得太抽象，而另一边又太详细的情形发生。

11.2.3 改进类图表

对于电网企业，简单的图表无法满足其复杂的数据分析业务需求。改进类图表可以帮助电网企业对数据之间的对应关系、变化趋势有更具体的认识，增加数据图表的直观性。

1. 柱形图的改进

柱形图的优点是能够直接明了地反映数据的数量大小，但普通的柱形图不能较好地对比不同类型数据之间的差异，因此对柱形图做改进能够弥补该缺陷。常见的改进柱形图有百分比堆积柱形图，如图 11－9 所示。

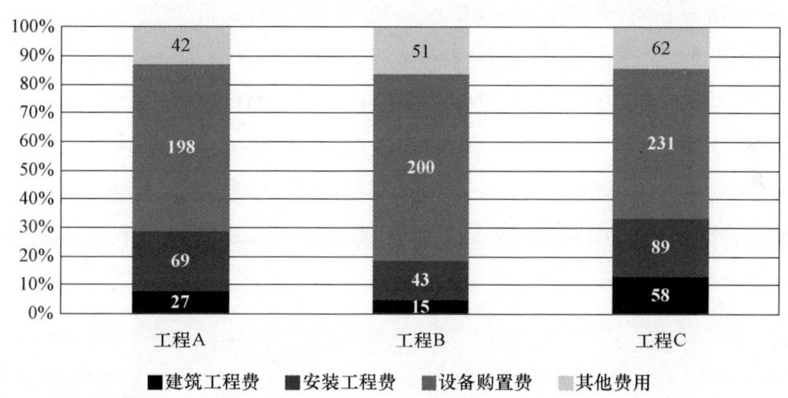

图 11－9 3 项工程费用的百分比堆积柱形图（单位：万元）

2. 折线图的改进

折线图因为能够反映数据变化的趋势而被广泛运用，但却无法直观地反映各部分数量所占的比例。改进的折线图就很好地克服了这一缺点，常见的改进折线图有百分比堆积折线图，如图 11－10 所示，它不仅能反映数据的整体趋势，还能体现各部分数量的比例。

3. 组合类图表

在电网企业数据分析过程中，往往需要对多个指标同时分析，如分析某些业务数据时，既想用柱形图表示电量，又想用折线图表示电价，常规的方

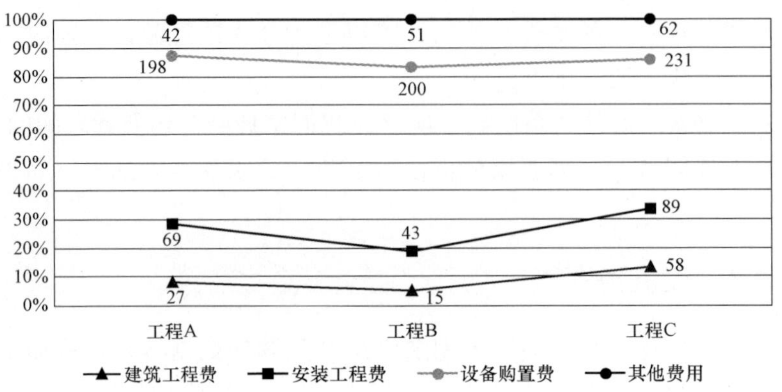

图 11－10　3 项工程费用的百分比堆积折线图（单位：万元）

法是制作两张图表，但是这样会占用文档过多的空间，同时阅读起来也不方便。对于此类需求，现在可以借助组合类图表的方式来完成。

组合类图表将不同类型的图表合并在同一张图表中，使其同时具有多种类型图表的优点，让图表使用者更直观明确地了解不同分析对象之间的对应变化关系。常见的组合类图表有折线－柱形组合图。

折线图和柱状图的组合类图表同时具备两种类型图表的优点，它不仅能通过折线图反映数据的变化趋势，还能通过柱形图清楚地看出数据的数量大小。图 11－11 所示为某省 2017 年 2—12 月月度集中竞争交易分月电量－价差情况的折线－柱形组合图，可从该折线－柱形组合图中看出 2017 年 2—12 月各月份的集中交易的电量大小，还能发现集中竞争交易的价差呈波动上升的趋势。

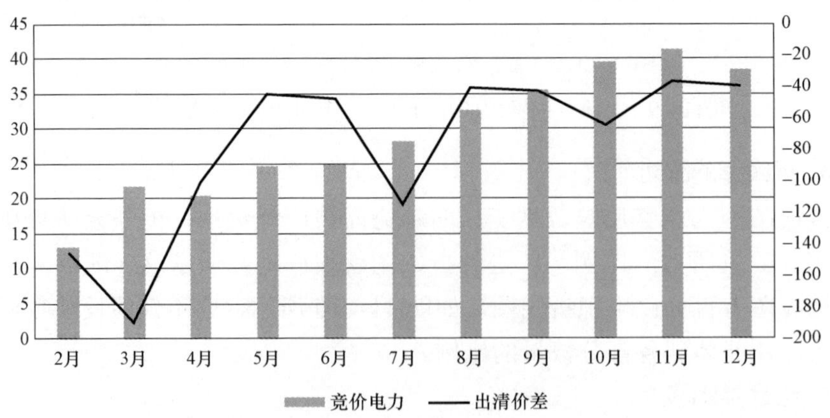

图 11－11　某省 2017 年 2—12 月月度集中竞争交易分月电量－价差情况的折线－柱形组合图（单位：亿 kWh；厘/kWh）

4. 矩阵图

矩阵图是从多维问题中找出成对的因素群，分别排列成行和列，形成一个矩阵，通过该矩阵能够找出其间行与列的相关性或相关程度的大小。矩阵图由 3 个部分组成：对应事项、事项中的具体元素和对应元素交点处表示相关程度的符号。利用矩阵图并根据各因素之间的相关程度，寻找解决问题的方法，就是矩阵图法。

如图 11－12 所示，该矩阵图表示的是某企业 14 个项目对企业战略和经营绩效影响程度，通过矩阵图能清楚地看出哪个项目对经营绩效影响度高，哪个项目对企业战略影响度高，从而判断各个项目的发展前途。

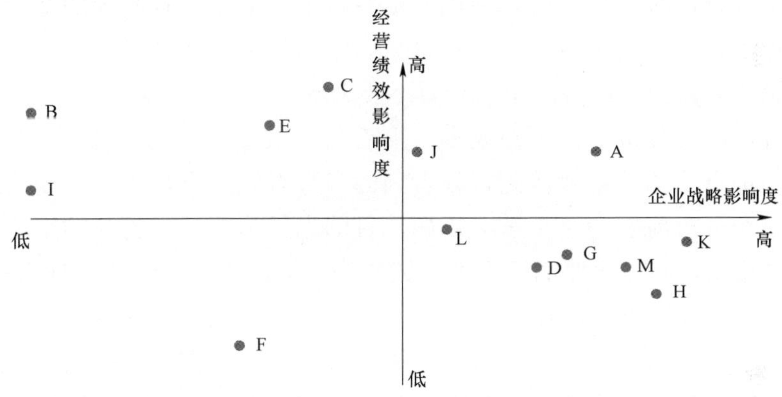

图 11－12　某企业 14 个项目对企业战略和经营绩效影响程度的矩阵图

11.3　数据分析报告

11.3.1　数据分析报告撰写要求

1. 搭好框架

一份有价值的报告首先要有一个好的框架。以盖房子作为类比，基础坚实、架构坚固，才能支撑得起主体；报告层次分明、结构清晰，才能准确表达结论建议，可以让人读懂读顺读通。

2. 理好逻辑

好的分析报告一定要有逻辑性，通常要遵照“发现问题—总结问题原因—解决问题”这样一个流程，逻辑性强的分析报告也容易让人接受。逻辑清晰的报告也具有很强的可读性，这里是指易读度。每个人都有自己的阅读习惯和思维方式，有时按照自己的思维逻辑写出的文字，在别人读来未必能够顺利理解。要知道阅读者往往只会花 10 分钟以内的时间来阅读，所以要考虑你的分析阅读者是谁？他们最关心什么？你必须站在阅读者的角度去写分析报告。

3. 画好图表

数据分析报告尽量图表化，用图表代替大量堆砌的数字，有助于人们更形象更直观地看清楚问题和结论。当然，图表也不要太多，过多的图表一样会让人无所适从。

4. 做好结论

每个分析都有结论，而且结论一定要明确，如果没有明确的结论那就谈不上分析了，也失去了数据分析的意义。因为你本来就是要去寻找或者印证一个结论才会去做分析的，所以千万不要忘本舍果。

同时，注意分析结论不必太多，重点在于精要，一些情况下一个分析呈现出一个最重要的结论就恰到好处。因为多数时候分析是为了发现问题，如果一个一个分析能发现一个重大问题，目的也就达到了。精简的结论更容易让阅读者接受，减少重要阅读者的阅读心理门槛，如果阅读者看到问题太多，结论太烦琐，读不下去，那么 100 个结论也等于 0。

还有一点值得重视的是，分析结论一定要基于紧密严谨的数据分析推导过程，不要有猜测性的结论，表述过于主观将在说服力上大打折扣。

11.3.2　数据分析报告的闭环效应

闭环效应是指一种可持续发展的工作管理方式，对每一件事情都要定义它的起点和终点，终点要能和下一个相关或类似任务的起点进行衔接，形成一个闭环系统。

一份优秀的数据分析报告，不仅对其分析对象有理论意义，更可以对下一个相关业务提供指导价值。把数据分析到验证每一个步骤有机连接在一起，由此指导业务和实践，同时也能对闭环进行迭代优化。将分析报告应用到企业实际中，使结果反馈到运营管理中，与整个数据分析流程构成闭环，则形成电网企业数据分析报告的闭环效应。

数据的准确、真实、全面、精细，都是影响最终分析结果的因素，可实践的数据才能让企业获得前瞻性的预测。数据从一端流向另一端，无可避免地会产生转化率的问题，很多企业或行业无法完善流转间的数据留存，无法清晰统计转化的方向。数据本身并没有价值，只有把指标和数据用于指导实践，形成一个数据分析的闭环，才能体现出数据的意义。只有实现完整的数据闭环，才能让数据挖掘、数据分析变成商业价值。从布点、收集、存储、刷新、识辨、关联、挖掘、决策、行动，再到反馈，这样一个闭环才能让数据驱动业务，搭建一个适应大数据时代的技术架构，让企业转型变简单。

第 12 章 电网企业数据分析应用推广

随着电力行业的发展和改革，以及电网企业精益化管理需求的增长，通过挖掘电网运营过程中所积累的数据资源价值，集聚大数据技术成果，利用数据分析技术创新电网企业管理体制机制与业务模式，为电网企业把握时代脉搏，加快发展提供有力支撑。数据分析技术不仅可以应用在电网企业项目管理、生产运行、经营业务、客户服务和新兴业务当中，还可以在能源互联网建设、电网运行调度优化、电网运行数据实时分析、电网故障及时预警等方面得到进一步推广应用。

12.1 协助电网企业生产运营

随着大数据的发展，数据分析技术也广泛地应用于电网企业的生产运营、设备维护、财务决策等方面。

12.1.1 生产运营

为了更加全面地了解电力客户的信息，并为客户提供与其需求及行为特征紧密贴合的电力服务，在制定中长期发展战略时，电网企业更加重视提升客户服务能力。在数据分析技术的发展支持下，现在建立的大数据分析模型更加精确，可以体现多种因素，如经济、社会、气候环境、企业经营、客户用电动态等的影响。通过对数据模型的分析，可以找到电力因素，如负荷与各种非电因素之间的潜藏关系，进而归纳总结某一特定客户群体或行业的电力需求变化规律，将客户需求的个性与电网的生产运行方式和电力调度结合起来，指导电网的工作。

基于大数据的电网生产、经营预测分析模型将可以对历史用电情况进行分析、进行电量预测、进行大客户管理、进行 95598 服务管理、进行停电分析。

在历史用电情况分析方面，对用电客户按行业进行细分，根据用电量划分等级，运用数据统计分析工具，可以形成各行业全数据分析的数据报表和图形，帮助了解重点行业的用电情况、居民用电情况等。

在电量预测方面，技术上以大数据分析技术为支撑，实践上总结以往的专家经验并与实际的业务需求相结合，综合形成科学的预测模型，得出精确的预测结果。根据客户的信息特征，将以下指标纳入模型中：用电量、系统历史数据、月平均气温、降水、业扩报装情况、社会经济状况等，根据分析结果，构建预测目标客户群，统计其用电量。

在大客户管理方面，可以采用分层模型，形成“主户—子户—结算户”的层次结构维修页面，如果大客户的信息发生变化，业务人员可以相应地对客户数据进行更改。针对企业的信息档案，可以依据上、下游企业信息，以客户对应关系为纽带，形成上、下游企业信息统计报表。

在 95598 服务管理方面，构建 95598 服务管理分析的视图。首先，统计各类型业务及市场营销业务的相关信息，将其集成在客服人员的工作界面上，并将这些信息按类分区处理，实现信息的快速查询与调用，为客服人员的日常工作提供有力支持；其次，将高级分析模型应用于话务量、工单处理效率、回退差错情况等视图上，协助客服人员掌握客户的实时动态变化情况，识别目标客户群。视图的主要功能如下：按照诉求区域、受理方式、受理时间等从多维度统计业务的受理情况，并根据上述数据形成走势图。各类业务诉求按工单业务类型统计（含一、二、三级菜单）。当出现某一业务多次诉求的情况时，以表格形式统计业务的受理次数及业务的具体情况。统计工作人员的业务受理情况包括业务处理量、工作效率、出错率等，按话务员统计质检不同评价维度结果。

在停电分析方面，反复进行停电统计分析，若变压器一个月内停电两次及以上，以月为单位统计其具体数据，包括停电线路、所属台区、停电日期、停电次数、影响客户数等。若事故维修时间超出规定值，则将其录入时间统计与分析，以月为单位统计故障抢修工单的 4 个环节的超时情况。故障主要流程为停电故障传单—到达现场—现场录入—现场完成—恢复供电。统计年度预安排停电计划中停电次数超过 3 次的停电情况，根据实际的停电故障，统计厂站、线路、变压器，客户编号、客户名称、客户地址等详细信息；统计年度预安排停电计划中停电时间超过 24 小时的用电客户详细信息。

12.1.2 设备维护

目前，对电力设备的运行状态进行评估的方案主要有以下几种：基于既定标准导则对设备进行的打分制、基于收集到的有限数据的设备故障诊断专家系统、基于远程专家介入的自学习诊断系统，以及基于多维度数据和传统机器学习的设备状态评价专家系统等。其中，传统机器学习诊断设备故障方法一般基于对样本的训练，形成输入与输出之间的固定关系，其缺点也在于这种基于固定关系形成的模型只能针对无法改变的输入输出量；而基于远程专家介入的自学习诊断系统是将专家的经验建议加入样本训练系统中，以提高诊断结果的准确性。大数据挖掘技术的发展为电力设备状态评价提供了新的思路与手段，但同时它也对现有的参数监视设备的精确性提出了更高的要求。该方法将数理统计、模式识别等理论工具引入评价模型中，在大规模数据分析的基础上，去深层次地挖掘不确定模型条件下被分析因素之间的联系。

利用大数据挖掘分析方法对设备状态进行评估的基本思路是利用如聚类、关联等大数据分析方法，当设备处于正常运行状态时，采集其设备状态数据，形成大量历史数据后，对大数据进行分析，对应设备正常运行状态时在各种操作模式下的正常参数指标；同理，收集设备在故障与缺陷状态下的历史数据，然后进行深度关联分析，得到设备的运行参数与设备的故障状态之间的对应关系。这种方法的重点是建立设备参数与设备状态之间的对应规则集，以及影响评价结果的状态量关联强度及其权重值。

在传统的有限数据设备状态评估系统中，一般选取的状态量较为单一，对应设备的故障情况也是单一的，导致输入与输出之间的规律性不强；而利用大数据分析方法进行设备状态评估时，为了增强这种规律性，会基于多元多维度数据进行状态评估，主要分析设备状态量（包括设备权限、故障的结果性状态量）之间的关联性。

在利用大数据挖掘分析法评估设备状态时，设备状态量的权重系数是建立分析和决策模型的重要参数，因此要确定合理的权重值与修正方法。按照以下原则确定状态量的权重：依照调度规程、反事故措施、风险预控措施、特维方案、预试方案等划分设备的重要程度等级，根据历史数据统计设备缺陷/故障率等故障记录统计情况，设定设备/部件的重要性权重系数；基于设备缺陷/故障率等故障记录统计情况，考虑设备缺陷或故障之后对系统的影响程度及其引发的后果严重性，进而设定设备/部件的缺陷/故障严重性权重系数；

综合设备/部件权重、状态变量能够反映的缺陷/故障类型、相应的缺陷/故障严重性权重等参数，设定状态参量权重系数；结合历史数据，检验状态检测量的准确性，根据数据的可靠程度设定监测技术成熟度权重系数。利用历史数据及最新采集的样本数据，对设备综合评估成果进行长期的动态跟踪和分析，利用回归拟合、数据挖掘等技术手段修正状态量权重系数，可以根据设备状态监测参数分析得到实时精确的设备健康状态和风险指标。

12.1.3　财务决策

为了响应财务大数据的号召，电网企业财务部推行全面预算管理。全面预算管理能够实现对大数据的灵活运用，合理地设计电力需求响应系统和短期负荷预测系统，更好地理解电力客户的用电行为等。

电网企业在财务决策方面可以从 3 个角度推进大数据的应用。

1. 提高财务管控能力，协助制定企业战略

相比较企业内外部的其他类型的数据，财务数据更加复杂，从中可以挖掘许多重要信息。例如，可以建立数据分析模型，分析财务数据，寻找有价值的信息；还可以就投入成本、收获利润等在行业内进行相互比较分析、市场占有率分析、增长率分析等，总结经济增长的短期及长期规律，在挖掘市场潜力，提高企业竞争力的同时，还能加强对行业风险的控制。在利用模型进行数据分析时，利用全面预算管理解决方案，对产品类别进行分类，总结其不同时期的信息特征，企业可以将实际数据与模型预测结果进行比较，分析二者差距，找到解决问题的方法。通过与网络报销、费用控制等分析工具的配合，可以显著提高企业的财务管控能力，为企业战略的确定提供支撑。

2. 分析成本效益，支持基建决策

通过大数据提供的有效数据，发电企业可以预测自己的发电成本与预期效益，然后为发电厂站的地址选取、输电线路模式等提供参考信息。此外，若能得到卫星系统的支持，结合卫星数据将月相与潮汐数据进行综合，将更好地服务于电网企业基建建设。由于电网环境宏观上的不确定性，电网企业的投资决策面临着更大的挑战，因此，电网企业需要充分利用大数据的分析优势，提高财务的决策支撑、资源配置、风险防范作用，进而提高电网企业的盈利能力和投资能力。

3. 升级客户分析，提高财务收益

目前，电网企业的财务管理倡导投资管理精益化，进而提高投资效率。在相应的客户数据分析过程中，需要以分析型数据为基础，科学配置各种服务资源，构建合理的营销数据分析模型。同时，为了向各级数据需求者提供有针对性的、直观的分析展示，需要搭建不同的针对营销的系统性算法模型库，并且注重开发多样性的可视化工具，主动把握市场动态，为企业获得更好的效益、为顾客提供更好的服务做好铺垫。

12.2 促进电网调度运行优化

电网调度控制系统是电网运行数据产生和集聚的中心，这些数据中蕴含着电网运行和安全生产的宝贵信息。随着风光储等新能源广泛接入，电网调度运行过程中涉及体量巨大、类型繁多、复杂度高、分散性强的数据，对海量的电网运行数据进行分析并使之转化为知识和经验，进而保障电网的安全稳定运行，是电网智能调度发展的必然趋势。同时，随着智能电网建设的深入实施和智能传感设备的广泛使用，电力系统的数据量呈爆炸性增长趋势，电力行业迎来了大数据时代。通过数据分析技术获得海量数据中潜在的价值是目前电力大数据中重要的研究课题。尽管电力大数据具有宝贵的研究价值和广阔的应用前景，但是其面临着数据量大、数据异构和数据分散等问题。在电力调度控制系统中，实现调控大数据的有效利用，通过创新多源异构数据处理方法对多源异构的电力调控数据进行分析和信息共享，对于促进电网调度运行优化具有重要的意义。

随着大电网、大运行体系建设的不断深入，各调控业务系统间的联系日益紧密，调度控制系统中的数据规模、种类快速增长且数据复杂度高，具有大数据的典型特征。在调度控制系统中引入数据分析技术，关注隐藏在调控大数据中的信息和知识，为新的智能调度业务需求提供决策支持。先进的数据分析处理方法为电网企业运营管理中的重要问题研究提供了全新的思维模式。迅速积累的调度控制系统大数据为数据分析工作的开展提供了充足的条件，其中蕴含的宝贵信息和经验为电网的安全稳定运行提供了坚强的保障。

在电力大数据的基础上应用数据分析技术，能够对电网调度运行优化带来较多实质性的帮助，具体主要体现在以下几个方面：

第一，有助于提高电网调度运行工作的效率。由于电网调度控制系统各子系统的建设时期和开发商的不同，各系统之间缺乏统一的标准接口规范，因此调度控制系统的数据源存在系统分散、信息分散、结构异构、价值密度低等问题，在一定程度上增加了调度分析人员工作的重复性和复杂度。另外，目前调控各业务系统的统计指标的数量有限，导致对电网调度运行决策判断有用的大量信息分散在不同的业务系统中，不能及时有效地获取所需要的信息进行分析，导致无法获取更多有价值的决策知识。如何使电网调度运行人员快速、准确地从“数据风暴”中获取关键信息，已成为电网调度控制系统亟待解决的问题。通过采用数据分析技术，利用数据分析软件和算法，可以设计并实现灵活的数据展现方式，可协助调度运行人员及时发现并定位异常数据，挖掘数据中有价值的信息，为电网调控运行提供了有力支撑。

第二，辅助电网调度运行决策。电网调度控制系统中产生的大数据是电力大数据的主要来源，这些数据隐藏着电网运行中的实时状态信息。数据分析技术是实现将实时数据和沉淀的历史数据转化为有用知识的有效方法，因此，积极研究数据分析技术在电网调度控制系统中的应用，能够为电网调度运行提供辅助性决策和科学性建议，对电力行业的可持续发展和坚强智能电网的构建具有重大意义。

第三，有助于提升电网运营管理水平。在现代智能电网发展的背景下，电网设备和系统构造都变得更为智能且更加复杂，对电网运营管理提出了更高的要求。通过数据分析技术对电网调度运行过程中产生的海量异构数据进行分析，然后结合自动化设备和智能设备，能够实现对电网运行管理的自动调控，在很大程度上提升电网调度的精准性和控制的及时性。

第四，有助于提升用户的用电体验。当前智能电网的应用为用户的用电体验带来了极大的便利。例如，电力用户可以直接通过网络缴费实现将电费直接下发至电表，并且还可以通过智能设备实时掌握用电消费情况；而电网企业也可以通过用电信息采集系统掌握大量用户的用电数据。通过对 AMI 数据的分析，电网企业能够有效判断用户的用电量和消费特征，从而做好电力调度的运行和规划工作，为用户提供更好的用电体验。

12.3　加速故障预警机制完善

随着电网企业的运营发展，电网企业扩展了多种业务，包括电网规划设计、电网建设、调度运行维护、用电量价费计量及服务等。智能电网的不断发展，使电网企业的多项业务产生了海量的数据，这些数据量大而且时效性较强，数据类型复杂多样，海量数据总体具有较高的可挖掘价值，但单位价值密度较低。传统的信息技术在海量数据的存储和分析方面存在瓶颈，因此需要可以对海量数据进行采集存储过滤并能完成各类算法进行数据分析挖掘的大数据平台。

目前有多种云计算基础架构平台，如 AbiCloud、Hadoop、Eucalyptus、MongoDB 等，其中 Hadoop 是目前较为成功，应用较为广泛的大数据处理主流技术和系统平台。Hadoop 有以下优势：首先，Hadoop 可以满足电网企业海量数据的现状和需求；其次，Hadoop 具有成熟的生态圈，国内外著名企业都在使用该体系架构；同时，Hadoop 体系架构基于 X86 服务器，成本较低，有较强的扩展性和经济性；最后，Hadoop 体系中的软件均采用开源产品，可以自定义封装，搭建具有电网企业自主知识产权的大数据平台。

对于电网企业，基于 Hadoop 的大数据平台是公司 SG－ERP 一体化平台的重要组成部分，承担着数据存储中心、计算中心、分析中心、服务中心四大职能。同时，基于 Hadoop 的大数据平台为业务系统应用的开发、服务功能的实现提供统一的平台支撑。其建设的核心任务是基于 X86 集群架构，采用分布式技术，融合各数据职能平台，整合、优化、重构公共数据组件和智能分析决策平台[1]。

Hadoop 技术体系具有分布式存储及实时计算能力，可以对电网企业的海量异构数据进行存储和处理，并具备高效智能的数据挖掘与分析工具。

在分布式存储方面，Hadoop 技术体系具备的全分布式架构、数据块粒度切分、在线扩容减容、复制备份等关键技术可支撑 PB 级以上规模数据在线存储，满足电网企业逐渐膨胀的数据量存储需求。

在实时计算能力方面，Hadoop 技术体系具备 Kafka＋Storm 数据流计算功能，可以将一定时间窗口内应用系统产生的流动数据不进行持久化存储，直接导入内存进行实时计算。Spark 内存迭代计算可大幅度减少计算过程中的磁盘输入/输出（Input/Output，O/I），实现实时计算及交互式查询，并可实现电网企业海量数据的实时/准实时处理。

在海量异构数据存储及处理方面，电网企业海量数据需要进行半结构化、非结构化数据存储，而 Hadoop 技术体系的分布式存储技术可以实现该需求，同时利用 Hadoop 技术体系的 Map/Reduce 统一的并行计算框架，可以实现对半结构化、非结构化数据的综合利用分析。

在数据挖掘与分析工具方面，Hadoop 技术体系可以提供丰富多样的统计分析、多维分析、挖掘算法库和数据挖掘工具，可以适用于电网企业价值密度低数据的分析需求。

基于 Hadoop 生态环境的大数据平台可应用于输变电智能化管理、智能配用电管理、源网荷协调优化管理、智能调度控制、企业经营管理等方面。

在输变电智能化管理方面，大数据技术可实现后台在线计算分析和实时故障诊断，进而可以提升输变电设备及输电通道环境在线诊断预警能力；可提高机器人、无人机等智能装备的智能感知与移动交互水平；可推进新一代智能变电站一次设备智能化，并促进二次系统设备集成化。

在配电方面，通过大数据技术，可提高海量数据采集、实时计算和监测能力，低电压治理、配网停电优化、配变重过载预警、配网故障诊断与辅助规划等数据分析和集成应用得以实现；在用电方面，通过大数据技术可对客户行为进行分析，提供有针对性的增值服务，并可开展防窃电预警、电费回收风险防范等数据分析和集成应用。

在源网荷协调优化管理方面，通过大数据技术，可提高电力负荷及新能源发电功率的预测精度；可开展电动汽车、分布式电源等综合性能源服务；可应用公司公共服务云和第三方支付平台，促进售电侧和用户侧新型业态发展。

在智能调度控制方面，通过大数据技术可以实现实时收集运行数据，及时计算分析，提升实时调度决策能力；可以建设分层分级并集中部署的生产控制云，实现仿真培训、保护整定、方式编制和计划校核等调控管理业务云应用。

在企业经营管理方面，通过大数据技术，可实现对企业经营需求的预测，进行运营成本分析，并建成在线预警系统，提高人力资源全业务协同水平，实现财力管理可控在控，并提高物力管理协同水平，进而推动公司经营管理模式创新。

目前，基于 Hadoop 生态环境的大数据平台已具备数据接入、数据存储、数据计算、数据分析和可视化展现等基础功能，初步实现各类基于平台的集成应用建设。随着大数据技术的发展，将新增数据安全管理、跨域协同计算、自助式分析等功能，逐步规范数据存取及计算标准化，协同各业务部门进行集成应用建设，提高电网企业数据分析应用水平，最终实现电网企业运行水平和管理水平跨越式发展，为社会经济稳步发展保驾护航。

12.4　推进能源互联网建设

能源是人类赖以生存和发展的重要基础，是经济运行和社会进步的动力。每一次工业革命都离不开能源开发、使用方式的革新。目前，第三次工业革命正在世界范围内发生，而能源互联网是第三次工业革命的核心之一，代表了未来能源行业发展的方向。能源互联网是信息通信技术与能源电力行业结合发展的高级阶段，以逐步实现信息通信基础设施与能源电力基础设施的一体化为特征。能源互联网依托于电网，建立以电能为基本形式的多种能源融合传输和供给渠道，实现多种能源相互间的转化和综合应用，目的是实现能源在全球的资源共享。

能源互联网可以通过信息通信技术对整个网络的设备和设施进行及时监控，同时对历史和实时数据进行充分挖掘分析，以提升能源互联网的运行管理水平。在大数据时代背景下，能源互联网系统中每时每刻都会产生、获取、存储和处理海量的数据，并且这些数据呈现指数级的爆炸性增长态势。而通过数据分析可以从海量数据中提炼出有价值的信息，有助于电网规划和资源整合；并且依托于大数据分析、机器学习等智能算法，能源从生产到利用整个过程通过自我学习的方式可以实现智能化、自动化管理。因此，数据分析技术在能源互联网中具有广泛的应用前景。

能源互联网是一个庞大且复杂的网络系统，将面临海量数据采集、处理和存储的技术要求，并将产生多样化的数据分析业务需求，必将步入大数据时代。能源互联网的发展与数据分析技术的应用也密不可分。能源互联网可以实现分布式可再生能源的大规模接入，具有微网集群间、微网和主干网间的电力双向自由共享，用户按需响应，以及利用大规模储能设施实现削峰填谷等功能。因此，能源互联网系统具有很大的计算复杂度和较严格的处理传输时延，以及海量的数据存储需求。同时，能源互联网开放、对等、互联、共享的基本特征决定了其对能量和信息的实时交换要求更高。尤其是分散式能量交换的运行、管理和调度，必须得到实时数据采集、分析和大规模处理的支持。因此，能源互联网的建设和发展离不开数据分析技术的应用。

能源互联网侧重于分布式能源和可再生能源的接入和互联。结合能源互联网的功能特点来看，数据分析技术在能源互联网中的应用包括负荷建模、负荷预测、状态评估、需求侧管理与响应、分布式能源接入、多能调度规划等多个方面。

1. 负荷建模

对于负荷建模，所考虑的数据越全面，采样频率越高，数据质量越好，负荷参数估计的精确度和鲁棒性也会越好。因此，基于能源互联网中产生的海量数据，通过利用经过预处理的，与能源互联网范围内负荷有关的，覆盖各个方面和技术细节的大量数据，将显著提高负荷建模的性能，进而提高电力系统运行的整体性能。负荷建模是能源互联网中数据分析的主要应用，其结果可以应用于负荷预测、电力调度、故障定位和实时仿真等电网企业的实际业务。负荷建模决定了能源互联网中数据分析的整体性能，对于能源互联网的建设和发展具有重要的促进作用。传统电网中，负荷辨识是一个十分棘手的问题。由于缺乏整体全面的监测数据，电网企业只能以较高的保守度来换取较大的可靠度，这样不仅会造成设备的冗余，也会影响电力系统的运行效率。在能源互联网阶段，通过采用先进的信息通信技术，能源系统可以采集到覆盖整个系统的全面海量数据，在数据分析技术的支撑下，电力负荷的精确辨识将成为可能。

2. 负荷预测

能源互联网建立在电网的基础上，其正常运行和调度离不开负荷预测工作的支持和保障。为了实现负荷预测，除了利用大量实时数据，还需要联合分析海量的历史同期数据和天气环境数据，因此高效的数据分析技术十分必要。对于传统的负荷预测，由于数据的不充分和分析能力的限制，难以得到十分准确的结果。利用能源互联网系统中采集的海量数据，通过高性能的数据分析技术，精确的负荷预测将成为可能。未来的负荷预测将向着适应各种时间维度和空间复杂度，预测结果更加精确、更加及时有效的方向发展。

3. 状态评估

状态评估主要通过对状态进行分类以确定系统所处的状态。例如，基于对电压的稳定性评估，判断系统是否处于失稳状态。根据电力系统所处的状态，可以制定相应的操作决策，以保证整个系统的安全稳定运行。在对电力设备进行状态评估时，需要对每个监测点进行相应的时间序列分析，同时需要考虑节点间的位置关系。由于节点数量多，数据采集频率高，计算任务繁重，需要先进的数据分析技术支持。为将状态评估应用于大规模电网的运行管理，需要进一步提升其计算效率和分类准确性，这更离不开数据分析技术的应用。随着数据分析技术的广泛应用，状态评估的范围得到扩大，将逐步达到对网络整体性能的了解，实现全局状态评估，优化能源互联网性能。

4. 需求侧管理与响应

随着能源互联网的发展，用户既是消费者，又是生产者。通过电网通信技术，用户能够与发电方和售电商进行交互，协商决定电能的使用。同时，用户间也可以进行能源共享，供需关系变得复杂化。因此，需求侧管理在能源互联网中变得更加重要。需求侧管理需要利用海量的实时和历史数据实现负荷预测相关功能。网络规模越大，数据量越大，因此数据分析工具将是能源互联网中需求侧管理的重要手段。需求侧管理主要是为了节省能源或保证供电的持续性和平稳性。依托于数据分析技术的支撑，需求侧管理与响应将向着更加智能化、自动化和个性化的方向发展，能源互联网区域间的协调管理水平将进一步提升。

5. 分布式能源接入

分布式能源的大规模接入是能源互联网的基本特征之一。分布式能源的接入体现了能源互联网的优越性和先进性，同时也将影响电网运行的稳定性。随着能源互联网的发展，分布式能源的接入规模将越来越大，网络所采集的能源设备状态数据和电力相关数据也随之增加，迫切需要使用数据分析技术对其进行分析预测和有效调度。通过利用数据分析技术挖掘数据之间的规律，深入分析分布式能源接入对电网的影响，并采取有效的应对措施。分布式能源接入将向着更大规模的接入和更有效的本地消纳、更高传输效率和共享程度、多能互补等方向发展。

6. 多能调度规划

在能源互联网建设的背景下，分布式能源的接入提高了电网运行的经济性和灵活性。但各种分布式能源的生产和使用特性互不相同，且具有一定的互补性，因此对分布式能源进行统一的调度与规划才能同时提高能源系统的经济性和稳定性。随着调度规划所需的数据量不断扩展，且性能要求不断提高，数据分析将成为促进能源互联网高效稳定运行的关键技术。

以上列举的应用相互之间有一定的依赖和支撑关系，它们共同构成了数据分析技术在能源互联网中的应用场景。此外，能源互联网的实现还涉及电能质量监测与控制、自动故障定位、系统安全与态势感知、设备管理、能量交易、运营管理、服务政府等多个方面，这些实际的业务需求也都需要数据分析技术的支撑。数据分析技术是能源互联网建设和发展过程中不可或缺的基本技术。

第13章 电网企业数据分析支撑与保障

13.1 电网企业数据文化

文化以精神财富和物质财富两种形式展现了人类在生产生活中的创造性。企业文化的含义有狭义和广义之分。狭义的企业文化是指企业生产经营实践中形成的一种基本精神和凝聚力，以及企业全体员工共有的价值观念和行为准则。广义的企业文化除包含狭义的企业文化的内容外，还包括企业员工的文化素质，企业中有关文化建设的设施、组织结构和规章制度等。

数据与文化有着密不可分的内在联系。一方面，数据活动过程离不开一定的文化背景；另一方面，数据活动过程又直接影响到整个社会文化的面貌。新时代里，数据不仅代表着科技文明和高技术产业，在工商业获得了广泛应用，也越来越升级演变为新的文化现象、文化形态。当“一切靠数据说话，一切凭数据决策”成为一种社会现象时，就孕育出了一种新的文化——数据文化。数据文化是尊重事实、强调精确、推崇理性和逻辑的文化，挖掘数据文化内涵、推动数据文化价值实现具有重要意义。

企业的数据文化是在大数据采集的基础上，利用大数据改革企业的组织架构，分析企业的组织决策，最终实现实时响应、快速应对，让传统企业具备与互联网企业类似的企业管理模式。数据表示的是过去，但表达的是未来。大数据时代下，企业要在愈发激烈的商业竞争中胜出，就必须把数据从科技符号提升成为文化符号，在企业内部倡导数据文化。

13.1.1 电网企业数据文化对数据分析应用的重要意义

在大数据技术高速发展和电力体制改革的双重挑战下，电网企业面临的市场竞争将日益激烈，而建设良好企业文化是任何企业立足于开放的市场经济环境中的必然选择。电网企业需要加快体制改革和大数据下的管理模式转型，企业数据文化建设能够推进企业的改革与发展，使企业适应时代发展，更好地实现数据分析技术在企业中的应用，从而赢得更多类别的客户或用户。

同时，数据文化也不仅局限于企业内部具体的数据技术部署和数据管理，作为一种企业文化，它与企业中的每个部门、每个团队、每个人都息息相关。数据文化是将员工、IT 技术与开发者汇聚在一起，以促成与系统和基础设施升级同等重要的企业文化革新。在电网企业的数据文化中，随着参与者持续增多，每个人都将受到其潜移默化的影响，并从中受益。通过数据文化的整体构建，每名员工都自发地树立起数据意识，建立起数据理念，并驾驭起从前只有数据专家才能掌控的数据威力，使用日渐成熟的相关数据技术，提高业务洞察力和工作效率，随之而来的，是企业数据资源得到最大程度的利用，群体组织的整体效率获得不断提升，电网企业的管理模式也得以创新和发展。

13.1.2 电网企业数据文化完善的优势与挑战

1. 主要优势

（1）国家政策及企业发展理念的支持。习近平总书记在主持实施国家大数据战略进行第二次集体学习中指出要推动大数据技术产业创新发展；构建以数据为关键要素的数据经济；要运用大数据提升国家治理现代化水平；推动实施国家大数据战略，加快完善数字基础设施。国家的“十三五”规划提出：实施国家数据战略，推进数据资源开放共享。企业管理者也强调要牢固树立用数据说话、用数据分析、用数据决策的理念。这对电网企业加强数据文化建设提供了方向性的指导。

（2）电网企业自身性质为数据文化发展提供了先天的条件。作为传统大型供电企业，面临的是海量的电力数据。这些数据涉及公司日常运行的方方面面，给企业管理带来不少挑战，但同时也为相关大数据技术的发展提供了必要的土壤，能够提升员工数据意识，增强企业数据文化氛围。

2. 面临挑战

（1）企业缺少具体的数据文化培育战略和计划。随着数据产业的发展，企业领导已明确数据文化对于企业未来发展的重要性，也高度重视企业数据技术的进步和员工数据意识的树立，但具体的数据文化培育的战略地位和行动计划仍未被确定和落实。近年来，面对外界愈发激烈的数据资源竞争，虽然以数据驱动电网企业业务发展的理念逐步深入人心，但电网企业各个业务部门尚未明显感受到由数据资源带来的竞争压力。

（2）尽管当下数据产业的发展如火如荼，但电网企业内部的数据管理和应用还处在起步阶段，电网数据所具有的特征给数据管理带来不小的挑战：① 数据量大，电力行业在诸多环节都产生了海量数据，如运行状态环节、生产调度环节、管理服务环节等；② 数据种类多，随着智能电网的发展，视频、音频、文本等非结构化数据迅速增长，其总量已经超过结构化数据，成为电力大数据的主流数据；③ 数据处理速度快，电力生产追求的终极目标是发电和用电及时平衡，必然要求对电力调度、设备运行等数据进行实时快速的处理，而管理水平的提升也要求企业对客户服务、资源管理、企业营销等数据进行快速响应和处理，以满足日常经营所需；④ 数据处理灵活性高，就企业而言，电力大数据的灵活性针对的是电力生产、计量计费、电力营销等方面；就国家经济而言，电力企业的发展必须与社会经济发展同步，必然要求设备规模、运行方式、厂站分布等数据能灵活、准确地反映社会发展趋势。

同时，电网企业数据本身的复杂性也给数据管理带来了一定的困难。当前，企业的数据管理分散在各个专业部门，尚未形成系统性的应用，因此，企业内部距离全员参与、全局协同的数据管理机制和理念建立还有一定差距，员工数据意识的树立和企业整体数据文化氛围的创建还有很长的一段路要走。

（3）企业内部对于电力数据的熟悉程度和相关数据技术的掌握程度存在较大的差异。首先，各部门对实际电力数据的掌握和应用参差不齐，且数据的交流大多只局限于部门内部，部门之间数据共享较少，通过全局数据共享与应用推动企业管理和业务发展的意识还未真正形成，也就无法在企业内部营造浓厚的数据文化氛围。其次，企业缺少综合性的数据人才。目前公司数据管理和应用工作大都是由各专业人员兼职开展，许多员工仍缺乏专业的数据管理和应用技能的培训和长期积累。对相关数据技术没有一定的认知和掌握，自然也就无法快速地树立起数据意识。

13.1.3　加强电网企业数据文化支撑作用的方法

1. 进行企业组织全数据化改造

（1）确定数据文化培育战略，制定相关的培育计划。这是以数据驱动业务创新发展的前提，也是培育全员参与数据管理及应用、营造企业数据文化的基石。

（2）建立具有前瞻性的统一数据标准。数据标准是相关各方共同遵守的数据含义和应用规则，是数据融合贯通的基础。从长远来看，数据标准不仅仅是公司内部的统一，还需要面向未来业务生态和数据业态，满足公司与外部相关组织的数据交互、融合。通过对现有业务及未来发展的充分考量，制定具有柔性、可扩展的数据标准，将是数据驱动业务创新发展的重要前提。

（3）建立起数据质量保障体系以及数据安全保障体系。一方面，建立起全面、多维度的数据质量管理体系，能使企业的管理、技术、业务、人员等各方面数据质量得到保障；另一方面，建立起完善的数据安全管理制度，可对涉及数据的全过程进行规范，避免数据安全问题发生危及企业利益。

2. 培养员工的数据意识

（1）对员工进行数据相关运用技术的培训。未来的数据应用不应该只是技术人员的专利，而是要打破技术人员与业务人员之间的壁垒，让业务人员也能自发地开展数据应用，将所熟知的本部门数据与数据运用技术结合起来，这样更能发挥出数据技术的效用，也有利于相关技术在实用性方面的发展。

（2）加大企业内部以及与外界之间的数据共享交互，建立应用成果全面开放共享的渠道和机制。数据不具有普通资源的排他性，通过共享可实现价值倍增。应着力构建数据应用成果的共享渠道和机制，消除目前应用成果无渠道共享、共享度低的问题。一方面减少了重复建设，降低了应用建设资源投入；另一方面实现了数据价值最大化。同时，让员工在日常工作中尽可能地使用数据，鼓励员工“用数据说话”。只有培养员工的“数据文化”的意识和理念，形成浓厚的数据文化氛围，才能使数据分析技术和方法的应用水到渠成，将注重数据、使用数据、分析数据逐渐内化为员工的一种工作习惯。

13.2 电网企业数据文化制度建设

培育电网企业数据文化，首先应加强企业数据文化制度建设，形成数据安全管理、数据质量管理等技术标准和流程规范，提高员工对企业数据分析和挖掘的重视程度，实现应用数据创造价值。

电网企业数据文化制度的制定必须具有专业性，即要明确数据使用的技术标准和流程规范，与其他制度构成相互关联和统一的整体；其次，数据文化制度的制定必须要有稳定性，即要对数据使用的相关流程和内容以文件形式确定下来，保证员工在数据使用过程中遵守和执行制度，提高工作效率；再次，数据文化制度的制定要有针对性，充分考虑不同部门、不同岗位、不同人员、不同问题的特点制定相关规定；最后，数据文化制度要有执行力和反馈性，电网企业数据文化建设目前尚处于探索阶段，应不断加强对其执行过程的监督反馈，并进行改进。

随着计算机信息系统的普遍应用及电网企业信息化建设的不断推进，电网企业内绝大部分的业务信息都以数据的形式进行保存，数据已经成为电网企业的重要资产之一。当前，电网企业的数据分析应用已经从面向单个业务领域、独立业务需求的系统开发层面逐步推广到数据融合、价值挖掘、大数据、云计算及数据综合治理等其他领域，而上述数据应用领域的推广都离不开有效、准确、安全且高效的数据文化制度建设。

数据安全能够保证电网企业生产运营的正常，而高质量的数据是电网企业进行科学决策的必要前提。数据文化制度建设是企业面临新形势下的市场竞争、国企改革转型、提高企业运行效率的核心任务之一。对业务数据及由其衍生的信息系统运行数据，急需一套完整、可靠且操作性强的数据管理方法与制度加以规范，从而更好地规避可能出现的数据风险，支持日益增长的数据、业务和价值挖掘需求。因此电网企业应该对数据安全及质量管理加以重视。

13.2.1　数据安全管理

数据安全管理是指对数据实行管理活动及措施，以防止企业数据遭到人为破坏或者系统崩溃的影响，保证企业运营数据的安全。

1. 数据安全管理方法

（1）数据项分级分类。电网企业机构庞大，部门分工复杂，不同部门的业务系统在企业日常运营过程中将持续产生海量数据。数据的复杂性、多样性要求实行数据安全管理必须进行分级、分类管理。数据的分级分类有多种维度，可以根据数据的主题、形态、生成时间进行分类，也可以根据各业务部门的需求进行分级分类。

（2）数据安全分级标准。根据数据项的分级分类情况，考虑国家标准和电网企业的行业标准，对不同数据类型采取差别化的安全策略与管理流程，确保数据的保密性与完整性。数据安全分级标准常分为保密安全标准与备份安全标准。

（3）数据安全审计。通过建立一个长期效用机制，对信息系统中的数据及其检查周期、审计方法、评审规则等进行确认，保证能够在数据使用过程中能及时发现和修补数据安全管理缺陷。

（4）数据安全人员培训。对各级业务人员，特别是对掌握核心数据的员工加强数据安全教育培训。引入数据安全仿真培训平台，进行周期化仿真训练，有效保证员工数据操作行为规范，提高员工的数据安全意识。

2. 数据安全管理制度

（1）物理安全管理。物理安全管理是针对数据网络设施及其他相关设备进行防护，使其免受自然灾害、人为操作失误、计算机犯罪等活动产生的破坏。

1）为保障数据系统及设施的物理安全，其所处的物理环境应该符合相关标准；配备相应的安全防护措施，如防盗、防灾、防电磁干扰等；对专用数据设备等重要设备进行配备专用电源，保证其稳定运行。

2）针对连接到电网企业数据系统上的所有终端设备，如个人计算机、打印机、服务器等，相关使用人员必须对设备进行按规操作，不得进行人为破坏或进行违法活动。

3）涉及企业机密的相关系统所在部门必须按照企业有关规定制定并执行保密管理制度。

（2）网络系统安全管理。

1）电网企业内部信息网络系统必须与外部公共信息网络系统进行物理隔离，并对接入外部公共信息网络的系统安装防火墙或其他安全设备。

2）设置专门的网络系统安全管理员，管理员应对系统进行定期或不定期的检查，及时发现系统中的安全漏洞，解决问题。管理员还应对每次检测编写系统检测报告，报告需囊括该轮检测的对象、方法、结果、建议及改进措施，并将报告存入系统档案。

3）网络系统安全管理员对其管理范围内的数据负有监督及检查的责任，需要对数据进行定期的数据安全使用和管理情况自查，并及时更新数据标签。

（3）信息安全管理。信息安全管理是利用各种计算机、网络和加密方法，保证数据信息在传输、交换、储存过程中的保密性、完整性和准确性。

1）严格遵守“涉密不上网、上网不涉密”的纪律。对于存储机密数据的计算机必须禁止联网，禁止在联网计算机上对企业机密数据进行处理，禁止在涉密计算机与非涉密计算机上交叉使用移动硬盘、U 盘等移动存储设备。

2）信息安全组织授权信息安全领导机构对企业机密性数据独立展开第三方审计工作，对数据系统中的数据及数据管理者的数据安全管理要求执行情况进行审计，并向信息安全组织汇报。

3）企业各部门在向数据信息系统上传数据时必须做好查毒、杀毒工作，确保数据的无毒性。

4）各部门对其所负责的数据信息必须做好备份措施。

5）涉及企业机密的数据信息传输、交换、存储过程中需专人专职负责，未经安全主管同意不得擅自在网络上发布及明码传输。

（4）人员组织管理。数据安全管理的核心是人员管理，要求数据相关人员提高安全意识，并实现在具体工作中。

1）企业数据安全管理采用统一领导、分级管理原则。各类数据的责任部门是该数据的管理者，并对责任范围内的数据安全管理工作进行处理。

2）数据管理者的职责包括：数据类别及敏感级别的识别、按数据级别类型进行数据安全管理、数据的安全使用培训、进行周期性自查并提交数据安全报告等。

3）对于数据安全的人员管理，应遵循多人在场、任期有限、职责明确三个要点。多人在场要求在进行任何数据安全工作时必须有两个及以上经过领导指派的人员在场，并且需签署安全工作记录；任期有限要求数据安全工作人员不得长期担任数据安全相关工作，应不定期循环轮值；职责明确要求数据安全工作人员不得对自身职责范围外且与企业数据安全相关的事情进行了解、接触，除非经过上级主管领导批准。

13.2.2　数据质量管理

数据质量管理是指对电网企业各业务系统中数据的录入、处理、存储与备份、共享、维护及运用过程中可能出现的各类质量问题进行识别、测量、监控、预警，以提高数据在企业决策过程中的准确度。

1. 数据质量管理方法

电网企业的数据质量管理可以借鉴六西格玛管理方法，将数据质量管理分为五阶段，即定义、度量、分析、改进、控制，并针对各阶段提出具体的管理目标和措施。

（1）定义阶段。作为数据质量管理的初期规划阶段，定义的首要目的是确定电网企业数据质量管理的范围、目标，获得数据质量管理的需求，并根据需求选择数据质量管理的手段。该阶段主要包含以下两个步骤：

1）定义并商定数据质量需求、目标、方法，以指导整个数据质量管理的工作。

2）采集、总结、分析电网企业数据的存在方式及所处信息环境，设计数据的获取和评价方案，并根据不同数据所处范围确定其管理标准。

（2）度量阶段。度量阶段是按照定义阶段所明确的电网企业数据和管理标准的对应关系，细致规划质量分析的具体方法，并进行实际的度量工作。

步骤如下。

1）按照数据质量标准对电网企业的数据质量进行评价。

2）使用多种方法及技术评价低值数据对电网企业运营产生的不良影响。

（3）分析阶段。分析阶段的工作是根据度量阶段的评价结果，识别数据质量有所缺陷的原因，计划相应的改进方法。步骤如下。

1）编写数据质量分析报告。根据数据质量度量阶段的结果编写数据质量分析报告。分析报告可按照使用途径的区别分为明细报告和总报告。

2）判断首要数据质量缺陷。电网企业数据规模庞大，所存在的数据质量缺陷不能一次性解决，应该首先识别对电网企业影响较大的重要数据质量问题，将有限资源效用最大化。电网企业可以设立数据质量缺陷标准，对于超标的数据质量问题可视为首要数据质量缺陷。

3）查找数据质量缺陷原因。对于首要数据质量缺陷，将反映其质量异常的数据记录，向各业务部门信息技术人员进行调查、访谈识别出现缺陷的原因，并将原因分类，作为下一阶段的改进依据。

（4）改进阶段。数据质量改进的主要任务是建立数据质量的改进手段，执行能优化数据质量缺陷的各项工作，并对优化情况进行实时检控，分析改进工作对数据质量的优化程度。步骤如下。

1）确定改进工作的最终步骤，为数据质量优化制定合理方案，包括数据层次方案和组织层次方案。

2）根据分析阶段所得到的数据质量缺陷原因，建立数据缺陷预防方案。

3）根据数据质量优化的组织层次方案，对电网企业的组织管理流程进行改善，将由管理不善所导致的数据质量缺陷问题管控至最小。

（5）控制阶段。控制阶段的主要任务是将改进阶段中被认为优化程度较高的数据质量修复方案递交给相关业务及技术部门，将方案作为电网企业日常运营中数据质量管理的一部分，对数据质量情况定期监测，并实时记录在案，上报给电网企业数据质量管理的相关领导和组织。步骤如下。

1）制定日常数据质量评价过程。电网企业应将数据质量控制作为日常工作之一，并将电网企业数据质量评价管理规范化、流程化、例行化。

2）制定缺陷数据处理过程。电网企业各业务部门应该配合相关部门进行数据质量缺陷的排查、弥补工作，并将常见问题处理过程常规化，保证数据质量缺陷能得到及时修正。

3）制定数据标准管理过程。通过制定企业级数据标准，并建立相适应的跨业务部门合作管理流程，保证电网企业关键数据的准确性与完备性。

4）制定数据变更报告过程。当电网企业的业务系统出现系统更新、升级、维护等情况时，应进行预先报告机制，以防止出现因数据错乱导致的数据质量问题。

2. 数据质量管理制度

为提高电网企业的数据质量，加强数据质量的管理力度，建议电网企业建立数据质量管理制度，以实现数据质量管理的规范化、例行化、制度化。电网企业数据质量管理制度可从四个方面建立，分别是数据质量责任追究制度、数据质量检查制度、数据质量评估制度、数据质量整改制度。企业可以通过建立数据质量管理领导组，领导组按照以上四方面制度分为四个行动小组，进行数据质量管理的落实。

（1）数据质量责任追究制度。

1）电网企业需成立企业级数据质量责任事故认定小组，小组成员主要由企业领导、办公室、监察部门、信息技术部门、人事部门及各部门数据质量负责人构成。

2）对于一般数据质量责任事故，对事故责任部门予以书面警告，并应追究事故直接负责人，对其进行约谈或责令做书面检讨，也可在一定范围内进行通报批评。

3）对于重大数据质量责任事故，对事故责任部门进行通报批评，取消该部门当年评优资格，部门领导做书面检讨，并取消事故直接负责人当年评先资格，也可对有关责任人给予行政处分。

4）认定数据质量责任事故时，认定小组需充分听取相关责任人的陈述及身边，并将最终处理以书面形式公布。相关责任人对处理结果有异议的，可以进行申诉。

（2）数据质量检查制度。

1）电网企业需要成立数据质量检查小组，具体工作内容包括：对各系统内数据的真实性、及时性、完整性、规范性进行周期检查，收集日常工作中发现的数据质量问题，根据指标对数据质量问题进行评估，确定质量问题的影响程度，对检查结果进行定期汇报。

2）对于数据质量检查中发现的问题数据，检查小组应及时反馈给数据质量管理小组及问题数据相关部门，企业可将各部门出现问题数据的频次、影响程度大小纳入部门考核指标中，以提高数据质量检查的重要性。

（3）数据质量评估制度。

1）电网企业需要以集中领导、分工合作为原则，成立由领导、部门分管领导，相关信息技术人员构成的数据质量评估小组，对电网企业进行定期及不定期的数据质量评估。

2）电网企业进行数据质量评估时，应结合企业实际情况制定具体的评估方案，确保评估制度的可实行性。数据质量评估方案应对评估目的、评估原则、评估指标、评估方法、评估流程、人员分工、评估结果分析等方面进行全面的划定。

3）电网企业要将数据质量评估工作及评估指标纳入相关岗位的绩效评定中，作为员工考核的重要依据，并保证评估结果的公平公正，以提高数据质量评估制度的约束力，做到数据质量评估落实到人。

（4）数据质量整改制度。

1）电网企业建立数据质量整改小组，小组成员主要由各部门数据质量负责人、信息技术人员构成，主要负责对数据质量检查和数据质量评估中所反映的问题数据进行修正、调试、重新录入等。

2）数据质量整改小组还应对电网企业的数据进行定期维护和备份。数据维护应该根据各部门的内部要求，对数据维护的权限职责进行划分，并规定数据维护流程，对错误的数据进行数据修改。数据维护工作应该进行严格备案，对数据维护工作的时间、维护范围、内容、负责人、维护原因等进行记录，并及时登记存档。

13.3　电网企业人才与组织保障

13.3.1　人才培养机制

数据应用横跨所有专业，数据分析能力是现代企业发展的关键资源，能有效提升企业管理水平。数据分析人才是提升企业数据分析能力的根本。既懂业务又懂数据分析技术，且具备数据思维的复合型人才是企业数据战略目标实现的关键，企业应通过多种措施进行人才培养。

数据管理和应用是一项影响深远、困难重重，且需要公司全体员工共同参与的系统性、长期性工作，必须建立起完善的人才培养机制，方可推动公司数据高效、有序管理和深入、便捷应用。

1. 员工队伍建设

大数据挖掘相关工作具有探索性和前瞻性，工作人员面临愈加严峻的数据应用挑战，电网企业需为员工提供多方面的大数据技术培训和实操体验，确保员工能够从容胜任工作。

（1）建立大数据员工培训开发机制。

1）建立员工培养机制。根据电网企业数据分析工作未来发展趋势并结合目前工作开展情况，系统梳理目前各岗位对数据分析能力素质要求并形成能力素质词典；全面分析各类人员数据能力素质现状，建立能力差距模型；设计人才分层分类培养规划，包括培训课程、培养方式、能力评估方式等，突出岗位胜任能力培养，推进培训标准化建设，强化培训过程管理，不断提高各类人员培训效果。

2）建立员工开发机制。组织开展全员参与的数据应用技能竞赛，营造数据氛围，提升实战技能。将数据应用技能竞赛作为常态化工作在电网企业内部进行，根据技能比武结果，对表现优秀的选手给予奖励政策，定期开展技能提升培训，不断提升员工数据应用专业能力。

3）建立员工交流机制。为整体提高电网企业员工数据应用能力，强化各级专业部门的交流力度，充分开发企业系统内部各类培训资源，采用业务培训、咨询指导、项目攻关、挂职锻炼等各种人员交流方式，加大对专业管理和数据技术薄弱单位的帮扶培训力度，鼓励员工学习数据管理与应用相关的新技术、新知识，使员工尽可能多的接触、思考跨专业、跨部门、跨流程的业务，提升员工信息化专业知识的水平，提高数据分析能力。

（2）建立大数据员工培养和使用机制。

1）加强对大数据人才的引进力度。根据电网企业发展需求，不断完善大数据人才的引进政策制度，招揽精通大数据应用的优秀人才进入电网企业，构建更加合理开放的人才使用、激励、保障和流动制度，打造公平竞争的人才制度环境，加强对大数据领域原创性的保护力度，创造有利于人才创新发展的灵活政策环境，充分激发优秀人才的创新动力，为电网企业大数据事业发展投入更多能量。

2）做好对大数据人才的精准管理。不管是引进来的大数据人才，还是进行培养的内部员工，要呈现出强化大数据人才打造力度的趋势，势必需要在人才的后期管理下功夫。因此，完善好人才管理机制，根据不同类型的人才实施针对性的精细化管理方式，才能更好地激发出他们的工作效率，更好地符合企业大数据战略要求。

通过员工队伍建设，提高员工数据分析及应用能力，增强电网企业员工基础素质和工作能力，能够为电网企业数据分析工作水平的进一步提高提供支持与保障。

2. 专家队伍建设

培养一支高素质的数据分析专家队伍是电网企业确保安全生产、推动企业做大做强的关键，同时也是实现企业数据战略目标的保证。专家队伍的组建是以服务电网企业数据分析业务发展为根本出发点和落脚点，围绕企业数据发展战略，采取内部培养与外部合作相结合的方式开展。

（1）搭建内部专家成长平台。

1）建设运营分析专家库，为发挥专业人员的聪明才智提供平台。在电网企业内部成立运营分析专家库，可为专业人才建立开放便捷的数据应用工作环境，对数据管理和应用提供技术、业务和资源支持，帮助员工从工作实际出发，关注业务短板和跨专业、跨部门、跨层级协作的难点、热点问题，为企业的运营分析工作做好支撑，促进电网企业数据管理水平的全面提升。

2）培养复合型人才，为专家队伍储备力量。实施大数据应用与运营监测分析类复合型人才储备培养，根据电网企业关于复合型人才储备培养的相关要求，按人才培养规划逐年培养既精通大数据分析挖掘分析，又熟悉企业运营管理并具备专业能力的综合性人才，选拔优秀员工进行培养，解决数据分析师、技术架构师等亟须人才缺乏的问题。

3）建立考核机制，为专家队伍建设做好保障。根据专家提交的专业分析报告、管理提升建议、参与的专项任务数量、完成任务质量等情况进行综合评分评级，根据评级结果实施相应的激励措施。对优秀专家人才建设关联档案，及时维护、更新各类专家人才的基础信息，对每一位专家人才年度考核表现给予客观、公正的评价及审核备案，对连续考核优秀的专家人才进行跟踪培养，积极推荐作为下一届优秀专家人才候选人或后备干部选拔人选。

（2）加快外部专家数据库建设。

加强与高校、咨询机构、企业及社会权威人士的合作，利用互联网、信息技术有计划地建立电网企业专家数据库，建设外部合作资源库，如急需人才数据库、紧缺人才数据库、战略性人才数据库，并形成常态化的合作机制，为高端人才的引进、培养和使用提供信息支持，解决企业经营过程中精准引才的难题。

通过专家队伍建设，能够为电网企业提供高素质、专业化的数据分析人才，充分发挥优秀人才“传、帮、带”作用，带领全体员工提高企业整体数据分析与应用能力，加速业务能力提升，促进电网企业数据战略早日实现。

13.3.2　组织模式

1. 组织模式建设现状

现阶段，我国大多数电网企业尚未意识到为数据分析工作设计相应组织模式的重要性，仅有少部分企业建立数据资产管理委员会，并下设技术、管理、协同应用等职能部门，以支持数据资产管理和分析应用工作的日常开展。但从整体来看，其组织模式仍难以避免与电网企业科层制组织机构设置类似的问题，进而对工作效率和预期目标成果造成一定影响。

（1）数据分析工作管理规范有待进一步明确。当前，电网企业为数据分析工作而设置的组织模式并未对数据的管理方式、服务形式、分析方法等展开具体描述，因此易导致数据分析各部门职责交错的情况出现。

（2）尚未对不同类型的数据进行针对性管理与分析。数据类型的差异性会影响分析方法的选取及管理目标的实施。然而，现有组织模式多从整体思想出发，并未对电网企业日常经营过程中涉及的数据类型进一步识别，增加了数据分析的工作量。

（3）数据交流与共享有待增强。目前电网企业数据分析工作的组织模式（图 13－1）还未完全打破各职能部门间的数据交流瓶颈，无法有效实现数据的交互与共享。数据交流和共享有利于电网企业信息化建设的推进，因此亟待考虑设立相关的数据交流与共享渠道。

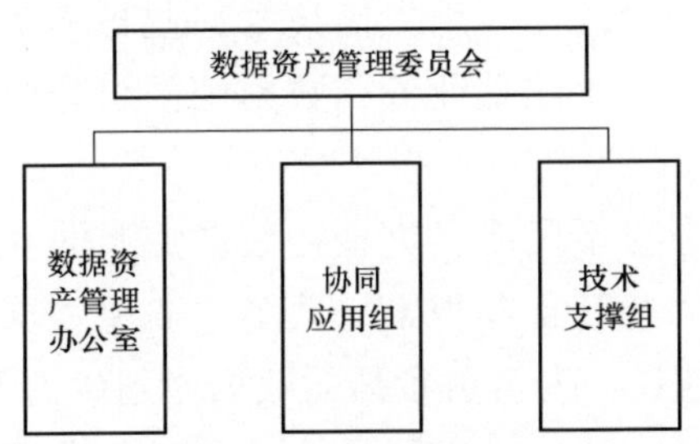

图 13－1　现阶段已有的数据分析组织模式

随着数据战略的逐步推进，现有组织模式的设置难以满足电网企业未来对数据挖掘分析的深层次需求，因此当前亟须优化完善相关工作组织，明晰工作职责，增强信息交流，以显著提高电网企业数据分析工作效率。

2. 基于全业务数据需求的组织模式构建

为了对数据挖掘分析工作提供有力支撑，电网企业应着力打造全员参与的数据应用生态系统（图 13－2），为全体员工在日常工作中开展数据应用提供平台，降低门槛，为应用成果共享提供渠道和机制，进而建立起浓厚的数据文化和氛围。数据应用生态系统的有效构建能够推动电网企业数据挖掘、分析工作的有序管理，以数据广泛、深入应用以驱动电网企业的业务创新发展。

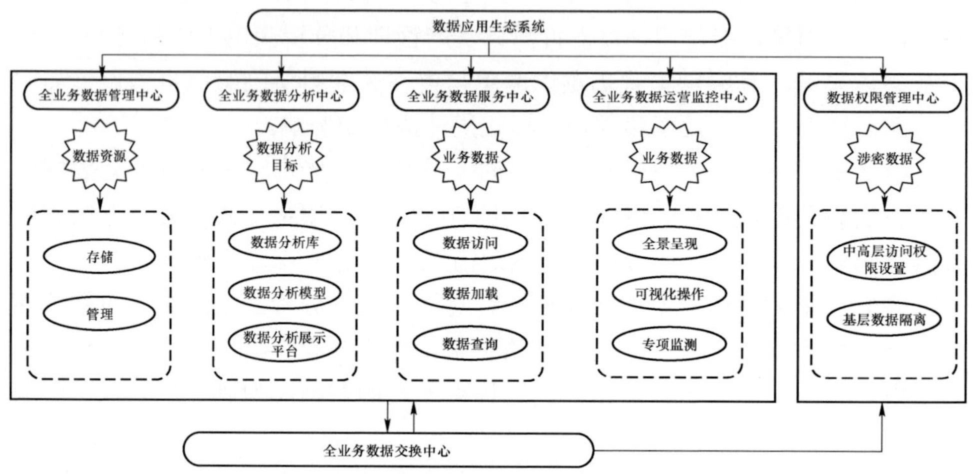

图 13－2　电网企业数据应用生态系统构建示意图

（1）全业务数据管理中心。全业务数据管理中心的定位是统一存储和处理企业数据资源，为企业数据应用提供统一场所，通过建立开放便捷的数据应用工作环境，对数据管理和应用提供技术、业务和资源支持。全业务数据管理中心的人才选取应同时注重业务和数据挖掘与分析技术，以数据思维的复合型人才培养为主。

全业务数据管理中心不仅能促进企业数据资源的共享与融合，也将实现数据应用成果与经验的持续正向积累与共享，实现数据价值最大化。通过全业务数据管理中心的建设，为全员参与的数据应用生态系统提供了基础平台。

（2）全业务数据分析中心。电网企业的全业务数据分析中心的组建是以支撑企业事业部、营销部、人力资源部、财务部等多个部门的数据分析需求为目的，构建数据分析平台对电网企业的项目管理数据、生产运行业务数据、经营业务数据、客户服务业务数据、新兴业务数据等深入挖掘与分析，基于分析结果对电网企业的经营决策提供决策依据。

基于电网企业内部不同的数据分析目标，数据分析人员首先在数据分析平台中设计相应的数据分析库并确定数据分析模型，例如结合气候、气温等建立用电数据分析模型等。其次，可借助 FineReport 等报表工具搭建数据分析展示平台，该平台的搭建要求数据分析人员具备 SQL、Web、报表与模型设计等相关技术能力。

（3）全业务数据服务中心。全业务数据服务中心主要负责业务数据的访问、加载和查询服务。提供各类业务数据源的访问链接配置和标准化的数据加载策略，通过对业务类别或日期的筛选，实现快速执行计划以查询数据状态的目的，同时也对外发布运行具体的数据访问服务。数据服务人员应熟练操作数据查询系统，输入 SQL/MQL 语句查看数据查询结果。

（4）全业务数据运营监控中心。电网企业通过成立全业务数据运营监控中心实现对业务数据的数据化运营，使企业的全业务数据能够全景化呈现，同时进行可视化操作。通过在运营监控中心引入数据资产管理的价值评估理念与技术，监控人员可对不同场景下的业务数据变化趋势进行及时监测。电网企业对不同业务类型的数据实施专项监测，可逐步提升跨部门、跨业务的综合数据挖掘与分析能力，有利于提高电网企业的现代化运营水平。

（5）数据权限管理中心。对于企业而言，基于数据分析平台所得的数据通常属于价值性的涉密数据，因此电网企业需要对数据权限严格把关，构建相应的数据权限管理中心。权限管理人员对数据分析平台的权限管理设置更严格的访问机制，针对企业中高层管理人员，可借助 UKey 认证系统进行硬件加密以控制其访问权限，而针对企业基层人员采取数据隔离措施。

（6）全业务数据交换中心。全业务数据交换中心的设立是电网企业进行数据交流与共享的基础，能够满足企业不同管理层或职能部门对数据的多元化需求。通过数据交换帮助各需求方了解与分析电网企业的经营与管理水平，进而采取针对性措施提升企业效益。为了保证数据的完整性和安全性，全业务数据交换中心需要明确能够用于交换的数据范围和交换对象，通常情况下涉密数据不用于双向交换。

参 考 文 献

[1] 孟小峰. 大数据管理概论 [M]. 北京：机械工业出版社，2017.

[2] 中国数据分析行业网：什么是数据分析 [EB/OL]. http://www.chinacpda.org/hangyejieshao/3056.html.

[3] 曹正凤. 从零进阶！数据分析的统计基础 [M]. 北京：电子工业出版社，2014.

[4] 王宏志. 大数据分析原理与实践 [M]. 北京：机械工业出版社，2017.

[5] 中科普开. 大数据技术基础 [M]. 北京：清华大学出版社，2016.

[6] 赵云山，刘焕焕. 大数据技术在电力行业的应用研究 [J]. 电信科学，2014，30（1）：57－62.

[7] 涂子沛. 数据之巅 [M]. 北京：中信出版社，2014.

[8] 田铁刚. 大数据的特点及未来发展趋势研究[J]. 无线互联科技，2018，15（9）：61－62.

[9] 张东霞，苗新，刘丽平，张焰，刘科研. 智能电网大数据技术发展研究 [J]. 中国电机工程学报，2015，35（1）：2－12.

[10] 中国大数据产业发展现状报告 [J]. 中国连锁，2017（2）：79－81.

[11] 方巍，郑玉，徐江. 大数据：概念、技术及应用研究综述 [J]. 南京信息工程大学学报（自然科学版），2014，6（5）：405－419.

[12] 李佳玮，郝悍勇，李宁辉. 电网企业大数据技术应用研究 [J]. 电力信息与通信技术，2014，12（12）：20－25.

[13] 林国勇. 大数据时代面临的信息安全机遇与挑战[J]. 信息化建设，2016（1）：19－20.

[14] 彭小圣，邓迪元，程时杰，文劲宇，李朝晖，牛林. 面向智能电网应用的电力大数据关键技术 [J]. 中国电机工程学报，2015，35（3）：503－511.

[15] 冯国平，解文艳，吉小恒. 南方电网大数据发展研究 [J]. 南方能源建设，2017，4（S1）：13－27.

[16] 吴爱华. 数据资产的管理及有效利用 [J]. 电子商务，2018（4）：48－49.

[17] 王栋. 电网企业运营监控系统设计 [D]. 兰州理工大学，2017.

[18] 肖晓鹏. 大型供电企业营配贯通管理方式分析 [D]. 华北电力大学（北京），2016.

[19] 郭秋萍. 企业数据挖掘工具的分析与选择 [J]. 航空档案，2004（10）：80－81.

[20] 周爱华，戴江鹏，丁杰，饶玮，胡斌，朱力鹏. 面向多源异构电网数据的获取与转换技术研究 [J]. 电力信息与通信技术，2015，13（7）：22－27.

[21] 赵一凡，卞良，丛昕. 数据清洗方法研究综述[J]. 软件导刊，2017，16（12）：222－224.

［22］何晓群. 多元统计分析（第四版）［M］. 北京：中国人民大学出版社，2015.

［23］史岳鹏. 分布式计算系统关键技术研究［D］. 解放军信息工程大学，2008.

［24］吴爱华.数据资产的管理及有效利用［J］. 电子商务，2018（4）：48－49.

［25］钱晓真，陈琰，黄文思. 基于 Hadoop 生态环境的大数据平台在电网公司海量数据准实时处理中的应用［C］// 2016 智能电网发展研讨会. 2016：373－377.

［26］孙逸敏. 利用 SPSS 软件分析变量间的相关性［J］. 新疆教育学院学报，2007，23（2）：120－123.

［27］王永才，范婷，陈铁斌. 基于大数据的电网生产、经营预测分析应用［J］. 微型电脑应用，2017（12）：61－63.

［28］闫湖，狄方春，袁荣昌，李立新. 电网智能调度中的大数据及应用场景研究［J］. 电力信息与通信技术，2014，12（10）：7－12.

［29］王瑞杰. 面向电力调度控制系统的多源异构数据处理方法研究［D］. 华北电力大学（北京），2017.

［30］陈文伟. 面向调控大数据的数据分析挖掘方法研究［D］. 华北电力大学（北京），2017.

［31］韩延龙，李国强，魏大庆，陈国强. 大数据技术在电力调控中的应用方向研究［J］. 山东工业技术，2018（20）：182.

［32］宋鑫，郭骏，尹寿垚，张勇，张哲，王茂海. 商务智能在电网调度控制系统数据分析中的应用［J］. 电力系统自动化，2015，39（12）：93－96＋145.

［33］周孝信，曾嵘，高峰，屈鲁. 能源互联网的发展现状与展望［J］. 中国科学：信息科学，2017，47（2）：149－170.

［34］周子琨. 能源互联网的概念、特征和发展［J］. 电子技术与软件工程，2017（23）：10.

［35］曹军威，袁仲达，明阳阳，张华赢. 能源互联网大数据分析技术综述［J］. 南方电网技术，2015，9（11）：1－12.

［36］李彦斌. 管理学［M］. 北京：机械工业出版社，2011：242.

［37］杨军，陈维，吴春阳. 电网企业数据资产管理体系研究［C］// 电力行业优秀管理论文集——2014 年度全国电力企业优秀管理论文大赛获奖论文（中国电力企业管理 2014 年第一期增刊）.

［38］杨帆，张琴，刘捷，龚艳，王电钢，曾愚. 国网四川电力数据资产安全管理体系构建研究［J］. 电力信息与通信技术，2018，16（1）：90－95.

［39］仰瑾丹. 供电企业提升营销系统客户数据质量管理方法［J］. 中国战略新兴产业，2018（20）：102.

[40] 吴杰，崔芙蓉. 运用六西格玛追求以数据为基础的质量管理 [J]. 当代化工，2007，36（6）：646－648.
[41] 刘奇. GZ 银行数据质量管理研究 [D]. 江西财经大学，2016.
[42] 李昊. 电网企业组织机构的扁平化设置 [J]. 山东工业技术，2014（24）：263.
[43] 倪天翔. 基于企业 ERP 数据分析平台构建——以东恒公司为例 [D]. 2016.